文化と営利

——比較経営文化論

安部悦生

Culture and Profit:
Comparative Business Culture

有斐閣

信頼とは――

親切への返礼ほど欠かすことのできない義務はない。

恩を忘れやすい人には誰だって不信を抱く。

キケロ

まえがき

現代社会において、企業は欠くべからざる存在である。おそらく労働人口の半数以上が企業で働いており、そうした企業はおおむね営利企業である。営利企業は、利益を生み出さなければ存続していくことができない。だが、利益を生み出すと言っても、相手から盗んできたならば、それはまっとうな利益ではない。不法利得、不当利得である。

私の友人で、アメリカの大学で教えている教授がいる。彼女の息子は小さい時から知っているのだが、成長しても会社に勤めず、ＮＰＯ（非営利組織）のようなところで働いている。彼は、利益（profit）という言葉自体が嫌いだそうである。彼の父親と話していた時、利益そのものが嫌いだ、不道徳な匂いがする、と息子が言っているというので、「ウィンウィンの利益」だってあるじゃないか、と私が言うと、父親も「そうなんだがね」と苦笑いしていた。

本書では、人間が生きていく上で必須の給料、それを生み出す企業自体、そうした企業やそこで働いている人々を支えている考え方、さらには人と企業を取り巻く社会を対象として取り上げる。人々や企業、社会に通底する「思考・言説・行動のパターン」、すなわち文化とはどのようなものか、給与・報酬・配当などをもたらす営利活動や営利組織の特徴は何か、両者の持ちつ持たれつ（live and let live）の発展（共進化）はありうるのか、そうしたことを明らかにすることを最終の目標としている。

非営利企業は、nonprofit organization（ＮＰＯ）と呼ばれている。営利企業 for profit organization（ＦＰＯ）という言葉も英語にはある。もっとも、ＮＰＯという省略形は和製英語であり、それに倣って表現したＦＰＯは私の造語である。いずれにせよ、ＦＰＯもＮＰＯも付加価値（給与と利益）を生み出す点では同様である。利益だけではなく、付加価値を生み出すという視点が、ほんらい社会的には重要なのである。同時に、取引先にも利益をもたらすことが、長期的な取引を継続し、企業が存続・成長していくために必要である。「やらずぶったくり」ではなく、まさにウィンウィンの利益でなければならない。ただし、実際の経済活動としては、付加価値の最大化を直接目指すことは困難であり、利益が経済発展の原動力となっている。利益は、努力を傾注する経済活動の指標として分かりやすいのである。ただし、まっとうな利益でなければならないことは言うまでもない。指標としての利益が重視されるという意味で、ＮＰＯの活動は社会の発展にとって、ＦＰＯに対する補助的、二次的位置づけにならざるを得ない。

経済の状況に不満・不安をもち、「資本主義の終わり」などが話題になるが、それでは資本主義に代わってどのような経済体制がありうるのかと問えば、まさか計画経済とか、封建制を持ってくるわけにはいかないであろう。最近では聞かなくなったが、かつては修正資本主義という言葉がよく使われていた。現在は、社会的市場経済ということになるのだろうか。しかし、いずれにせよ資本主義の枠内での選択であり、どのような資本主義が良いのかを選ぶのが文化なのである（この点に関しては、ドイツの章〔第Ⅱ部第12章〕で解説しているボッシュ社の事例が参考になる）。

本書は、営利と文化の共進化を明らかにすることが最終の目標だが、その前提として、様々な概念の理解が必要である。社会とは、文化とは、制度とは、組織とは何だろうか、あるいは、人生の究極の目標である真・善・美の追求、感情・理念・利害の相関、合理性、家族企業と「経営者企業」等々についての理解である。

とりわけ宗教は重要である。日本では宗教は大部分の人にとって縁遠い存在だが、海外では宗教はもっと生活に身近な存在である。インドネシア、中東などのイスラム教国はもとより、欧米でも、東南アジアでも、キリスト教、仏教、ヒンドゥー教などは人々の生活や心に入り込んでいる。世界を見渡しても、おそらく日本だけがかなりの宗教音痴である。日本企業が今後、海外で活躍していくためには、宗教の理解が必要である。宗教が文化の重要な一翼を担っているからである。橋爪大三郎の「ビジネスマンなら、宗教を学びなさい」（『世界は宗教で動いている』）という警句は的を射ている。数年前、南インドのバンガルール近くの都市マイスールにある日系工場を訪問したことがあった。あれこれインタビューしているときに、ヒンドゥー教に由来するカースト制度はどうなっていますか、という私の質問に、やや暗い面持ちで、従業員の間にはいろいろあるんでしょうけど、私らにはよくは分からない、あえて触れないようにしているとの答えだった。それが賢明なのかもしれないが、何かの拍子で事件が起きるかもしれない。

このような宗教をはじめ、経営者企業、価値観、合理性などの概念を手がかりに、本書では経営文化の国際比較を行う。取り上げる国は、イギリス、アメリカ、中国、イタリア、ドイツ、日本である。本書が道標《みちしるべ》としている、フランシス・フクヤマ（かつて彼はネオコンと呼ばれていた）による『「信」無くば立たず』では、イギリスは本格的には取り上げられていないが、韓国、フランスについてはかなり触れられている。筆者がフランス、韓国を取り上げなかった理由は、筆者の力量不足もさることながら、あえて言えば、フランスはイギリスとドイツの中間形態、韓国は中国と日本の中間形態として位置づけられるように思うからである。もとより、単純に中間形態であると言って済まされない問題も多々あるが、当面そのように考えることができる。

各章の中では、日本と中国の比較、日本とドイツの比較、ドイツとイギリスの比較、イタリアと中国の比較などが論じられている。したがって、日本のことを知ろうとして日本の章を読むだけでは不十分であり、ぜひとも六カ国の章を全部読んでもらいたい。第Ⅱ部は比較的読みやすいと思う。それに対して、第Ⅰ部は「理屈っぽい」ので、先に第Ⅱ部から読むこともよいかもしれない。

筆者は、経営文化論を大学で一〇年以上講義してきた。その資料を基に、大幅に拡充して本書を書いたのだが、テーマからいって厖大な参考文献が必要であった。参考文献に取り上げた著者たちに感謝したい。

授業での講義を基に執筆してきた関係から、読者として、まずは文化と営利について深く知りたいと思う学生に読んでもらいたい。だが、営利企業で働くビジネスパースン、非営利組織で働く人々にもぜひ読んでいただきたい。文化と営利がどのように絡み合って共進化していくのか、このことを理解する手掛かりを得ることができるのではなかろうか。それは仕事の上でも、間接的にではあれ、役立つと思う。

なお記述には、本書を身近なものとするために「皮膚感覚」を取り入れ、ゼミの学生の話、友人、知人の話などを織り込んでいる。少しでも興味を持ってもらえれば幸いである。

目次

第10章　中国の経営文化　180

第13章　日本の経営文化　278

はじめに——なぜ経営文化を問題にするか

現代社会で最も重要な組織の一つは、企業である。その企業は人間が創造したものである。それゆえ、営利を重視する企業と、それに収まりきらない人間、すなわち感情を持ち、理念（理想）を持ち、同時に利害損得を秤量する多重な人間性、それらの様々な活動が交錯し、融合するのが経営文化である。言い換えれば、営利すなわち合理性と、非合理性すなわち文化とがどのように融合しているかということが、経営文化の主要な課題となるのである。営利は合理性として、顕示的な存在であり、他方、文化は何でも包み込むような、ある意味で融通無碍な概念であり、かつ「ブラックボックス」である。営利（合理性）は、たんなる金儲けと見なされ、蔑視されることもある概念である（西原理恵子『この世でいちばん大事な「カネ」の話』）。これに対して、文化という言葉は、何かしらポジティブな響きを持ち、ほとんどすべての人を魅了する魔力を秘めている。人々を惹きつける磁力を持っているのである。このように、非合理な意味合いをもつ文化と相反する概念とも言える営利とを融合させ、合体させているのが経営文化なのである。

このような特質を持つ経営文化は、その内容が多岐にわたり、企業文化（社風）、組織文化、業界文化、職業文化、地域の経営文化（例えば関東圏と関西圏）、国の経営文化、国を超えた経営文化（ヨーロッパ、東南アジア）、あるいはイスラム圏の経営文化などというように様々な側面がある。対象は企業から、業界、職業、地域、国、国を超えた圏（EU、アセアン）、あるいは広く宗教文化圏にまで及ぶ。また異文化経営という視点から、文化間の交流に言及されることも多い。しかし、本書では、企業とそれを取り巻く社会との関係という視点から、経営と文化、その融合を宗教などの土台から考察したい。言い換えれば、経営（＝営利）、文化（＝思考・言説・行動の長期的安定的パターン、別言すれば理念、善悪、嗜好という価値判断）、および両者の融合、さらにはそれらの生成過程（＝歴史）という視角から、経営文化を分析していくことにしたい。

経営とは通常、第一義的には営利の追求であり、営利とは合理性に基づいた行動である。企業目的（purpose）や企業目標（goal）としては、種々の目的や目標があるだろうが、[*1] 必要条件として営利の追求があり、「企業の社会的責任」（corporate social responsibility）などは十分条件、あるいは副次的な事柄であろう。成長や存続も企業目的・目標であるが、この企業目的・目標について、また営利が内包する合理性の意味やモデルについては後に説明する。

本論に入る前に、本書の基本視角である企業と社会、それらをつなぐ「信頼」の概念について説明しておこう。社会学や歴史学で、多数の著作が「信頼」という言葉を含んだタイトルで刊行されていることから分かるように、信頼は重要な概念となっている。社会における信頼の程度が「社会関係資本」(social capital) の良否に直結し、社会関係資本が効率や理念、善悪、嗜好からなる社会の性質・性格を決める重要な要因となっている。

ところで、信頼には二種類ある。一つは、善意 (goodwill) に対する信頼である。あの人は、善意の持ち主で、人をだましたり、裏切ったり、狡賢く立ち回る人ではないという、意思への信頼である。もう一つは、ある課題を成し遂げる能力 (competence) への信頼である。例えば、ある医者は熱心で、患者さん想いで、とても良いのだが、腕がよくない。別の医者は、態度が横柄で、上から目線で、とても感じが悪いのだが、腕は良い。手術を受けるときに、どちらのタイプの医者を選ぶべきか、あるいはそう重要でない病気で日常通うような場合にどうすべきかという問題も起きるように、「信頼」が相反する場合もある。もちろん、親切で腕が良い医者がベストなのだが、世の中は必ずしも一致するわけではない。本書では、この二種類の「信頼」のどちらも含む信頼を取り扱う。両者を勘案して、それでもなおどちらかを選ばなければならない状況に、人は常に直面しているので、信頼は両者を含んだものでなければならない。

別な視点から、信頼は誰に向けられたものか、という問題も重要である。家族への信頼は、血縁者である限り、誰しもがいつでもどこでも多かれ少なかれ持っている。だが、『「信」無くば立たず』(英語のタイトルは *Trust* なので、直訳して以下、『信頼』と略記) を著わしたフランシス・フクヤマによれば、信頼こそ、社会の性格を決める最重要の要素である。ただし、信頼の対象は家族ではなく、公的な組織でもなく、コミュニティ、アソシエーション、ソサエティなどの中間組織であることが肝心である。中間とは、個人、家族を一方の極とし、国などの公的なもの（人々の自由を強制的に制限しうる権力を有しているもの）を他方の極とすれば、それらの間の中間という意味である。私的な領域、公的な領域の中間にあるものへの信頼こそ、社会の性質、すなわち社会関係資本を決定づける最重要の要因なのである。

フクヤマは、この視点から、主要な国を分析し、社会における信頼の重要性を明らかにした。彼によれば、中国やイタリアは家族を最も大事にし（強固な家族主義）、また国有企業も隆盛であるが、逆に近隣共同体、家族企業を除く大企業、各種のボランティア組織などの中間組織に対する信頼は低いとする（低信頼国）。簡単に言えば、他者（非血縁者）に対する信頼が低いのである。これに対し、アメリカや日本は血縁者よりも中間組織（＝他者）に対する信頼が相対的に強い社会である（高信頼国）。ドイツ、フランスは信頼の程度においてその間にある。

本書では、フクヤマが扱っていないイギリスも取り上げた。イギリスは、アメリカ寄りだが、中間組織に対する信頼はやや弱いというのが筆者の結論である。もとより、一九七〇年代・一九八〇年代以降、アメリカやイギリスは大きく変化し、かつての「高信頼」の国から、「低信頼」の国へと変化してきている。おまけに、家族への信頼も下がっている。日本もやや同じ方向に変化してきているかもしれない。中国、イタリアは「低信頼」の国として存在し続けているが、家族への信頼は相変わらず強固である。このように、信頼の対象で「高信頼」「低信頼」という用語をフクヤマに倣って使用するが、家族への信頼は相反することがあることを強調しておきたい。中国やイタリアは「低信頼」の国だが、家族への信頼では「高信頼」国なのである。フクヤマのこの視点に関しては、後に再論する。なお、エドワード・ホールの「高コンテクスト社会」「低コンテクスト社会」という概念は類似しているが、日本が高コンテクスト社会、アメリカが低コンテクスト社会というように、定義と分析結果も異なっているので、注意が必要である。

本書では、第Ⅰ部で、経営文化の理論的解明を行い、第Ⅱ部で経営文化の国際比較を行う（イギリス、アメリカ、中国、イタリア、ドイツ、日本）。

第Ⅰ部　経営文化の理論的解明

第1章 社会と文化

1 社会とは

「企業と社会」というのが本書の基本視角であるが、企業について論ずる前に、まず社会について述べておく。社会の基本的構成要因は、言うまでもなく「ヒト」である。人間とは、「考える葦」であるというパスカルの有名な定義があるが、筆者の考えでは、「考える動物」こそ、人間についての妥当な定義である。人間はまず何よりも動物であり、他の動物と同じように、**生存のために合理的な行動を取る**と考えられる。生き残ることが最重要の課題となるのである。肉食動物は、他の動物を襲って食べ物を得、草食動物は、実とか葉を食べることによって成長し、生きながらえる。自然界における適者生存の法則である。あるいは、以上のような個体の存続ではなく、「種」の生存、拡大のための行動も想定される。ミツバチなど、個体は死亡しても種族全体の存続を図る、いわゆる社会的動物の存在である。さらには、リチャード・ドーキンズの「利己的遺伝子」もある。[*2]

しかし、通常の動物と異なって、「考える動物」としての人間はたんなる生存、子孫繁栄のためばかりではなく、良い暮らし、快適な暮らし、便利な暮らしを求めて、生活を改善する。そこに文化が発生する。さらに生活の改善といった物質的向上だけではなく、「考える」ことから、人生の意味や共同体（例えば国家）の意義などを思索し、「哲学する」。いわゆる「精神文化」の誕生である。通常の動物は自殺しないが、人間は自殺することもある動物である。この点で、ヒトとは通常の動物とは異なった「考える動物」という定義が最も妥当であろう。生き甲斐や幸福とは何か、どのような社会が望ましいのか、経済成長至上主義は誤りではないのか、市場資本主義ではなく福祉資本主義や共同体資本主義があるべき姿ではないのか、こうした問題設定は、思考の結晶たる価値観抜きには決着がつき難い。

社会的動物である人間は、家族（血縁共同体）を形作り、その家族は核家族や大家族、さらには氏族、部族にまで拡張される。最終的には、国民国家（民族国家）にまで達する。[*3]ライオン、トラ、ペンギン、セイウチ、オオカミ、サルなどの動物の家族・種族形成はきわめて複雑多岐にわたるので、ここでは触れない。

ところで、狩猟採集生活が基本であった時代には、さほど重要でなかった地域共同体は、農耕段階にいたると、村などの地縁共同体の形で発生し、地縁共同体の重要性は増大する。[*4]血縁共同体と地縁共同体は、小さな地域レベルで一致することもあるが、最終的には国民国家で血縁と地縁は合体する。こうして、小さな社会から巨大社会までの様々なコミュニティが誕生するのである。家族のような血縁共同体（ゲマインシャフト）と、村のような利益共同体（ゲゼルシャフト）がどのように組み合わさっていくのかが、社会と各種共同体の性質と特徴を決定することになる。[*5]

以上を図示すれば、図1-1のようになる。

図 1-1　血縁共同体と利益共同体

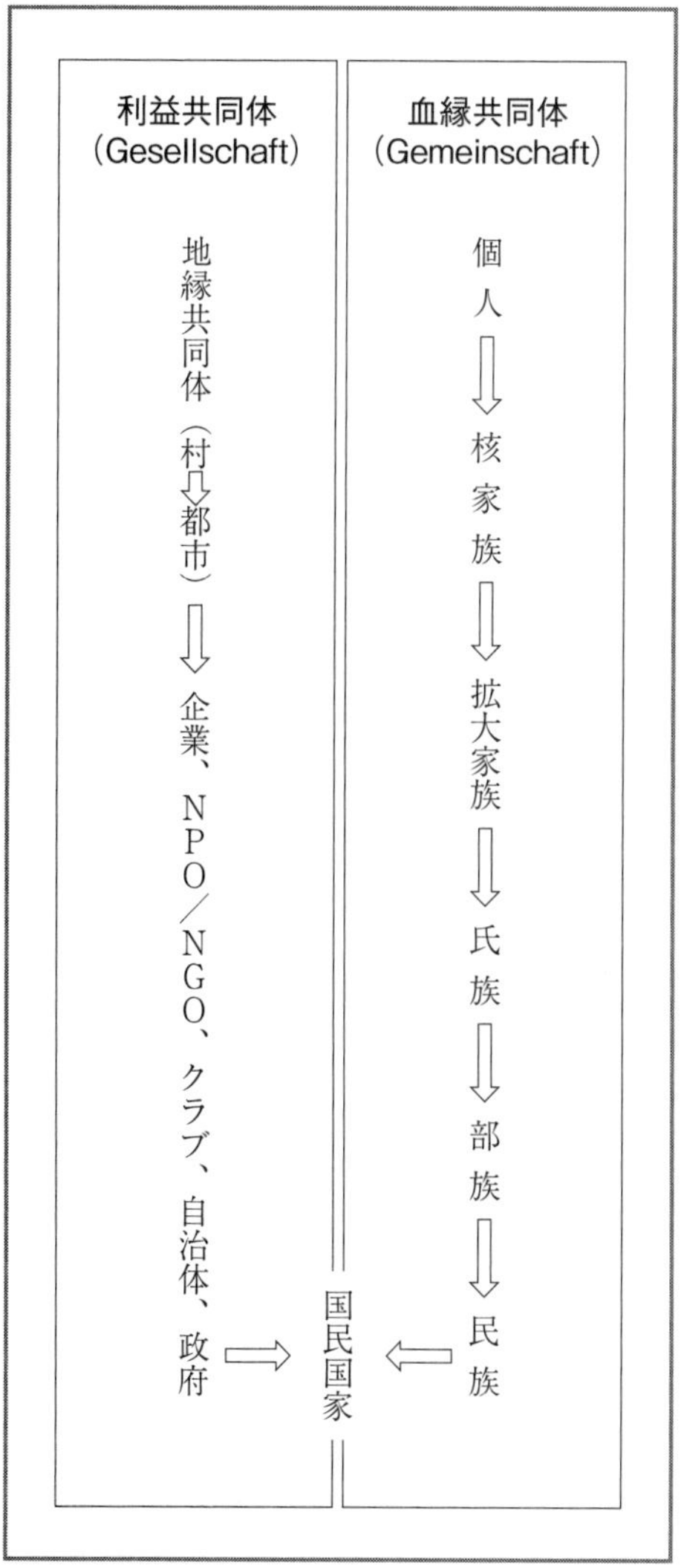

（出典）　筆者作成。

2 文化とは

「文化」とは、きわめて人気のある言葉である。その魅力は、実態が曖昧模糊としていて、確実な把握ができかねる「ブラックボックス」と見なされているからである。あるいは、理解できることの残余として、言い換えれば理解不可能なことの全てを引き受けられる便利な用語として存在しているからであろう。何でも容れることのできる、言わば「ブラックホール」である（広義の文化）。

社会の誕生を受けて、文化が派生する（逆もあるであろう）。文化とは、様々なレベルの集団において、価値観（思考）、発言（言説）、行動によって形づくられる慣習や制度である（ここでは、制度も広義の文化に含めている）。公的な枠組みや非公式な暗黙の慣習が存在すること、行動パターンが長期間、安定的に持続することが文化の要件であろう。文化を単純に「行動のパターン」とする見解もあるが、精確に「思考・言説・行動の長期的安定的パターン」とする方が適切である。考えているだけで、発言や行動に結びつかない場合もあるし、言説と行動は矛盾することもあるので、この三者が織りなすパターンの形成・持続こそが「文化」と定義されるにふさわしいと考えられる。

また、考えていることと、それを発言することとの間には大きなギャップがある。「それを言っちゃお仕舞いよ」との卓言もあるように、考えていることと、発言、書き物の形で、外に表出することには大いなる相違がある。さらにカール・マルクスが述べているように、「人は何を言ったかによって判断されるべきではなく、何を行ったかによって判断されるべきである」との金言も、その通りであろう。言行不一致は人の常だからである。もっとも、「不言実行」という金言もあるので、言説を飛ばして思考が行動に直結する場合もある。

別の角度から、文化を定義したアラン・ブルームの指摘も括目に値する。

「『文化』という語は、何か高貴な、深遠で尊敬すべきもの……を意味しているように思われる。人々と人々の行為を判断する基準として、文化は自然と並び立っているが、自然よりいっそう大きな尊厳をそなえている。『社会』、『国家《ステート》』、『民族《ネーション》』、さらには『文明』でさえも〔時には〕軽蔑的に用いられるのに、『文化』という語はまず決してそんなことがない。それらの用語の代りに文化という語が次第に用いられつつあるし、これらの用語の正当性は、文化という語によって保証されているのだ。人間の粗野な本性〔自然〕と、人間が自然状態から市民社会へと移行する際に獲得したすべての芸術と科学、この二つを統一したものが文化である。」（〔 〕は引用者）*6

ブルームの解釈は、やや知性主義、主知主義、合理主義的解釈に偏っているようにも思えるが、概ね妥当であろう。

このような文化のレベルは多様である。会社の文化は、企業文化（社風）と呼ばれるし、家の文化も「家風」と呼ばれるかと思えば、国の文化、例えば、イギリスの文化、アメリカの文化、中国の文化、日本の文化というように各国ごとにも存在する。さらには、国のなかの文化も細分化され、関東と関西、上海と北京、ヨークシャーとロンドン、アメリカ東部と西海岸、イタリアの北と南、ドイツの西と東などのように、同じ国のなかでもかなりの地域的違いが存在する。同一の国に、エスニシティ（民族性）が異なるいわゆる「多文化主義」が存在する場合もある。さらには、高尚文化や高等文化（high culture）と呼ばれるような上流階級文化や知識人文化（中産階級文化）があり、民衆文化や大衆文化（popular culture）もある。「文化の階級性」あるいは「階級の文化」である。あるいはイスラム文化のように、国を超えた宗教文化もある。イスラムにおいては、「国」は本来ありえない存在であり、「イスラム国」とはそもそも形容矛盾であるが、「国」の概念とあまり対立的でないキリスト教文化やユダヤ文化、仏教文化のような宗教文化も定義することができる。

文化の辞書的定義

文化には、辞書的には種々の定義があるが、どれもしっくりは来ない。

「人間が自然に手を加えて形成してきた物心両面の成果。衣食住をはじめ技術・学問・芸術・道徳・宗教・政治など生活形成の様式と内容を含む。」（広辞苑）

「社会を構成する人々によって習得・共有・伝達される行動様式ないし生活様式の総体。言語・習俗・道徳・宗教、種々の制度はその具体例。」（大辞林）

『大辞林』では、制度と文化とは区別されなくなっている。筆者も、広義の文化には制度を含めている。

「権力や刑罰を用いないで導き教えること。自然に対して、学問・芸術・道徳・宗教など人間の精神の働きによってつくり出され、人間生活を高めてゆく上の新しい価値を生み出してゆくもの。」(国語大辞典)

ここでは、文武両道といわれる場合の、「武」にたいする「文」の意義が強調されている。確かに、「武」にたいする「文」もあるし、「制度」にたいする「文化」もある。さらに、経済分野や法律分野、社会分野にたいする文化分野という使い方もある。

また英語辞書では、

「社会において人々が共有し、受け入れている思想、信念、慣習。グループにおいて、あるいは特定組織において共有されている態度、信念。」"The ideas, beliefs, and customs that are shared and accepted by people in a society; the attitudes and beliefs about something that are shared by a particular group of people or in a particular organization." (Longman Dictionary)

という定義もある。これは、比較的わかりやすい定義であろう。

文化に類似した言葉としては、「慣習」がある。多数者の行動パターンとしての慣習は、それがさらに広がり固定化していけば、「文化」と呼ばれることになる(公式化していけば「制度」)。その文化の基礎には、価値観、宗教的信念、哲学などがある。思考レベルの安定的パターンである。従って先にも述べたように、文化とは、「思考・言説・行動の長期的安定的パターン」とするのが妥当であろう。これは、武に対する文というよりも、一般的に定義された文化である。「武」に頻繁に訴える文化もありうるからである（好戦的文化）。

文化と文明

文化（culture）の語源は、耕作する（cultivate）から来ている。つまり狩猟採集から農耕段階に人類が進んで初めて、文化が成立してくる。これに対して文明（civilization）とは、洗練する（civilize）から来ている。言い換えれば、文化が洗練され、高度になって文明が誕生する。先に述べたように、エジプトやメソポタミアで文明が生まれ、次いで世界宗教が誕生した。このように、文明とは文化の高度の集積した状態と考えることができる。文明は主に物質文明として、特定の生活様式として発展したが、同時に精神的な活動としての世界宗教を準備することになった。

以上のような理解は、アングロサクソン流の文化と文明に関する理解であるが、それとは対照的に、ドイツ流の Kultur としての精神を強調した理解もある。両者の異同を的確に説明したものに、伊東俊太郎の『比較文明』があり、同書によれば、ドイツ哲学の影響を受けて、物質的・技術的な文明と精神的・価値的な文化という対比が出てくる。自然（Natur）に対する文化（Kultur）であり、文明（Zivilisation）は文明開化という言葉が象徴するごとく、物質的な側面を指す。言い換えれば、「精神文化」と「物質文明」のような使い方である。本書では、アングロサクソン流の文化・文明理解を採用している。文化は、すべてを包含していると考えられるからである。

そのような文化は、まず家族の発生を基盤にして、大家族、氏族、部族、民族のように拡大していくが、そこでは人種、言語、宗教、とりわけ宗教が枢要な要因となる。

宗教のもつ意味

狩猟採集段階において、「考える動物」としての人間の社会の中で、各部族、各民族に、種々の原始宗教が現れた。言い換えれば、この頃に「神が発明された」のである。それは、アニミズム、シャーマニズム、多神教の世界であった。しかし、およそ一万年前に人間は農耕を始め、地縁共同体が強まり、エジプト、メソポタミアなどで「文明」が誕生し、その後、世界宗教が誕生した。ほぼ三三〇〇年前に、セム族（ユダヤ人、アラブ人、エチオピア人など）のなかに、ユダヤ人救済のための一神教としてのユダヤ教が誕生した。その後、二五〇〇年前くらいに、仏教、儒教、バラモン教、道教などの普遍性を持つ世界宗教が登場した。二五〇〇年前というこの時期に、多くの世界宗教が誕生したのは偶然ではない。

儒教は本来、宗教というよりは行動規範・哲学であるが、人間の日常生活、思考に大きな影響を与えるものとして、儒教文化の母体になったのであり、経営文化としても極めて重要な行動規範・哲学である。別種の哲学としては、約二五〇〇年前に成立したギリシア哲学も、様々な影響を後世に及ぼした。真・善・美の追求において、各宗教は善を追求したが、「真実」を追求したのはおそらくギリシア哲学だけであろう。

約二〇〇〇年前には、キリスト教が誕生し、ヨーロッパの古代文化、中世文化に大きな影響を与え、さらには十六世紀初めにはプロテスタントを生み出すに及んで、西欧の資本主義発展の一つの動力となったことはウェーバーの主張するところである。[*7] また一六〇〇年ほど前には、バラモン教を受け継いだヒンドゥー教が成立し、また最も新しい世界宗教としてイスラム教が七世紀に誕生した（一四〇〇年前）。ユダヤ教、キリスト教、イスラム教は、同根のセム一神教として、神や予言者を共通に持っているのであるが、今日では争いのかなりの部分がこの三宗教をめぐって発生していることをどのように理解すべきか、考えさせられる。

この他、ややローカルな宗教としては、二五〇〇年前に発生したジャイナ教やゾロアスター教（＝拝火教、パーシー教）、約四〇〇年前にイスラムとヒンドゥーの混合として誕生したシク教などの宗教がある。

これら宗教の持つ意義は、実際に企業活動を行う上で、無視できない重要性を持っている。たとえば、インド最大の財閥であり、目覚ましい国際展開をしているタタは熱心なパーシー教徒であり、ユダヤ教徒はアメリカ、イスラエル、西欧を中心に独特な経営活動を展開している。

第2章 制度と組織

1 制度とは、組織とは

文化とよく並置、あるいは混同される概念として、「制度」がある。制度の定義には、通常はルールや行動パターンが公式化、固定化、顕示化されたもの、換言すれば、「社会的に定められている、しくみやきまり」（広辞苑）などがある。過去からの制度的繋がり、すなわち「遺制」としても存在する。習慣（個人、例えば歯磨き）、慣習（社会、例えば埋葬）などの暗黙のルールにたいして、顕示的・公的なものとして存在する社会的な慣習（custom）が制度（institution）であろう。ただし、インフォーマルな制度という表現もあるが、その場合は正しくは慣習というべきであろう。

制度には、法制度、貴族制度、封建制度、教育制度、経済制度、企業制度、奴隷制度、階級制度、身分制度など、実に多種多様な制度が存在する。程度の違いはあれ、公的で固定化しているものが通常の「制度」の定義であろう。ただし、法制度には成文法（実定法、明文法）にたいして、慣習法（common law）などもあり、制度と慣習（文化）の間は、截然とは区別しがたいところがある。公式化、顕示化ということに着目して分類すれば、制度（ハードウェア）、文化・慣習（ソフトウェア）という区別も可能であろう。

しかし最近、制度とは、契約の束、約束の束であるとの理解が出てきた。近年、有力になっている比較制度論における制度の定義である。これは、通常の慣習と区別された制度（institution）ではなく、組織（organization）と区別された制度である。制度は、通常は固定化され、顕現化した慣習・文化であるが、アクターやプレイヤーとしての属性を持つものが組織であり、制度は、抽象的な約束や契約の束と解釈される。一つの虚構概念として、制度と組織の相違を理解するうえで有用であるかもしれない。だが、通常の使用法とは異なっており、例えば、奴隷制度が契約や約束の束（当事者間の約束）などとされたら、奴隷の立場からは、とんでもないということになろう。

組織は、生物学においては細胞組織（tissue）として、同形、同大で、同機能の細胞の集まりと定義される。社会組織においては、組織（organization）は「社会を構成する各要素が結合して有機的な働きを有する統一体」（広辞苑）と定義される。「有機的」とは、「弁証法的」と同じく、鄙見《ひけん》では意味をなさない曖昧な用語であるが、統一体は指揮・命令系統を持っているという趣旨は理解できる。統一体という定義は有効であろう。また、「特定目的のために形成されたクラブ、ビジネス

図 2-1　制度・組織・慣習・価値観

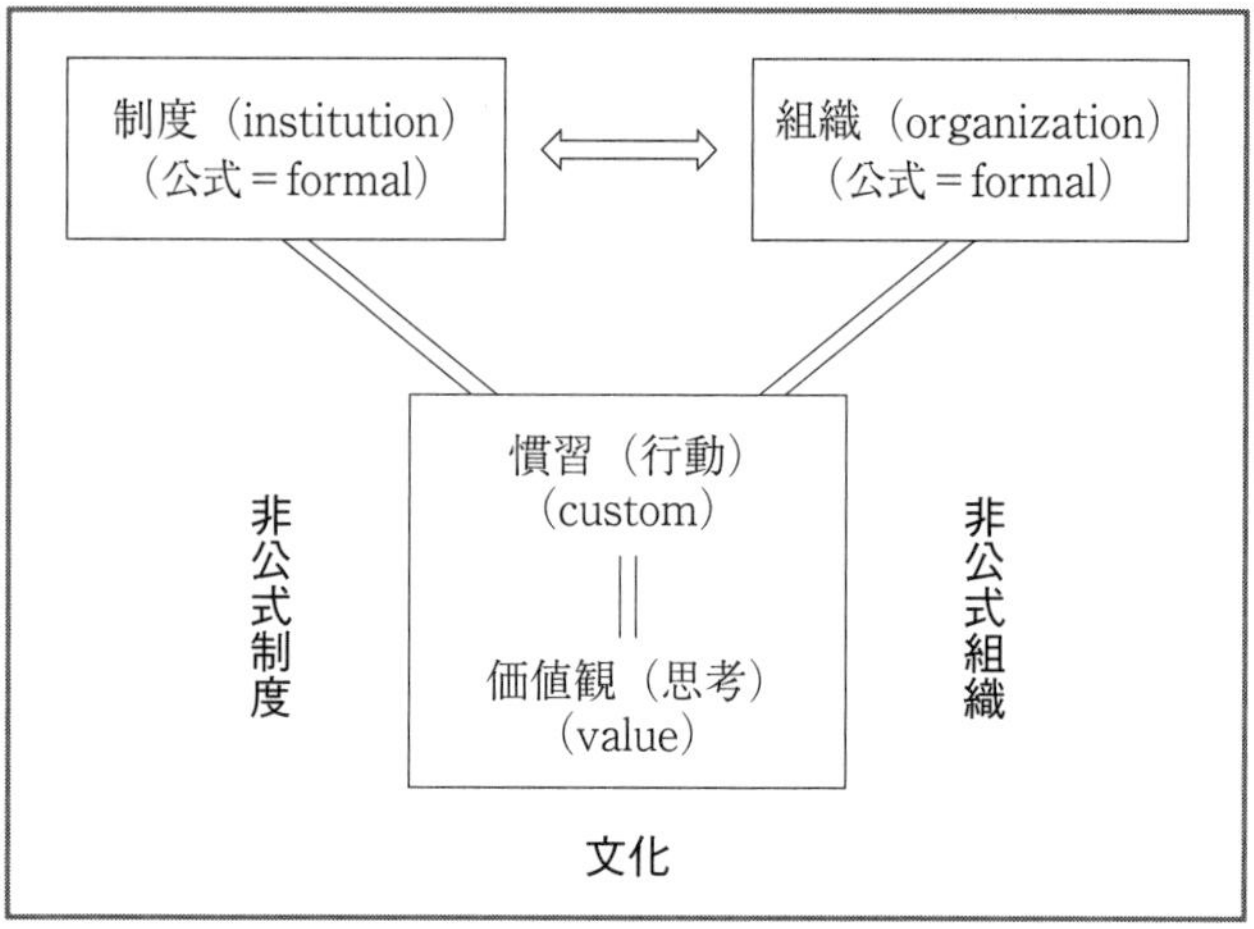

（注）　慣習（custom）の前段階ないしは類似した表現として practice（慣行），habit（習慣，癖）がある。

のような人々のグループ」"A group of people such as a club, a business, or a political party, which has formed for a particular purpose"（Longman Dictionary）という定義も見られる。

組織は、目的を持つ点で単なる群衆とは異なる。目的は持っているグループ（集団）とも異なる。組織は、程度は様々であれ、何らかの指揮・命令系統を持つ垂直的な構造を有していなければならない。したがって、人々の集まりは、群集（目的を持たない人びとの群れ）、集団（目的を持つグループ）、組織（目的があり、かつ指揮・命令系統を持つ集団）という三タイプに分類される。

以上の慣習（文化）、制度、組織をまとめれば、以下のように、整理することができる（図2-1参照）。

慣習・文化（暗黙のルール）――例えば、

入会権（暗黙の保護）、贈答文化。
制度（明示的ルール）――例えば、法制度（公権力による保護・規制）、企業制度。
組織（アクター）――例えば、裁判所、企業、学校、ＮＰＯ／ＮＧＯ。

2 主要制度の概観

家族制度

主要な制度の特徴、発達過程を概観すれば、まず所有制度、とりわけ財産の相続がどのように行われていたか、また家族制度はどのようなものであったかが社会の骨格を規定する。この問題に関して、フランスの文化人類学者であるエマニュエル・トッドの注目すべき見解を聴くことにしよう。[*8]トッドは次のように、家族を、家族形態と相続という視点から、直系（大）家族、絶対核家族、共同体（大）家族、平等核家族の四タイプに分類している（表2-1参照）。トッドは、この四タイプが文化の基本構造を決定しているとする。

家族は家族共同体の大きさに応じて、したがってそれを統括する家父長の力の強さに応じて、大家族と核家族に分けられる。大家族では、家父長の持つ力が大きい。小家族＝核家族では、各世代は別世帯を形成するので、家父長の権限は相対的に弱い。

表 2-1　家族形態と相続

		家族形態	
		大家族	核家族
相続	長子相続	直系大家族 ドイツ，オーストラリア，スイス，ノルウェイ，ユダヤ，ベルギー，チェコ，日本，韓国	絶対核家族 イギリス，アメリカ，カナダ，オランダ，デンマーク，ブルターニュ地方
	均分相続	共同体家族 ロシア，パキスタン，北インド，フィンランド，ハンガリー，ブルガリア，イタリア中部，中国	平等核家族 フランス中心部，スペイン，南米，ポーランド，ギリシャ，ルーマニア，アンティル諸島，イタリア南部

（注）　相続と家族形態による分類。相続では，長子相続は長子が全てを相続する。均分相続では，通常，男子による均分相続。直系大家族では，父権が強く，大家族で暮らし，長男が相続する。絶対核家族では，長男が全てを相続するが，核家族で暮らすので，父権は弱い。

共同体家族では，均分相続だが，大家族で暮らす。平等核家族では，均分相続だが，小家族で暮らす。この他に婚姻に関して，内婚制と外婚制の区別がある。長子相続は厳密には，一子相続とすべきであるが，ほとんどが長子であるので，長子相続としておく。

（出典）　エマニュエル・トッドの種々の文献。

家族の規模と同時に、相続の仕方が重要である。大家族において、長子だけが相続する長子相続を採る場合（一子相続）と大家族でも均分相続を行う場合がある。前者は直系家族、後者は共同体家族と呼ばれる。他方で、核家族でも長子相続の場合もあるし、均分相続の場合もある。前者は、絶対核家族と呼ばれ、後者は平等核家族と呼ばれる。

直系家族には、ドイツ、スイス、ノルウェー、ベルギー、ユダヤ、オーストリア、チェコ、シク教徒、フランス南部、日本、韓国などが含まれる。共同体家族には、中国、ロシア、パキスタン、北インド、フィンランド、ハンガリー、ブルガリア、トスカナ地方などがある。以上の大家族に対して、核家族の長子相続型である絶対核家族には、イギリス、アメリカ合衆国、カナダ、オランダ、デンマーク、ブルターニュ地方が入る。核家族で均分相続の平等核家族には、フランス中心部（パリ盆地）、スペイン、南米、アンティル諸島、ポーランド、ギリシャ、ルーマニアなどが入る。

この四タイプによって、文化の基本骨格が決まるとトッドは考える。さらに、外婚制と内婚制からも分析している。内婚制とは、身近な血縁から配偶者を求める制度であり（いとこ婚）、外婚制は幅広く配偶者を求めるタイプである。この婚姻の形態は、家族の閉鎖性に関係する。

以上のトッドの分析視角が、どのていど文化人類学において賛同を得ているのか詳らかではないが、日本やドイツの直系大家族、英米の絶対核家族、フランス中心部やスペインの平等核家族、中国やロシアの共同体家族のような分類は、たしかに各文化の基層をなしている気がする。

政治制度——政治と宗教の関係

基底的文化（文化の深層あるいは古層）では、自己についての関心、言い換えれば自己の運命がどうなるかということが根本的に重要となる。とりわけ人や動物はかならず有機体としての生命を終えるので、その後、どうなるかということが大きな関心事となる。動物、とりわけ類人猿などがどこまで「考える」ことができるのかについて、現在の文化人類学でははっきりしていないように思われる。概括的に言えば、人間以外の高等生物が死後の世界について考えを巡らすということはほとんどないと言えよう。

すでに狩猟採集時代から、原始的宗教は発生したであろうが、先に述べたように、一万年前に農耕時代に入り、五〇〇〇年前に文明が登場し、さらに三〇〇〇年前くらいから世界宗教が誕生するに及び、宗教と社会組織、すなわち宗教と血縁共同体や利益共同体との関係が重要となった。以下では、政教一体、政教弱分離、政教分離の視点から、政治制度を考える。

古代オリエントでは、祭政一致が基本であった。祭りとは、祭祀すなわち宗教であり、したがって祭政一致は宗教と政治が一体であることを意味する。しかし、もとより祭祀を司る神官と、政治・行政を掌る政治家・行政官は別個に存在するので、神官と世俗の権力者は利害が対立することになる。だが、エジプト、メソポタミア、ペルシャなどの古代オリエントでは、概して宗教優位であり、宗教色が濃厚であった。ちょうど、宗教法（シャリーア）が支配する現代のイスラム教国家に近い。

だがギリシアでは、ペルシャ戦争において、ペルシャ軍が押し寄せて来たときに、ギリシアの神々を奉ずるデルフォイの神官は、恭順の神託（デルフォイの神託）をもたらしたが、ギリシアの軍人はこれを拒否し、ペルシャへの抗戦を決定した。その結果として、ペルシャ戦争にギリシアは勝利することができた。世俗政治が宗教にたいして優位に立った記念碑的事件である。*9

さらに時代が下り、ローマ帝国になると、もちろんローマの神々は信じられていたが、元老院（セネット・ハウス）などの世俗の権力が優位であった。これにたいして、イスラエル、つまりユダヤ教では神官が軍人よりも優位であった。だが、ローマに滅ぼされ、ユダヤ教徒は、ディアスポラ（離散難民）として、暮らさざるを得なかった。そのころ、イエス・キリスト（イエスという名の救世主）が誕生し、ユダヤ教の一宗派としての原始キリスト教が成立した。ローマ市民であったパウロ（キリスト教の開祖）の力もあって、世俗的であったローマ帝国はしだいにキリスト教の浸透を許し、最初は公認宗教として認められ、さらには国教となった。その後、ローマ帝国は東西に分裂し、東ローマ帝国では、皇帝権力が東方教会の力よりも優越したか、あるいは政教が一体化していた。これに対して、西ローマ帝国は早くに滅び、そのあとに成立した神聖ローマ帝国ではローマ教皇と世俗の国王、諸侯の力が拮抗した。最初はローマ教皇の力が優位であったが、しだいに世俗の力が強くなり、またフランク王国、イングランド王国では教会権力よりも王権が強大となった。ローマ教皇時代に、十字軍がエルサレム奪還を目指して中東に軍隊を送り込んだ十一世紀末から十三世紀、イスラム勢力（セルジューク朝）に阻まれてその狙いは実現しなかった。この後、西ヨーロッパでは、世俗の動きが強まることになるのである。

古代ギリシア文化は、イスラムへの伝播を経て、十字軍によって西ヨーロッパに伝えられ、ルネッサンスが開始された。この文芸復興運動によって教会の権威は減退し、さらにはルターによる宗教改革が始まると、いっそう教会の権威、権力は弱まった。この結果、プロテスタントの活動が盛んであった北ヨーロッパ、特にイギリス、プロイセン、フランスなどで絶対王政が開始された。絶対王政では、明らかに政治権力が宗教権力よりも優位に立った。

絶対王政国家は国民国家として発展し、国民全体を包摂する世俗の権力が宗教を劣位に追いやった。フランス革命における教会勢力の弾圧、共和国の誕生がある。イギリスにおいては、修道院解散に続く王権の確立によって、宗教権力は弱体化したが、国王がイギリス国教会の長となり、世俗優位の政教一体化となった。しかし、この体制は、議会の発達によって崩壊し、世俗権力（議会）が王権（世俗・宗教権力）よりも優位の体制が登場した。イギリス国教会体制では、他宗教の容認、世俗化（secularization）が一段と進行した。フランスでも、十九世紀から世俗主義（ライシスム laïcisme）が強くなり、いずれでも宗教と政治権力の分離が進行した。

近代的な政教分離を達成した西ヨーロッパに対して、イスラムでは、その教義の独自性から政教分離はなかなか進展しなかった。ユダヤ教、キリスト教と同じセム一神教であり、三教徒は啓典の民と言われていたが、イスラムは特に独特の慣習・制度を持っていた。導師イマーム（imam）はいるが、僧侶は原則的にいないので、もともと政教分離の発想そのものがなかった。ユダヤ教におけるラビ（rabbi）、キリスト教における司祭（priest）や牧師（clergyman、minister）などの存在がない

図 2-2　政治と宗教の関係――政治体制の決定要因

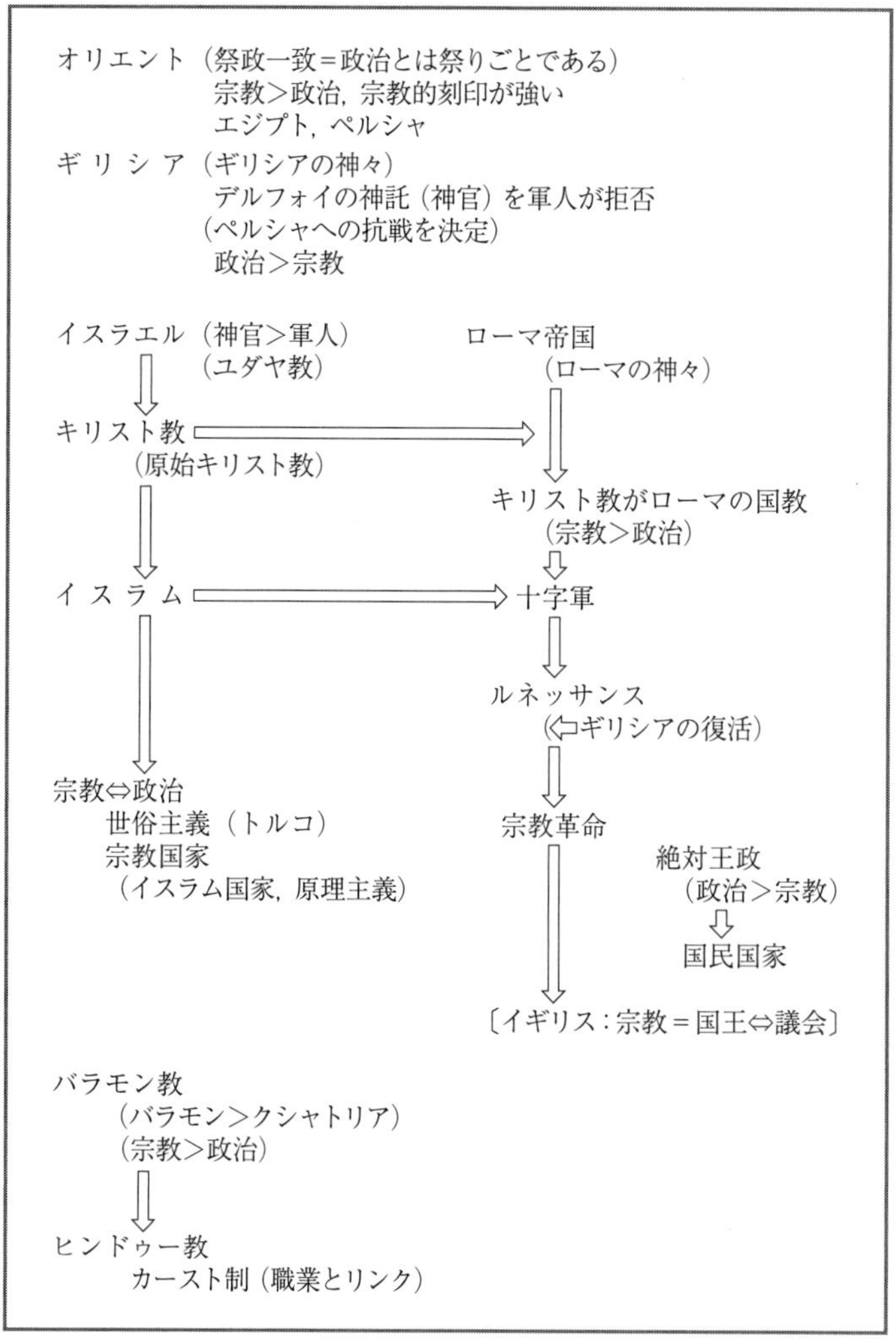

のである。ただし、実際にはイマームがラビやプリーストの対応職位・人物とも言える。その強固な凝集性を持つイスラムでも、二十世紀初頭には近代化の遅れが感得され、世俗主義の運動がトルコなどで起きた。世俗主義による近代化である。その結果、かなり広い範囲で世俗主義の力がイスラム世界に広がった。

しかし、第二次大戦後には、西ヨーロッパではますます世俗化が進行したが、イスラムでは反転して、西ヨーロッパ（アメリカ合衆国を含む）の脱宗教化に対抗して、シャリーア（イスラム法）が支配するイスラム国家の樹立を目指す運動が強くなった（イスラム原理主義）。一九七〇年代のイランにおけるホメイニ革命が典型である。

以上のように、世界は政治と宗教の関係を通じて動いてきたのである。概して、世俗化の動きが世界史の大勢であるが、二十世紀後半以降、イスラムにおいて強力な宗教復興の動きが見られる。西欧的な価値観、行動様式、文化にたいするアンチテーゼである。

以上の流れは、図2-2に示されている。[*10]

法制度——世俗法と宗教法の関係

政治制度の項で見たように、政治と宗教の分離関係はきわめて重要である。それは、世俗法と宗教法に分けられる。宗教法は現在のシャリーア（イスラム法）に見られるように、人々の生活を強く規定する。キリスト教でも中世においては、十分の一税など、教会の法的支配力はきわめて強固であった。しかし、キリスト教の場合は、しだいに世俗法の力が強くなり、宗教法はごく一部にしか影響を及ぼさなくなった。だがイスラムにおいては、二十世紀初頭に世俗主義が強くなり、全体的には世俗法の力も増したが、サウジアラビア、イラン、インドネシアの一部、あるいはイスラム原理主義的国家（かつてタリバンが支配したアフガニスタン）などでは、宗教法の力が大きい。各宗教は、キリスト教原理主義、ユダヤ教原理主義、ヒンドゥー教原理主義、イスラム原理主義など、それぞれの宗教法の優越を意味する原理主義を持っているが、とりわけイスラムにおいて、原理主義の力は強力である。

議会制度

議会制度の淵源は、イギリスにあるとされる。ここでは、宗教権力、王権、議会勢力の三者の関係が問われる。

イギリスでは、宗教勢力を抑え込むことによって（たとえば修道院領の没収）、十一世紀に王権が確立したが、十二世紀にマグナ・カルタが承認され、貴族の力が強くなった。議会の登場とともに、王権はしだいに制限され、十七世紀にはクロムウェル革命により、議会の力が確立した。その後、王政の復活もあったが、十八世紀にはイギリス議会が確立した（名誉革命が先駆）。さらに貴族院と庶民院の力関係も後者に重点が移り、選挙制による議会主義の確立を見た。[*11] 十九世紀には数次の選挙法の改正が行われ、また二十世紀初頭には貴族院に対する庶民院の優越が法的に確定し、宗教でもなく、王権でもなく、普通選挙によって選出される議会（庶民院）が主導する人民・民衆による議会制が定着した。

経済制度

農耕の導入・発展によって、多量の労働力が必要とされるようになった。その労働力供給形態として、古典的な奴隷制度が登場した。部分的な奴隷制度は従前からもあったが、文明の誕生とともに大規模な奴隷制が成立したことは確かであろう。メソポタミア、オリエント、ギリシアでは、様々な形態の奴隷制度が登場したが、ローマ帝国期に、北アフリカなどの属領、南イタリアなどで大規模農場（ラティフンディウム）が発達した。

中世になると、技術の改良と共に、経済制度（この時代にあっては主に農業制度）は一層高度な生産性を実現するために、外的な環境にも規定されて、農奴制がヨーロッパで進展した。他の地域では、分益小作制のような農奴制（半奴隷制）はヨーロッパほどは発展しなかった。農奴制のなかにも、土地への緊縛が強い東ヨーロッパ・タイプ、土地への緊縛が弱い西ヨーロッパ・タイプとが区別されるが、後者において、比較的自由な都市の影響もあり、イタリアを中心として近代資本主義が勃興した。イタリア、スペイン、オランダ、イギリスなどが逐次的に資本主義を発達させたが（最初は商業、次いで工場制手工業、さらには機械制工業）、十九世紀にはパックス・ブリタニカに代表されるイギリス帝国（British Empire）が成立した。このような資本主義の発展には、キリスト教の心的特性が影響したのは確かと思われるが、それがプロテスタントなのか、カトリックこそその担い手であるのかに関しては、長い論争があるのは周知のことである。

翻って、資本主義とは何かとの問いも重要である。「自由な契約」労働者の誕生、彼らと資本家＝企業家の契約関係（賃労働制）こそ、その本質をなすものであろう。言い換えれば、「自由な」契約関係、身分制を超えた自発性の尊重こそ、作業者の動機付け（モチベーション）や誘因（インセンティブ）を高める手段であった。このように、労働者の動機付け、自発性を巧みに活用する方向で発展してきたのが、奴隷制、農奴制、資本主義という経済制度の発展であった。奴隷制においては、労働者の自発性は乏しく、農奴制においては折半小作などの自発性をある程度認めた作業方法、さらに資本主義に至って、労働力商品化の形態を通して、現実的にはともかく、形式的には自由な契約労働に基づいて、生産、サービス活動が行われることになった。農業、商業、工業の基本分野において、こうした契約労働が行われることにより、産業革命などによる経済活動の増大がもたらされた。代表的な作業場は、(1)奴隷制による大農場、(2)荘園や中世都市、(3)工業都市、商業都市であり、それぞれ隷従、半隷従、自由契約労働という労働形態が存在することになった。

こうした経済制度の発展傾向を、働く人のインセンティヴを重視した「労働力活用史観」と呼ぶこともできよう。

第3章　合理性あるいは営利について

1　基本要素と認知

一方に合理性、他方に非・不合理性、あるいは超合理性（不合理なるがゆえにわれ信ず）が存在する。経営文化とは、経営の「合理性」と文化の「超合理性」（好き嫌い、嗜好〈テイスト〉、信じる・信じない）の融合である。「超合理性」とは、合理とか非合理とかを言う次元ではなくて、そもそも合理性の次元を超えた領域に属する事柄である。

まず合理性から問題にしよう。合理性にもいくつかの種類が存在する。よく言及されるのは、目的合理性と価値合理性の対比である。目的合理性とは、目的に照らした場合の手段が適合的か否かという手段適合性の問題である。ある目標（たとえば売上倍増）を達成しようとするときに、ある手段が、その目標実現にふさわしいかどうかで判断する。ふさわしければ合理的、ふさわしくない手段を選ぶときは、非合理的とされる。時には、「目的のためには手段を選ばない」といった表現が示すように、目的と手段が転倒されるときもある。高邁な目標を達成するために、下劣な手段を選ぶというようなことも時には起こりうる。その結果、高邁な目標自体が揺らぐことになりうる。抑圧のない自由な理想国をつくるために拷問は赦されるか、といった問いかけがこれに当たる。この場合は、目標と手段がすり替わってしまう印象がぬぐえない。あるいは、反戦活動の一環としての戦争行為は赦されるかといった問題である。目的と手段の矛盾・緊張関係が絶えず問われるであろう。*12

他方で、よく使われる「価値合理性」は、なかなか理解しがたい概念である。〈そのもの自体の当否は非合理的であるが、つまり価値判断を含むが、ある価値への信仰（たとえば宗教）をもつ結果、そのように行動せざるを得ない〉とする判断・合理性である。こうした主張を森嶋通夫が『思想としての近代経済学』（一二六頁）で行っているが、しかし、そもそも価値判断に合理性概念は馴染まないのであって、価値合理性という用語自体が形容矛盾と言ってよい。したがって、「価値合理性」という用語は追放されるべきであり、また「目的合理性」という用語も、目的とは価値判断を含むものであり（たとえば経済成長か福祉か、バターか大砲か）、「手段合理性」という用語の方が適切であろう。

第二に、形式合理性と実質合理性という対比がある。形式合理性とは先の手段合理性と親和的であり、数学の論理性と同一であり、かつ普遍的であり、その中身は問われない。実質合理性とは、結果として、実質的に平等であり、各成員が実を取る場合である。例としては、中世の農地分配において、一世帯に同量の農地を形式的に配分するか（形式合理性）、あるいは成員数に応じて農地を配分するか（実質合理性）というような例が挙げられる。[*13] この点で、資本主義は形式合理的であり、各個人が平等の権利を持つが（労働契約における同等性や選挙における一票）、実際には資本家・労働者の力関係における非対称性が存在する（実質合理性の欠如）。

第三に、全体合理性と部分合理性（個別合理性）の対比がある。これは、アグリゲーション問題と呼ばれる。全体合理性は全体最適とも言われ、部分合理性は、部分最適とも言われる。両者の関係が一致している場合は問題はないが、この両者が矛盾する場合に全体合理性と個別合理性の乖離が起きる。個別・部分にとっては（手段合理性において）合理的でも、全体にとっては合理的ではない場合もある。個別企業にとって、ある意思決定とその実行が利益増加という点で合理的であったとしても、ある国にとっては害をなす場合があり、手段合理的ではない場合がある。身近な例では、産業の空洞化（hollowing out）が挙げられる。ある企業が日本国内の工場を閉鎖し、海外工場を新設する場合、日本経済にとっては空洞化現象としてマイナスの影響を持つのに対し、企業としては、そうしなければ国際競争において不利になるような場合である。

第四に、事前合理性と事後合理性の対比がある。事前には合理的であったが、実際に起きた結果から見れば、非合理的であった場合である。これは、主観的合理性、客観的合理性と関連する。主観的合理性とは事前合理性であり、客観的合理性とは事後合理性に近い。合理的だと思ってある手段を選択しても、結果的に非合理な選択であるような場合である。

さらに、上記の合理性と関連して、第五に完全合理性と限界合理性（部分合理性）がある。主観的には合理的だが（完全合理性）、実際に持っている情報は不完全であり、部分的である（限界合理性）。経営学の巨匠、ハーバート・サイモンの言葉を借りれば、「人間は主観的には合理的だが、限界を持っている」。「限界づけられた合理性」（bounded rationality）は経営学でよく使われる概念であり、情報の完全性を前提したマルクス経済学や近代経済学の「経済人」の否定にほかならない。現実の世界では、情報はいつでも不完全であり、人間は不完全な情報に基づいて、選択し、行動しなければならない、という至極まっとうな結論になる。ただし、「限界づけられた合理性」概念は、完全合理性の前提を置く経済理論へのアンチの考え方として意義がある。*14

第六に、長期合理性と短期合理性とがある。短期的な合理性とは、数カ月、せいぜい数年の期間であるが、長期とは、数年から数十年に及ぶ期間、あるいは数百年にわたる（国家百年の計！）、超長期の時間に関わる合理性である。短期的には合理的でも、長期には逆に非合理な結果をもたらす場合がある。短期の利益を追い求めた結果（短期合理性）、企業の長期的成長、したがって長期の収益性を損ない、結局没落する企業も少なくはない。アメリカの四半期主義（三カ月ごとの業績評価が重要になる）にたいし、企業の長期的成長を見通し、短期的には利益を犠牲にしても利益を再投資し、長期的には収益性も高まるというケースである。かつての日本企業はこのような長期合理性を追求していたし、アメリカでは例外的とも言える現在のアマゾンも、その延長上にある。概して言えば、二〇世紀の七〇年代までは、このような長期主義（長期合理性）が優勢であったが、一九八〇年代以降、技術変化のスピードアップ、消費者需要の多様化に煽られて、長期主義から短期主義への転換が起こった。現在では、一〇年後を見据えた経営戦略の策定よりも、極端に言えば、三カ月後の収益性を問題にする短期主義（短期合理性）が優勢となっている。以上のように、収益性、成果を測る場合に、どのような時間軸を持って測るのかが重要となる。長期合理性と短期合理性の乖離である。経済、経営にとっては、利益をあげることが必要条件的に重要であるが、その利益の尺度も、時間の長さによって変わるのである。

真・善・美

真・善・美という用語があるが、合理性は主に「真実」に関係する。「善」は価値判断に、「美」は嗜好に関係するであろう。経営学者の野中郁次郎によれば、東洋は善と美は追求したが、真は西洋のみが探究したと述べる。私見では、そこに合理性を基とした近代資本主義の発展があったと考える。合理性が資本主義と親和的であることの傍証であろう。たしかに、『論語』はなにが善であるか（価値判断）、そのために何をなすべきかという書である。美（＝広く芸術）はなにが正しいか、何が優れているかというよりも、嗜好、好き嫌いの問題であろう。

さらにこの「真実」とは何かということについて、次のフレーズは参考になる。

「真実のみを話し、真実以外の何事も話さず、真実の全体について話すことを、誓います」

“I swear to say only the truth, nothing but the truth, and the whole truth”

という裁判における誓約の言葉である。最初の二つは容易に理解できるが、「全体の真実」を話すというのは理解するのが難しい言葉である。知っている真実をすべて（all the truth which I know）話すということであれば理解は容易だが、真実の全体像を話すという意味に取れば、それは可能なのかという疑問が湧く。そして本書のようなアカデミックな視点からは、真実の全体像を知ることに意味がある。

建築では、正面図、側面図（右・左）、上面図、背面図のような手法がある。この場合、真実の全体像は、この五面図の全てからアプローチしてほぼ到達できるのであろう。したがって、多面的な角度からアプローチしていく方法が重要な方法として求められる。真実全体は、神のみぞ知る事柄であり、人間はいつも真実の一部しか知らないということである。多面的なアプローチを行ってもなお真実の全体を捉えることができないとすれば、実際、そのような場合が多いのであるが、物事の真実、本質を知りえないという不可知論（agnostic）の主張は説得力を持つ。[*15]

認知・認識

真実の全体像に迫ることが重要な課題とすれば、それをどのように認識できるかという課題が次に出てくる。五面図のように、多角的な視点から事象を分析すること、これは一つのアプローチであろう。だが、価値判断を含んでいる表現としての、「半分しか」"as little as a half"と思うか、「半分も」"as much as a half"と思うかは、認識の相違をもたらす。「水が半分しか残っていない」と思うか、「まだ水が半分も残っている」と思うかは、認知・認識の大きな差異、またその後の行動に大きな影響をもたらすのであり、こうした捉え方が重要であるとする認知主義アプローチを生み出す。夏休みがもう半分終わってしまったと思うか、まだ半分も残っていると思うかは、その後の行動にも大きな影響を及ぼすであろう。

これは価値判断を含んでいるので、主観主義アプローチか、客観主義アプローチかということにも問題は進む。さらに極端な場合には、主観主義は精神主義に進み、「気合」があればすべて解決するような、すべては「心の持ちよう」で解決できるとする悪しき精神主義に陥る場合もある。[*16]

このような主観主義に対して、「半分も」、「半分しか」という認知はありうるが、また人間は多くはこのような価値判断を伴って認識しているのであるが、「半分は半分」という客観主義の重要性も強調したい。「半分」を「半分」として突き詰め、認識することは重要である。また認識の不完全性に関して、世の中の多くの事柄が不可知論的な要素を持っているということも強調しておきたい。

2　合理性モデル

合理性モデルⅠ　自然界における進化プロセス——突然変異と淘汰

観念の世界では、合理的と非合理的（不合理は道理に合わないという価値観が込められている）は大きな違いを生み出すが[*17]、現実の世界では、合理的選択と偶然とが基本的な様相を決定する。まず、自然界における合理性と、偶然である突然変異との関係を明らかにしておこう。（なお、この議論に関しては、安部「進化の概念と経営史」参照。）

自然界の進化プロセスは、図3-1のように進行している。

突然変異は、よく誤解されるが、表現型レベルでの変異ではない。朝、起きたときに、人間から蜘蛛に変わっていたなどというレベルの話ではなく、通常の突然変異は遺伝子レベルでの突然変異であり、きわめて頻繁に起こっている。遺伝子の一部が欠損したり、付加されたりはごく普通に起きることで、遺伝子のミスコピーによってそうした突然変異は起こる。遺伝子の突然変異は、通常は環境に合致せず、そのような遺伝子を持つ個体は死滅するが、稀に、環境によく適合する突然変異が登場し、生き残り、優勢となる。そして様々なバリエーションが「種」の中に誕生するが、そこでは環境との適合性によって自然選択が行われ、環境に最も適合するものが新しい「種」として進化していく。以上の理解は、基本的にはチャールズ・ダーウィンの自然選択と、グレゴール・J・メンデルの遺伝説およびその後継たるフーゴー・ド・フリースの突然変異説を総合したものであり、現在では「進化の総合説」として最も説得力のある学説である。こうしたサイクルが自然界における進化であり、これを単純に人間界に適用したのが、ハーバート・スペンサーの社会ダーウィニズムであった。スペンサーによれば、優勝劣敗とは、優れた者のみが生き残ることを意味していた。

図 3-1　自然界における進化プロセス

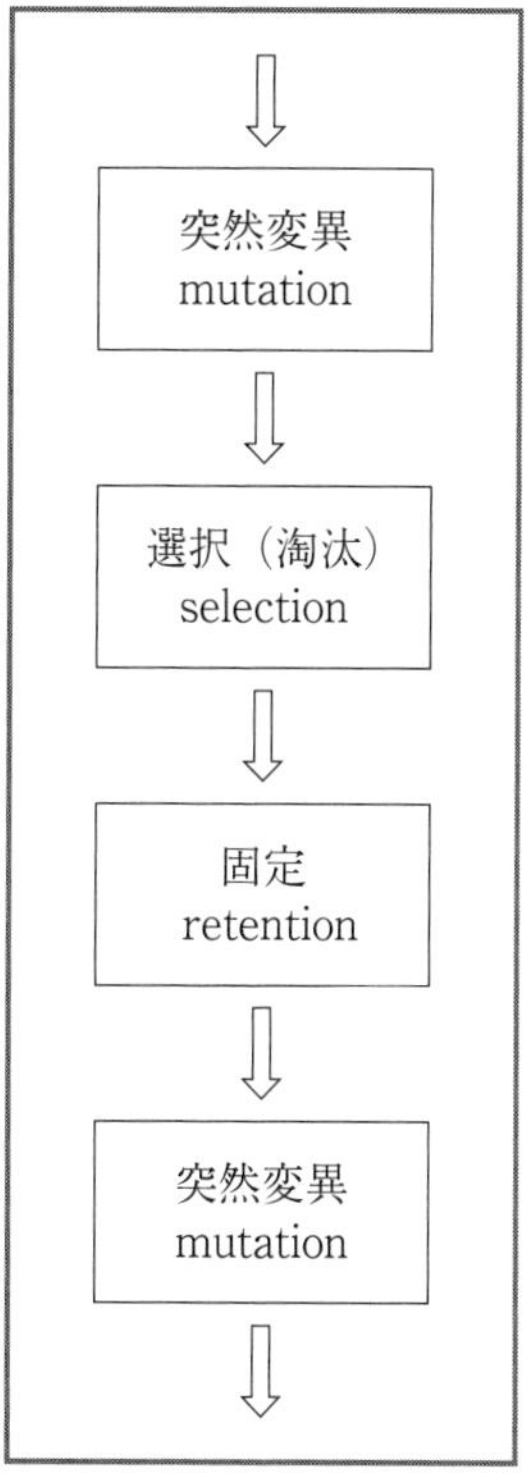

自然界における「最適者生存」"survival of the fittest"がしばしば言われているが、"survival of the fitter"や"survival of the fit"、すなわち広い意味での「適者生存」は可能であり、さらに環境に適合的でなくとも中立的であれば、生き残ることができるとする「中立

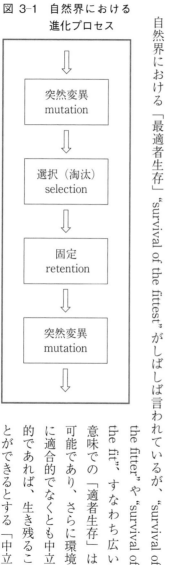

説」（木村資生《もとお》）の議論が有力である。[*18] つまり適者でなくとも環境に中立的であれば、生存が可能だ"survival of the neutral"というのである。さらにまた近年では、少々の不適合があっても、自然界で生き残っていくことができるとする"survival of a little unfit"の議論も有力である。つまり自然界においては、「最適者生存」や「適者生存」ではなく、「中立説」や「やや不利説」が説くように、若干の不適合者の存続も可能なのである。いわんや人間界においては、環境への不適合者の存続は大いなる可能性を持っているのであり、「優勝劣敗」「勝ち組・敗け組」の議論が正しくないことが理解できよう。したがって、スペンサーの議論は否定されるべきである。

合理性モデルⅡ　人間界における進化プロセス——感情、理念、利害の三要素

人間界が自然界と異なる点は、自然界においては環境と遺伝が決定的な影響を動物に及ぼすが、人間界においては、以上の環境と遺伝に加えて、人間は「意思」を持つということである。意思は、意識、認識、判断、記憶、知識、それらの集積・蓄積として、身体的にまた脳科学的に進化する。自然界における遺伝子に加えて、文化遺伝子（ミーム"meme"＝記憶による知識の集積・蓄積）が文明や知的活動の素となる。意思は、判断力、嗜好、好悪、知識、情報などの総体に関わり、その意思は、感情、理念、利害の三要素から成り立っている。

「感情」は、非合理的、短期的、また時には抑えることがベターであるとされる要素である。だ

が、審美的分野、すなわち芸術などにおいて、また人間本来のリビドー（ジークムント・フロイト、カール・ユング）の根源を構成するものとして重要である。[*19]

「理念（理想）」は、非合理的、長期的であり、旧来の用語でいえば、価値合理性に近い。宗教、政治、思想において理想を追求することは、人間にとって崇高なものとされている。自然界（動物界）との大きな差異である。感情が、「考える動物」の「動物」の部分に相当するとするならば、理念は、「考える」に相当する。ただし、理念は崇高なものとされ、人間にとって枢要なものとされるが、理念は間違った方向に行くことも往々にしてある。動物は、思想（理念）によって大量殺戮を行うことはないが、世界四大殺戮といわれるヒトラーによるユダヤ人抹殺、スターリンによるウクライナ富農の餓死、ポルポトによる「キリング・フィールド」、毛沢東による文化大革命時の厖大な死者のように、途方もない殺戮が、理念の名のもとに行われた。理念は、プラス・マイナス両極に動きうるのであり、両刃の剣でもある。次に述べる「利害」の方が、穏健で無難であるとも言える。

「利害（利益）」は、自己の利益を求めて、合理的、短期かつ長期的性質を持ち、他者の利益を奪うゼロサムゲームのみではなく、ウィンウィンの関係も築くことができる。自己の利害（利益）だけを追い求めることは、理念の追求に比べて劣っているような印象を与えるが、「AよりBが得」という手段合理性の追求は、合理性は「先が読める」という意味で、かえって健全であると言うことができる。

先に述べたように、利益の追求は、長期的でもありうるし、短期的でもありうる。両者が両立する場合もあれば、両者が対立し、どちらかの利害が損なわれることもある。短期の利益を無視して長期の利益を得る場合と、短期の利益を重視して結果的に長期の利益を損なう場合とである。

政治はややもすれば、理念や理想を追い求めがちであるが、経済はまさに利害追求であり、政治と経済を分離する「政経分離」こそ、進化にとって有用であろう。ちょうど、自然界において理念などはなく、利害の追求（自然淘汰）こそ行動の基本であり、逆に、理念に走ることは人間界において、さらなる問題を生じがちであることと同じである。政経分離、すなわち理想主義的政治ではなく現実的政治（real politics）の方が間違いを起こすことが少ない。

この視点から見ると、ボディショップが掲げていた「援助ではなく取引」（“Not Aid But Trade”）も括目すべき重要な標語であった。たんなる善意の援助ではなくて、対等な取引関係を持つ（fair trade）、win-win の関係から得られる「まっとうな利益」“legitimate profit” が長期的・経済的関係を維持するうえで、決定的なのである。

合理性モデルⅢ　ビジネスにおける革新と競争

人間界の一部でありながら、現在では最も重要な経済要素となったビジネス（営利企業＝利害の追求）における進化のサイクルは、自然界に対比すれば、図3-2のようになる。

革新は、自然界の突然変異に対応するが、それは同一ではない。というのも、人間には意思があり、その意思が起点となって革新が起きるからである。もちろん、突然変異と同様に、偶然の要素も影響する。ノーベル賞級の発見でも、偶然の要素が大きいとも言われている。また意思は、当人の能力や努力にも依存し、意思の強さ（能力、努力）が重要となる。能力とは、構想力、実行力を意味し、努力とは継続できる意思力である。

図 3-2　ビジネスにおける進化プロセス

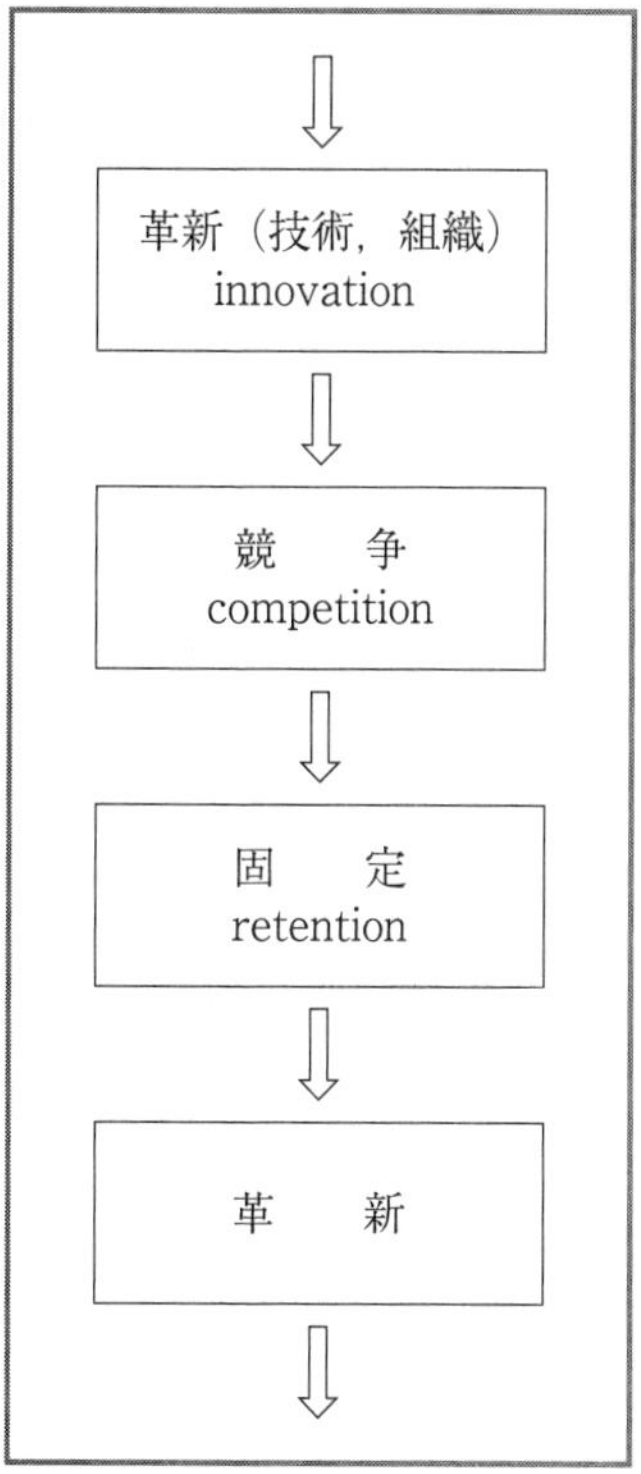

こうした革新は、技術レベルと組織レベル（ハードとソフト）との二つのレベルで可能である。近代社会発展の主要な原動力である技術革新は、古代ギリシャを濫觴とし、それがイスラム世界に伝わり、さらにルネッサンスを経てヨーロッパに戻り、近代科学として登場してくる。十八世紀の産業革命以降、技術革新は加速度的に進歩し、社会にとって有用なものから、害をなすものまで、様々

な形で社会に影響を与えてきた。資本主義社会の基礎をなす単位である企業（ビジネス）は、このような技術革新を先導し、あるいは大学などにおける理論科学進展の恩恵を受け、生産性を高めるような技術革新を推進してきた。技術革新こそ、近代社会および近代資本主義発展の最重要ファクターである。

さらに、革新は科学技術の面だけではなく、組織面でも可能である。とりわけビジネスの面では、公的な組織（ハードウェア）の改編による生産性の向上、あるいは、「非公式組織」と言われる組織構成員の文化的側面（ソフトウェア）、換言すれば人材の質の向上や人間関係の改善を通じて、生産性を上げ、大きな経済成果をもたらすことが可能である。こうした革新は、工場・営業所レベル、企業レベル、産業レベル、地域レベル、国レベルなど様々な領域で起こる。最後のソフトウェアである人材の文化的側面（質の面）では、まさに文化と営利が融合・共進化する場として、経営成果の観点から、経営文化の良し悪しが問題になる。

もちろん、革新は負の側面をもたらすこともあり、またどのような経営文化が良いのか、そうでないのかは、出資者、経営者、従業員（労働者）の立場によっても異なる。

いずれにせよ、革新は人間の意思を含んでいることからして、自然界の突然変異とは異なるので、こうした革新の基礎を、「創発性」と名付ける経営学者もいる。*20

自然界と人間界

自然界では、種の多様性が生物の存在にとって、安定と繁栄をもたらすものとされる。様々な種類の生物がいることが、種相互の、また生物界全体の安定・繁栄にとって好条件とされる。このようなモデルは、樹木モデル（branching tree model）と呼ばれる（図3–3）。単細胞生物から始まる植物・動物の系統樹である。これに対して、人間界では、多様性も同様に社会の安定に貢献すること

図 3–3　樹木モデル（branching tree model）

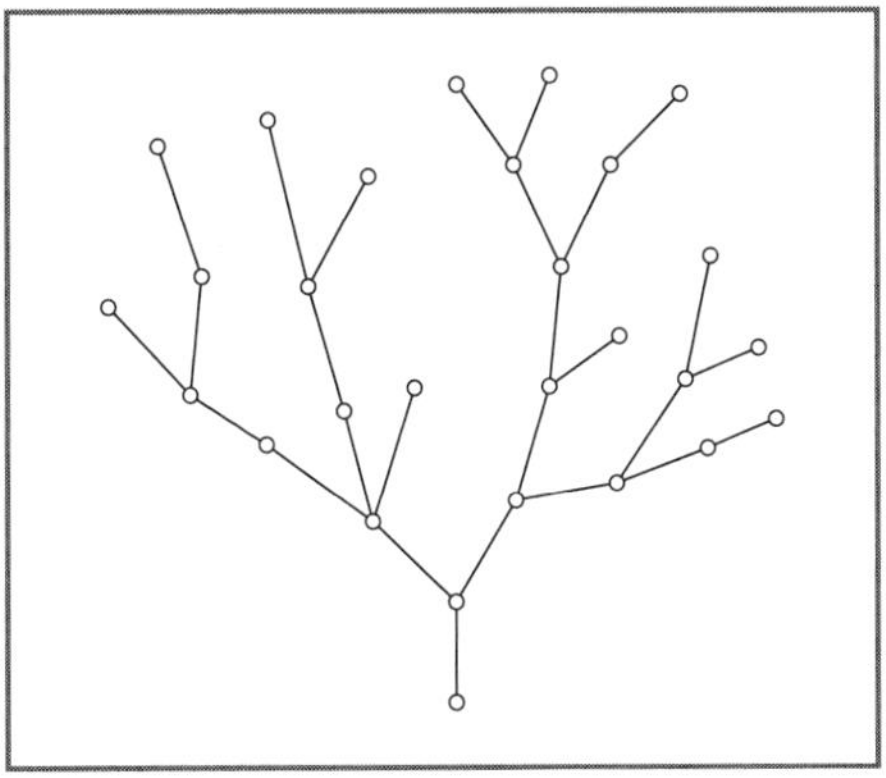

図 3–4　収斂モデル（convergence model）

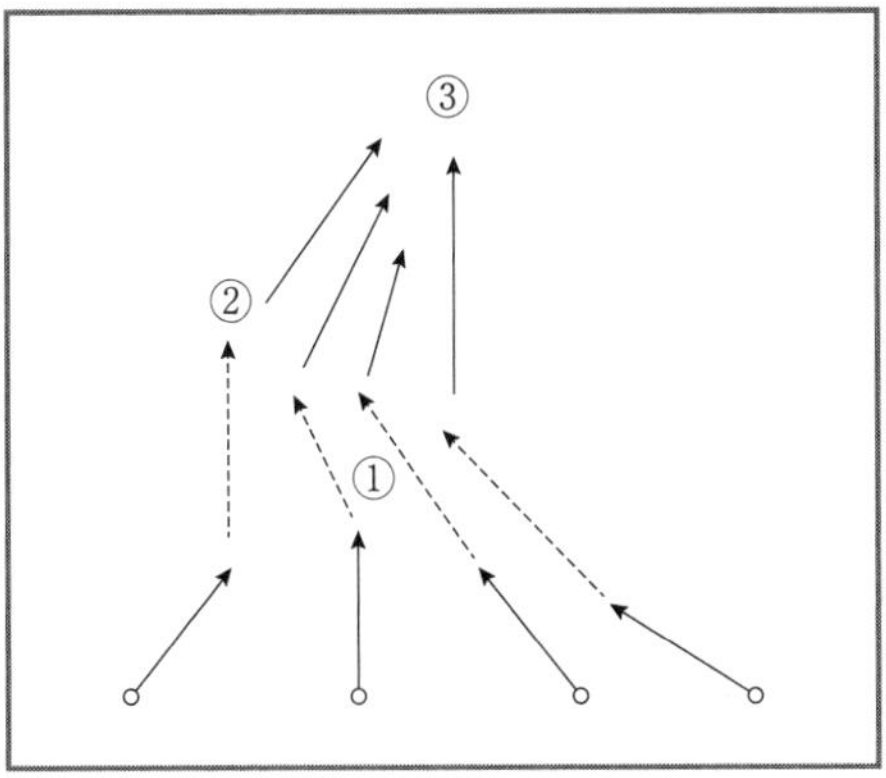

（注）①，②，③は，各段階の収斂点を示す。

はもちろんだが、収斂モデル（convergence model）も存在する（図3-4）。同一のタイプに収斂していく傾向を指す。例えば、普遍的人権を基盤にした民主主義モデルが世界の向かうべき方向とされるようなモデルである。完全に収斂することはないとしても、その方向に進む傾向である。イスラム民主主義や中華民主主義が部分的に存在しえたとしても、長期的には西欧型の民主主義が普遍的な傾向として立ち現れていくと予想される。

ビジネスの世界では、経営者企業と呼ばれる方向に長期的に・全体的に進化している。所有者がなお支配的権限を持つ所有者企業（同族企業や創業者型企業）がイノベーションの激しい環境では相対的に有利であるとしても、第二世代、第三世代などを考えれば、所有者企業は後退せざるを得ない。長期的には俸給経営者（salaried manager）が支配権を持つ経営者企業が優勢とならざるを得ない。

だがこうした収斂モデルは、完全に収斂する前に、別の傾向が出てくるに及んで方向転換し、実際にはさまざまなタイプが併存することになる。だが、それでも時代ごとに収斂傾向も存在するであろう。先の多様化モデル（樹木モデル）との関係で言えば、収斂モデルが時代ごとに方向転換するので、実際にはさまざまなモデル・タイプが存在するように見えることになる（市場資本主義、共同体資本主義、国家資本主義の併存）。

第4章 企業の存在理由と企業組織

1 企業の目的・目標・理念

企業は、利潤追求という目標を持ち、そのための手段合理性の徹底という特質を持つ合理的存在である。しかし、企業を構成する人間は様々であり、その集合体である企業も多様であらざるを得ない。そのため、利潤追求という基底的目的（動物で言えば、存続のための食料の確保）をもつことは当然だが、それに留まらず、従業員福祉、消費者満足、株主価値最大化、社会的責任（CSR）のような他の目的・目標も存在する。それを選ぶ理由は、合理的というよりは、非合理な理念に基づいている。

三つの類似した言葉として、経営目的、経営目標、経営理念がある。これらを一応、区別するとするならば、経営理念は経営の理想的な形（たとえば国家・社会に貢献する）、経営目的は最終的な到達目標（たとえば、三方よし）、経営目標は目的よりは短期的・実際的な目標（たとえば五年後に売上倍増など）、というように区別できるが、必ずしも明快に分けられるものでもない。

企業目的（理念、目標）として、具体的に以下のような項目が挙げられる。

(1) 利益追求は、企業存続・企業発展のための必要条件的要素である。ただし、利益をあげれば通常は課税されるので、それだけでも社会への貢献と考えられる。税を払わない企業は「社会的」企業ではない。逆に税を払う企業は本来的に「社会的」企業なのである。（たとえば、税をほとんど払わないアマゾンなどは「社会的」企業ではない。）

また、利益といっても短期的な利益の追求か、長期的な利益の追求かには大きな違いがある。四半期主義と呼ばれる三カ月ごとの利益を重視する企業もあれば、一〇年単位の利益・収益性を重視する企業もある。長期的展望か、短期的展望かは、企業目標の性質に大きく影響する。

(2) しかし、利益（収益性）よりむしろ企業の存続や成長を目的とする企業もある。しかも、存続と成長は異なる。冒険的な活動に投資せず、従来の安定的な事業領域に留まる老舗企業は成長というよりも、存続が重要な企業目標である。これに対して、成長至上主義の企業もある。通常の企業は、たんなる企業の存続に留まらず企業成長を重視する傾向が強い。とりわけ上場企業に対しては、収益性に加え、企業成長への株主からの圧力が強い。株価は、単なる収益性の高低だけではなく、成長可能性にも大きく影響されるからである。

（3） 業界における売上シェアや業界における序列を重視する企業もある。かつての日本の大企業はおしなべてこの傾向が強かった（高度成長期からバブル期まで）。日本では、業界の会合における座席の位置は、通常は売上（シェア）で決まることが多かった。そこで、会長や社長は利益よりもむしろ売上を重視し、業界の会合での上座を目指す傾向があった。これは、半導体業界における経験曲線の効果（累積生産量が二倍になれば、コストが二〜三割下がる）とも関連し、売上優先、生産量優先、業界シェア優先の風潮をつくった。ただし、現在では、シェアよりも収益性が最も重視されるように変わってきている。

（4） 従業員への配慮。雇用の維持、増大を重視する企業も多い。解雇や賃金の引下げをできるだけしないこと、あるいは多くの従業員を雇用し、社会に貢献すること。オハイオ州でホンダは最大の雇用企業であるが、それは同社の誇りでもある。さらには雇用数を増大させることも、重要な社会貢献とも言える。失業率の低下は社会にとってプラスと考えられるからである。また社内的にも、成長し、雇用数を増加させることは、多くの管理職ポストを創り出すことにもなり、社員のモラールアップにつながる。他方で、社会的に見て十分な給与を保証することは、企業の一つの目標である。同業他社より高い給与は、企業の文化をゆとりと誇りのあるものにするであろう。これに対して、できるだけ賃金を圧縮し、健康保険などの企業内福利を削減し、利益を生み出そうとする企業（たとえば、かつてのウォルマート）もあるが、社会的批判を受けることも多い。

（5） 出資者である株主に高配当と高株価をもたらすことが企業目標となっている企業もある。現在のアメリカ大企業では、こうした短期的な利益目標が跋扈し、従業員の賃金、企業内福利がなおざりにされていることも問題である。株主資本主義の弊害であろう。ただし、アメリカ企業も一九七〇年代までは、四半期主義ではなく、企業目標として、もっと長期的性質を備えていた。また従業員福祉も重視されていた（かつてのＩＢＭやＧＭ）。だがアメリカ企業は、一九八〇年代から技術変化および社会変化によって、スピードを重視するビジネスモデル、企業目標に、大きく変貌してきた（安部「アップルの企業文化」参照）。

（6） 社会的責任の重視。環境問題は、いずれの社会でも住民の福祉に大きく影響するので極めて重要な問題である。だが、公害と呼ばれるような環境汚染への対策は、なかなか企業の取引ベースに乗らず、コスト増になるとして無視されることが多かったし、またそれもある程度可能であった。しかし、このような環境問題を重視する企業目標を掲げる企業もある。環境重視の取組みは、現今では企業の声望（corporate reputation）を高めるものとして重視もされている（たとえば、環境を重視したグリーン・インベストメント、ＳＤＧ〔持続可能な開発目標〕、ＥＳＧ〔環境、社会、統治〕）。

また、社会責任として法令順守（compliance）を重視する企業もある。自然人と同じく、法人（legal person）としての企業は企業市民（corporate citizen）でなければならない。それゆえ、個人と同じく法律を順守する義務があるが、企業によってはこれを軽視し、違法行為、グレイゾーンの行為を行うことも少なくない。脱税か、節税かの線引きは難しいことが多いが、法の精神、法の趣旨を考慮することが重要である。守るべき法律は、企業の場合、独占禁止法、環境保護法、労働法、税法など多岐にわたる。さらに、受け身的な順守ではなく、コンサート、スポーツイベントなど、各種の文化活動、社会活動への支援、出資などもある。大原孫三郎の倉敷紡績はその分野での有名な企業の一つであろう。こうした取組みも企業の声望を高めることが期待されている。

(7) 経営理念。以上の様々な企業目的・目標のどれを重視するか、それを経営理念として掲げ、具体化し、実行していくか否かによって、企業の社風が問われる。[*21]

住友では、「浮利を追わず」として堅実経営を目指した。三菱は、「所期奉公」として「産業報国」を目指し、現代の言葉ではディスクロージャーやトランスペアレンシーに相当する「処事光明」を標榜し、「立業貿易」として資源の少ない日本における貿易の重要性に着眼・邁進することを理念として掲げていた。三井は、江戸時代から「現金、掛け値なし」の標語で、顧客との誠実な関係を志向した。また同じ呉服・デパートの大丸は、「先義、後利」の公正誠実な取引を強調した。キッコーマンは、一九二〇年代、「産業魂」を理念とし、利潤追求や賃金獲得だけではなく、社会の福祉、国家の発展という労使協調主義を掲げた。

戦後派のソニーでは、「自由闊達で、愉快な理想工場」が目標として掲げられ、いかにも戦後派的なユニークな経営理念を有していた。ホンダは、「ワイガヤ」や「三つの喜び（買う、売る、創る）」で、自由な社風と、消費者、販売者、生産者という「三方よし」の精神を持ち、パナソニックは、戦前からの「水道哲学」に加え、「七精神」（産業報国、公明正大、和親一致、力量向上、礼節、順応、感謝）を唱えた。サントリーは、「やってみなはれ」の積極精神を強調し、キヤノンは、「共生」「実力主義」を唱え、単なる年功序列とは一味違った日本的経営の特徴を前面に押し出した。

こうした事例が示すように、こうした理念が現実にどのように作用したかは様々であるが、経営理念は実際の企業行動に何かしらの影響をもたらすのである。

しかし、企業の目標として最も重要なのは、近江商人の唱えた「三方よし」（売手、買手、世間＝社会）の理念であり、消費者や従業員とウィンウィンの関係を築くことであろう。これに類似した「三方よし」として、フォードの理念もある。買手には安くて質の良い車、従業員には同業他社より高い給料、株主には高配当という「三方よし」である。

そのように考えると、他者を犠牲にして単純に利益を追求するような企業（いわゆるブラック企業）――極端な例をあげるならば、「泥棒専門会社」あるいはマフィアなど――は企業として存在すべきではないであろう。窃盗、強盗、詐欺などの行為によっては、ウィンウィンの関係を相手と築くことができないからである。消費者にベネフィットを提供することによって、利益を追求することが重要であり、窃盗、強盗、詐欺などの違法行為ではなくとも、相手に何らの利益をもたらさない企業では意味がないのである。

かつてパチンコに関する雑誌を出し、実際にパチンコ必勝法を実践すべく行動していた「梁山泊」というグループがあった。かれらがパチンコ店で荒稼ぎをしても（違法行為ではないが）、店にはなんらの利益もなく、ウィンウィンの関係を築くことはできなかった。通常は、カスタマー・サティスファクション（CS）を通じて、売手と買手の双方がベネフィットを得ることが不可欠である。

以上から、長期の利益、長期の「顧客満足」、長期の繁栄を目指すか、短期のそれらを求めるか、あるいは「三方よし」の精神に基づいているか否かによって、経営理念は自ずと異なってくるのである。

2　企業組織の発展

企業の目的・目標、企業文化（社風）、とりわけ経営理念について前節で論じた。この節では、前節のソフトウェアにたいして、ハードウェアとも言える公式組織について論じる。

五つの企業組織類型

企業は基本的に、出資者、経営者、従業員の三者で構成される。これ以外に、企業を取り巻くサプライアー、消費者、地域が直接かかわる。

ここでは、所有と経営の観点から、所有、経営者の任命、戦略的意思決定（長期視野）、管理的意思決定（中期視野）、業務的意思決定（短期視野）に注目して企業組織の類型を分析する。元々の議論は、チャンドラー・モデル（三類型論）に基づいているが、それに留まらず、筆者のアイデアを付け加えている（五類型論）。なお、ガヴァナンスに基づいたこの企業組織の分類は、管理組織の分類とは異なるので、ご注意願いたい。

企業組織の第一の類型は、「個人企業」（personal firm）である。個人企業は、規模が小さく、個人（家族）が企業を所有している。戦略的意思決定、管理的意思決定の双方を、所有者兼経営者が行う。業務的意思決定は専門的（俸給）経営者（professional and salaried manager）に任されている。

企業規模が拡大すると、「企業者企業」（entrepreneurial firm）と呼ばれる第二のタイプに移行する。ここでも、所有者が戦略的意思決定を担うが、管理的意思決定は、業務的意思決定と同様に、専門的経営者が行う。所有者は支配の維持に必要な所有権（通常は過半数株式）を有している。このタイプは、十九世紀の大企業、ロックフェラー家のスタンダード・オイル、カーネギー・スティール、J・P・モルガンなどの大企業に当てはまる。二十世紀でもフォードのような企業では、フォード家が「種類株」の利用を通じて、所有はわずか四％しかないのに、議決権の四〇％を持つという特殊な構造によって、なお企業者企業的特徴を保っている。

なお、このタイプは家族企業＝同族企業（family firm）として、先の個人企業と共に、所有者企業（proprietary firm）と呼ばれる。このほか、創業者企業（founder firm）と呼ばれる、初代の企業家が所有と経営の両面にわたって企業を掌握し、なお決定権、支配権を有している企業が二十世紀後半に輩出した。マイクロソフト、グーグル、アマゾン、ニューズ・コーポレイションなどが急成長した。それは、ちょうど十九世紀に先の大企業が誕生したのと同様の、起業家大活躍の現象である。これは、第二次大戦後の活発な技術革新と関係している。

第三の企業類型として、「経営者企業」（managerial firm）がある。ここでは、所有が分散し、特定の個人（家族）が決定的な発言権、議決権を持たず、CEOなどのトップマネジメントの任命も専門経営者によって行われるようになる。したがって企業の命運に大きく影響する戦略的意思決定も、専門経営者によって担われる。第一、第二の所有者企業と区別される経営者企業の誕生である。典型的には、十九世紀末のAT&T、二十世紀のGM、GE、シアーズ、USスティールなどのアメリカを代表する企業である。

以上が、アルフレッド・チャンドラーによる分析であるが、ここでは、上記のフレームワークに入りきらないタイプを二つ追加する。

第四の企業タイプとして、第二の企業者企業から経営者企業への過渡的なタイプとして、「準経営者企業」(semi-managerial firm) がある。このタイプは、所有者は経営(戦略的かつ管理的意思決定)に携わらないが、かなりの所有権を通じて、実質的にトップ経営者の任命権を持っている場合である。典型的には、ブリヂストンが挙げられよう。オーナーの石橋家はその株式所有を通じて、CEOの任命を行ないうる立場にあるが、経営はすべて任せている。しかし、トップの任命権を持っているので、経営者企業とは呼べない。一九六〇年代までのデュポンもこのタイプに属すであろうし、IBMもこれに近かった。スタンダード・オイルも一九五〇年代までは、このタイプに属すであろう。トヨタも、豊田家による実際の株式支配権はそれほど多くはないが(二%程度と言われる)、CEOの任命権を豊田家が実質的にもっているので、準経営者企業に近い。先に説明したフォードも、所有権は持っていないが、議決権を有しているので、準経営者企業に属する。サムスンも然りである。現実の企業世界では、こうした準経営者企業が多数なのではなかろうか。

したがって、第二類型の創業者型企業と併せ、準経営者企業も、オーナーの影響が強く、経営者企業と一線を画す、有力な企業タイプである。

さらに、チャンドラーによれば、二十世紀は経営者企業の黄金時代であったが、一九六〇年代以降、とりわけ一九八〇年代以降は、カリフォルニア公務員年金基金（CalPERS）などの年金基金、投資信託基金（mutual fund）、あるいはウォレン・バフェットのバークシャー・ハサウェイなどの投資ファンドが、株式の少なからぬ割合を持つことによって、企業のトップ経営者の任命権、解任権、さらには投資の方向性を決める経営戦略に直接影響を及ぼす機関投資家企業（institutional investor firm）が登場した。これは、経営者企業や創業者企業とは異なる新しいタイプである（第五の類型）。こうした機関投資家企業が、経営者企業や創業者企業と比較して、どれほどの影響を持っているかに関しては、議論は分かれているが、*22 新しい現象であることは間違いない。これに応じて、社外取締役の重要性も飛躍的に増大した。かつて（一九五〇年代まで）、アメリカ企業の取締役会は社内取締役（常勤取締役）が多数であったが、その後しだいに社外取締役が増加し、現在では取締役会の平均規模、一〇名程度のうち、社外取締役が七名程度、社内取締役は三名程度とまったく逆転し、CEOの任命や各種委員会（財務委員会、報酬指名委員会、監査委員会）では、社外取締役のウエイトが圧倒的に高い。これも、経営者企業が想定していたガヴァナンス構造とは大きく異なるところである。（以上に関しては、表4-1参照。）

もっとも、こうした投資家企業について言えば、かつてJ・P・モルガンなどの投資銀行が二十世紀初頭、大きな影響をUSスティール、GEなどの大企業に有したが（いわゆる「金融資本主義の時代」）、しだいに投資銀行の影響は薄れ、一九三〇年代には経営者企業が枢要な存在となっていっ

表 4-1　企業組織の類型

類型＼機能	所有	任命	戦略的意思決定	管理的意思決定
個人企業	家族（個人）	家族	家族	家族
企業者企業	家族（個人）	家族	家族	専門経営者
経営者企業	分散	専門経営者	専門経営者	専門経営者
準経営者企業	家族（個人）	家族	専門経営者	専門経営者
機関投資家企業	ファンド	ファンド	専門経営者	専門経営者

（注）　業務的意思決定は，すべて専門経営者なので，省略。

た歴史もある（金融資本主義の没落）。だが一九八〇年代以降、すでに三〇年以上たつが、年金基金、信託基金、投資ファンドなどの機関投資家企業の重要性は増しこそすれ、衰えてはいない（ファンド資本主義の隆盛）。

以上の企業類型に応じて、特定タイプが支配的である資本主義は、それぞれ個人資本主義（personal capitalism）、企業者資本主義（entrepreneurial capitalism）、経営者資本主義（managerial capitalism）、機関投資家資本主義（institutional investor capitalism あるいは fund capitalism）と呼ばれ、第一と第二の類型は合して、所有者資本主義（proprietary capitalism）と呼ばれる。なお、準経営者企業は過渡的であり、それ自体で一時代を画すとは思われない。

所有者企業（同族企業、創業者企業）の歴史的意義

オーナーが経営に直接かかわっている企業は、チャンドラーのタイプ分けでは、個人企業と企業者企業である。両者を一括して所有者企業と呼ぶならば、その中には同族企業と創業者企業を区別する

ことができる。論者によって定義は異なる場合もあるが、同族企業は何代も続いている企業で、老舗企業が典型である。日本では、サントリーはじめ、多くの企業がこれに属する。世界でもサムスンやミシュラン、ボッシュ、VWがこれに属する。準経営者企業もこれに含めてよいかもしれない（ブリヂストン、トヨタ）。

傾向的に言えば、老舗企業は虎屋、森永製菓など、技術革新あるいは外的環境が比較的激しく変化しない食品、あるいは不動産や自動車関連が多い。これに対して、技術変化の激しいハイテク系では、創業者型企業でなければ生き残ることは相対的に困難である。サムスンは、例外というべきか、あるいは同族企業であり続けるならば現世代で衰退に向かうか、いずれかへの踊り場に位置している。ボッシュ、ミシュラン、VWなどは自動車関連で、技術変化が相対的に速くはなく、同族企業でも時流に遅れないで、企業を成長発展させていくことが可能である。

しかし、ここ三〇年ほど、ハイテク企業の台頭が目覚ましい。ほとんどがエレクトロニクス系の企業である。（その他に、若干のバイオ先端企業もあるが、概ねロシュなどの既存大企業に吸収されている。）例えばジェネンテック）。こうした分野では、第二世代が活躍できる余地は少なく、父親と同じだけの企業家能力（アントルプルヌールシップ）を発揮することは極めて困難である。そこで、ハイテク分野では同族企業ではなく、フェイスブック、グーグルなどの創業者型企業が優勢なのである。

この二〇年ほど、同族企業（家族企業）の復権が言われ、経営者企業の落日が言われている。例えば、完全な経営者企業たるGMよりも、所有者企業的なフォードの方が、たとえ経営を直接フォード家が行っていなくても、意思決定の迅速性に優れ、かつ大胆にリスクを取る意思決定も可能であるとして、家族企業（ファミリー・ビジネス）をもてはやす傾向がある。だが、技術革新が少ない伝統的産業では可能だが、エレクトロニクスのような技術革新が日進月歩の産業では、第二世代、第三世代が活躍できる余地は小さい。その意味で、経営者企業は長期的に見れば、優秀な専門経営者、雇われ経営者（俸給経営者）を活用することによって、発展する可能性は潜在的には大きい（GEが適例）。しかし、エレクトロニクスのような技術革新が極めて速い産業では、優れた創業者型の企業家が雇われ型の経営者よりも、迅速かつ大胆な意思決定を実行できる点で優位に立ち、エレクトロニクス産業では、孫正義、ビル・ゲイツ、スティーブ・ジョブズ、ジェフ・ベゾス、ラリー・ペイジ、マーク・ザッカーバーグなど、創業者型の企業家が目白押しである。アメリカのビリオネアーの半分は創業者型の企業家である。

それゆえ、経営者企業は必ずしも衰退しているとは言えないが、現在の急激な技術革新の時代にあっては、創業者型経営者よりも劣位にあり、専門経営者が活躍できる経営者企業の繁栄しうる幅は、一九三〇〜六〇年代と比べて小さくなっているのは確かである。アメリカなどの先進国だけではなく、後発国・新興国でも、IT、IOTなどの通信・エレクトロニクス分野で多くの創業者型企業家の隆盛を確認できる。韓国、台湾、中国、メキシコなどのNIEs、BRICS、VIST

Aなどの諸国では、新しい企業家、企業集団が陸続と生まれている。

だが技術革新の盛んな産業では、同じ所有者型企業でも、同族企業では到底存続しえないので、同族企業が経営者企業よりも優位になってきたとする議論は的を射たものではない。

ただし、ファミリー・ビジネスが存続、さらには漸進的にせよ発展できるようになった理由は、世界的に相続税率が下がり、種類株の活用が可能であり、信託財団方式の利用を通じて財産を保全できるようになったことが大きい。また創業者型企業にあっても資本市場の制約が低くなり、種々の方法（TOB、有利な転換社債の発行、ビジネス・エンジェルの存在など）を通して、拡大成長する資金的な制約のハードルが低くなったこともある。

したがって、所有者型企業といっても、ファミリーが中心になるという点では同じだが、創業者型と同族企業型では、革新的と保守的のように、企業文化はまったく異なることが多い。

第5章 組織文化のミクロ分析

本章では、経営学者のスティーブン・ロビンズ、社会学者のハールト・ホフステード、政治学者のフランシス・フクヤマの所論を中心に、組織内部の企業文化を考察する。組織論でいうところのミクロ組織論である（これに対して、マクロ組織論は、公式組織論[*23]と呼ばれる）。

1 組織文化の七側面——ロビンズの分析

自然人（natural person）にたいして、法人（legal person）が存在するように、組織にも、人格（personality）に相当するものがあるとの前提から、ロビンズは出発する。個人の性格と同じく、組織人格があり、それが組織文化にほかならない。個人は、服装（個性の重要な表現）や趣味、嗜好、行動、積極性、協調性、能力、努力などの様々な面において異なっている。個人が十人十色と言われるように、組織も十組織十色である。組織では、文化として、スーツやネクタイが根付いているか、言い換えれば、顧客との関係でフォーマルな服装、丁寧な態度が好まれるか（金融業）、あるいは派手でカジュアルな服装が好まれ、率直で打ち解けた態度が好まれるか（服飾業界）、というように、企業ごとの個性、業界の個性によって違いがもたらされる。関東と関西でも、関西の「派手で積極的な」風潮に対し、関東では相対的には「澄ました」態度が好まれるように思える（たとえば、商品の値引き交渉において、値切るのを楽しみとするか、はしたないと思うかといった違い）。

組織文化とは、基本的考え方（価値基準、たとえば個人より集団の重視）、物事の進め方（稟議、根回しの重視）、行動の仕方（体力勝負のどぶ板営業か、頭を使った賢い営業か）など、概括的に言えば、習慣、慣習（有給休暇の消化の仕方にも相違が現れる）によって異なってくる。

このような組織文化は、目に見えるものではなく、個人・集団によって認知・認識されるものである。さらに、文化の表出として、言葉によって表現され、相互の関係に影響を与えていく。同じ会社、同じ業界では「仲間内言葉」(jargon) が発生し、仲間の間での絆、連帯感が育っていく。ただし、ジャーゴンが当該集団に与えるマイナス面としては、閉鎖性が強まっていくことが挙げられる。こうした社内用語、業界用語の発生と仲間意識の形成は相携えて、業界特有の組織文化や、同じ業界でも異なる社風を生み出していく。さらには、地域風土の影響も受けて、関東企業、関西企業などの地域差をもたらす。ただし最終的には、日本企業として共通の性質が確認されることも多い。もっとも、日本企業と概括されることを嫌がる日本企業も多い。「わが社はわが社です」として、他社のことは分からないとし、「日本企業特有の企業文化なんて存在するんですか」といった反論も、企業訪問時によく耳にした。

ロビンズによると、組織文化をミクロ的に分析していく際に、七つの側面がある。

第一は、企業文化が安定重視（現状維持の重視）か否かという側面である。一般に、老舗企業などはその典型であろう。

第二に、安定重視の逆で、革新的でリスクを取ることを回避しない社風である。先の例で言えば、エレクトロニクスなどのハイテク企業では、ほとんどいつでもリスクテイキングな姿勢でいなければ、時流に取り残されてしまう。

第三に、社員の態度が積極的で競争を好む程度が問題になる。何事につけ積極的な社風を持つ企業文化もあれば、逆に、受け身の協調性が重視され、尊重される企業文化もある。

第四に、細部へのこだわり、詳細な報告、慎重さの重視が好まれる社風がある。逆に、大胆さが好まれる企業文化もある。一度の失敗は、「向う傷」とされ許容される企業もあれば、失敗が全く許されず、出世競争からの脱落を意味する企業もある。

第五に、個人ではなく、集団としての組織を重視するチーム志向の側面である。

第六に、達成過程ではなく、成果そのものを重視する結果志向の側面である。売上の達成が極めて重要視される企業や業界にあっては、途中経過よりは結果が評価の基準となる。同じ企業のなかでも、事務系ではなく営業系の場合には、「売上の未達」が大きな問題となるであろう。企業がどの程度営業を重視するかによって、評価は異なってくる。例えば、証券会社や自動車のディーラーでは、営業成績の数字がはっきりと出てくるので、勢い、結果重視にならざるを得ない。

第七に、ある決定が組織の人間にどの程度影響するかを重視する側面もある。タスク重視ではなく人間志向、言い換えれば人間関係重視の企業風土である。

ロビンズとは別の視点、すなわち仕事のモチベーションから考察すれば、勤労者の意欲は、第一に、給与（金銭的報酬）であろう。ただし、インセンティブは金銭的報酬に留まらず、第二に、労働条件が問題になる。仕事の負担はどれくらいか、労働時間の長短および有給休暇はどれくらいあるか、残業の程度はどうか、サービス残業はどのくらいあるのか、といった事柄である。第三に、職場環境がどれくらい充実しているか、快適に働ける環境か否か、いわゆる3K職場（キツイ、キケン、キタナイ）であるのかないのか、こうした職場環境・労働環境も重要である。第四に、サービス残業をなぜ日本人が行うのかについて、よく質問されることがあるが、それは昇進可能性を顧慮するからであろう。現時点でサービス残業が不条理であっても、将来、ポストとそれに見合う給与が得られるならば、長期的にサービス残業はペイするからである。これは、ポストと給与に関する評価の問題が勤労インセンティブにとって極めて大きいことの表れである。人間は、一般的に言って、他者からの承認（典型が部長、課長などのポスト）を必要としているのである。第五に、仕事それ自体の充実である。本来業務である仕事そのものが面白くなければ、勤労意欲は減退する。カネのためと割り切る場合もあるだろうが、それだけでは十分ではない。カネのためと割り切ることができる場合には、それなりの給与が得られれば、それ以上のインセンティブを考慮しなくてもよい。第六に、職場における人間関係がモチベーションの維持向上にきわめて重要である。上司との関係、同輩との関係、部下との関係、この三者の人間関係をうまく保つことができなければ、職場で働くことは大いなる苦痛をもたらすであろう。

また、あるイギリスの経営学の本によると、経営者にどのような点に留意して採用を行うかというアンケート回答を求めたところ、イギリスでは採用の時に、能力（ability）、性格（character）、協調性（willingness to cooperate）のうち、一番何を重視するかと言えば、性格（この場合は積極性）であり、次いで能力、最後に協調性であった。日本企業では、おそらく協調性がもっと上位に来るであろう。国によって、求められる資質は異なるのである。

2　ホフステードの分析

以上のロビンズの分析に加えて、国別の経営文化の比較に関してよく参照されるホフステードの分析視角を見ておこう（主に、両ホフステード＝ミンコフの著作に依拠した）。彼は、最初は四つの分析視角であったが、後に一つ付け加え、合計で五つの視角を取り上げている。

第一の視角は、権力格差である。上位者と下位者の権力の差がどれだけ大きいか、権力が上層にどのくらい集中しているかによって、企業や組織内部の人間関係が理解できるとする。下位者はもっぱら上司の指示や命令に唯々諾々と従うのか、あるいはもっと水平的な関係が上位者と下位者の間に存在するのかという尺度である。言い換えれば、トップダウンの程度である。

第二の視角は、個人主義か集団主義かという視角である。集団的心理・行動をどの程度重視するか、チームの重要性は大きいか、他者（同僚）への気配りは重視されているかといった指標である。日本とアメリカの経営文化比較でよく指摘されるように、日本は集団主義、アメリカは個人主義という比較である。

第三の視角は、男性らしさ対女性らしさであり、組織文化がどの程度男性らしさ（machismo）によって支配されているか、逆に女性的要因が大きいかという尺度によって組織文化の性質を調べようとする。女性の経営幹部への昇進（女性比率）、職務の性別分担、男性への職位の集中の程度などが尺度である。

第四の視角は、不確実性に対する態度であって、挑戦的か、リスク回避的かという差である。どの程度リスクテイクを重んじるか、逆にリスクを回避する傾向があるか、「寄らば大樹の陰」志向が強いか、ベンチャーを立ち上げようとする意欲が強いか、離職率が高いか低いか、が尺度となる。

第五の視角は、志向性が長期か短期かという尺度で、企業成員、とりわけ経営幹部の志向性が長期展望であるか、短期展望であるかという相違である。

ホフステードは、この五つの視角によって(当初は一~四の視角、後に五番目の視角が加わる)、一九八〇年、主にIBMの各国(約一〇〇カ国、説明に用いた図では七六カ国)に勤務する社員一二万人へのアンケートによって、国別の経営文化の相違を明らかにしようとした(『経営文化の国際比較』)。この研究の長所は、同一企業(メインフレーム・コンピュータの生産・販売)において、多数の国にまたがりアンケート調査を行ったので、国別の違いが明瞭になること、極めて大量の観察を行ったので、定量的な分析を行うことができたことである。以後、このような大規模な経営文化の国際比較はほとんど行われていない。

弱点としては、出てきた結果が常識と合致して、そうであろうという妥当な、だが面白みのない結果と、逆に常識と合致しないで、アンケートによるためにバイアスが生じて、説得力を欠く結論が出てきたことであろう。

表5-1を参照しながら結果を見ていくと、権力格差では、欧米の国ではフランスを例外として、権力格差が相対的に小さく、東アジアの国では権力格差が大きいことが分かる。後に付け加えられた中国が表5-1において最も権力格差が大きい。ただし、中国には「上に政策あれば、下に対策あり」との諺があるように、単純に上からの指示命令を受け入れるということではない。「面従腹

表 5-1　ホフステードの分析結果（1980 年）

	権力格差	個人主義	男性化	不確実性回避	長期性*
アメリカ	40	91	62	46	26
イギリス	35	89	66	35	51
ドイツ	35	67	66	65	83
フランス	68	71	43	86	63
イタリア	50	76	70	75	61
日本	54	46	95	92	88
台湾	58	17	45	69	93
香港	68	25	57	29	61
韓国	60	18	39	85	100
中国*	80	20	66	30	87

（注）　単位はスコア。高いほど程度が高い。
*の長期性と中国は追加されたもので，2000 年の調査結果。
（出所）　ホフステードほか『多文化世界（原書第 3 版）』52-53，84-85，130-131，178-179，236-237 頁。

背」という言葉があるように、実際に上の指示通りに行動するか否かは明らかではない。儒教的考え方からして、「上に従うように回答した」と推測される。他の東アジア諸国についても、同様のことが言える。実際に、上の指揮命令がそのまま通るとは限らない。一方、欧米の企業を見ると、筆者の企業インタビューや他の文献から判断して、アメリカやドイツでは上司の指示命令は必ず守る必要がある、あるいは縦のラインが圧倒的に強いという印象がある。順位づけをすれば、ドイツの上司の指示命令が一番強く、次いで、アメリカ、イギリス、日本の順になるのではなかろうか（中国、イタリアがどこに来るかは不明）。ドイツでは、上司の方針がうまく行かないとき、部下が方針の非現実性を言っても、方針を徹底的に実行しない部下が悪いと切り返されるそうである（フォルクスワーゲンに勤務していたある人物の談）。アメリカでも、ボスという言葉が象徴するように、誰に報告するか（レポート義務）は極めて重要で、それがボスなのである。これに対して、イギリス、さらに日本は縦のラインが緩やかである。もちろん、先輩・後輩の言葉が多用される日本では、一般的な人間関係では縦の関係が重視されるが、職場の縦ライン関係はそれほど強くないということである。

次に個人主義を見ると、予想されることながら、欧米では個人主義が強く、東アジアでは顕著に弱い。ただし、本書で強調しているように、職場と家庭一般について別個の分析が必要であろう。特に職場での個人主義と家庭での家族主義を持つ中国人の個人主義スコアが二〇ときわめて低くなっていることは理解しがたく（八〇くらいでも不思議ではない）、逆に日本の個人主義スコアが四六と東アジア諸国の中で、一番高くなっているのも理解を超えている。アメリカの九一はそうであろうと合点がいくが、日本と韓国、中国など他の東アジア諸国との比較は奇妙である。

男性らしさの尺度では、日本のスコアが九五と極めて高いのに対し、他の東アジアの国々は欧米並みか、それよりも若干低いという結果になっている。とりわけ、韓国のスコアは三九と東アジアの国で最も低い。この男性性の数値は、管理職に女性がどれだけ進出しているかという指標でもあり、日本と比較して韓国がそんなに女性の進出に前向きであったのか、以前から疑問に思っていた。韓国の儒教倫理（男尊女卑）の程度は、日本よりも強いと考えられるからである。これは一九八〇年ごろのアンケート調査の結果なので、雇用機会均等法もまだできていなかった日本で、女性の管理職への登用が極めて低かったことは想像できる。そこで、日本の九五という数字もあり得るだろうが、韓国がそんなにも低いというのは合点がいかなかった。二〇一六年の上級管理職への女性の登用比率では、日本と韓国が二％程度と、ＯＥＣＤ諸国中で最下位を争っている。長年、この日韓の差をどのように理解すべきか気になっていたが、最近はこのアンケート調査がＩＢＭ社員の調査であることを再認識した。一九八〇年ごろの韓国では、アンケートに答えたサンプル数が極めて少なく、かつ優秀な女性社員がいて偏った結果をもたらしたのではないだろうかという推測である。一九八〇年頃の日本では、それなりの社員数であったろうが、韓国ＩＢＭの発展は未だ不充分だったのではなかろうか。そのように推測すれば、韓国の数値や台湾の数値も「外れ値」に近いものとして理解できる。

不確実性回避も、親方日の丸的根性が残っている日本でスコアが九二と高いのは理解できるし、韓国の八五も理解できる。さらに香港、中国の低い数値も国民性から見て明快である。フランスの八六も、フランスでは日本同様の終身雇用が実際に存在することから了解できる。だが、アメリカの方がイギリスよりも企業家精神に富み、不確実性回避の傾向が強いと思われるが、スコアはアメリカ四六、イギリス三五と、通常の理解と逆になっている。これは正しいのだろうか。いやそうではなく、何らかのバイアスの結果と考えるべきであろう。不確実性の回避では、わずか三項目の回答に基づき分析を行っていることも一因であろう。アンケートによる調査の限界でもある。

最後に、長期性という点では、アメリカが短期主義であることからスコアが二六と低く、また押しなべて欧米諸国は低い。その中では、ドイツが八三と相対的に高い。ドイツの経営文化が長期志向であることは理解できる。他方で、東アジアは、日本八八、韓国一〇〇などのように概して長期性が高い。以上の長期性に関する結果は、従来の知見に即して概ね理解可能である。

アンケートによる国を超えた調査方法には、よく指摘されるように限界がある。なぜなら、答え方は国によって違う、例えばアメリカでは肯定的に、前向きに、自尊的に答えるのが常だが、日本では逆にやや消極的に（控えめに）、慎重に、やや自虐的（謙譲）に答えるのが常なので（たとえば「愚息」「拙稿」という呼び方など）、そのバイアスをどのように評価するかという方法的問題が存在する。アンケートに答える側では、結論を先取りしてさじ加減をしていることも予想されるので、被質問者（interviewee）によるそのような調整をした結果出てくる結論は、もっともらしい（plausible）が、大して意味がないものとなる可能性がある。あるいは逆に、本音で答えていないので、信じがたい結論が出てくる可能性もある。

そして何より問題なのは、集団主義と個人主義のステレオタイプな比較座標である。フランシス・フクヤマによれば、信頼を分析の中心に据えることが重要で、しかもその信頼は家族に対するものか、家族と国家以外の中間組織への信頼であるか否かが重要であり、単純な集団主義対個人主義といった比較はあまり意味がない。例えば、日本ではこの中間組織（経営者企業、隣人組織など）に対する信頼が大きいが、相対的に家族や国家に対する信頼は小さい。これに対して、中国では家族に対する信頼は極めて大きいが、中間組織に対する信頼は小さい。したがって家族企業に対する家族の信頼は大きく、ファミリー・ビジネスは隆盛であるが、大企業である経営者企業に対する信頼は小さく、そこで生涯働こうとする意欲は少ない。中国企業では、自身の家族企業を除けば、ジョブホップ（転職）は日常茶飯事である。日本では、「終身雇用」に代表されるように、自身の家族企業でなくても企業に対する忠誠心は大きい。日本でもジョブホップは近年増加傾向にあると言われているが、香港、中国本土と比べれば、なおきわめて少ない。

換言すれば、中国で経営者企業はなかなか育たず、家族企業が優勢だが、日本では経営者企業が主流を占め、かつ国有企業はほとんどないのに対し、中国では、国（民族）に対する信頼、あるいは社会主義経済のせいか、国有企業に対する信頼あるいは入社願望は強い。中国大学生の就職希望は、第一が国有企業、次に欧米企業、その下に日系企業、韓国系企業と続く。中国企業におけるジョブホップの盛行と日本企業における企業忠誠心との比較こそ、日中の経営文化の比較にとって有効な物差しであろう。ホフステードの視角・物差しは、概して興味深い有益な結論を導かないのである。

3　フクヤマの視角――信頼・家族主義

フクヤマによれば、中国とイタリアは信頼の点で酷似し、日本とドイツも同様で、かつてのアメリカは日本と同様であったが（多くの経営者企業を輩出した）、現在は中間組織に対する信頼も薄れ、また家族への信頼も中国、イタリア的な意味では厚くはなく、文字通りの個人主義的傾向に陥っているとされる（表5-2、5-3参照）。

以上をまとめると、集団主義（groupism）と個人主義（individualism）の単純な比較は、中国人と日本人の行動パターンを説明できず、もう一つの比較座標として、家族主義（familism）を入れなければ、有益ではない。企業（職場）と家庭を分けて考えることが重要である。*24

中国人は、普通の企業（経営者企業や他家族が所有する家族企業）では、容易にジョブホップするなど、企業に対する忠誠心は少ない。企業への信頼は弱く、集団主義と比較して個人主義の優越をもたらしている。だが、家庭では家族主義は強い（家族への信頼は強い）。国有企業への信頼は、相対的に高い。しかし、自らの家族が所有し経営する家族企業に対する信頼、忠誠心は圧倒的に強い。イタリアも同様である。

これに対して、人間社会である限り家族の重要性は明らかだが、相対的に日本人は家庭での家族

表 5-2　集団主義・家族主義・個人主義の関係

	企　業（職　場）	家　　庭	国
家族企業（創業者企業）	所有者＝経営者　家族主義　従業員　個人主義	家族主義	中国 イタリア
準経営者企業	集団主義	弱家族主義	日本 ドイツ
経営者企業	個人主義	最弱家族主義（＝個人主義）	アメリカ イギリス

表 5-3　個人・家族・中間組織・国家組織

	個人	家族	中間組織	国家組織
中国（イタリア）	◎	◎	△	○
日本（ドイツ）	○	○	◎	△
アメリカ（イギリス）	◎	△	○	△

（注）　◎，○，△は強→弱を示す。
中間組織には，企業（特に経営者企業），同業団体，労働組合，NGO・NPO，スポーツクラブ，ボーイスカウト，ガールスカウト，町内会などの近隣コミュニティを含む。プロテスタントのゼクテ・水平的教会は中間組織，垂直的カトリック教会は国家組織に属す。家族企業は家族と中間組織の間に入る。国有企業は国家組織に属す。

主義は弱く，企業における忠誠心（信頼）は高いので，家庭よりも企業重視の「会社人間」も数多く存在する。（これは，孝よりも忠を重視する儒教理解からも来ている。）経営者企業はもとより，他家族が所有・経営する家族企業においても，企業という組織に対する信頼は，集団主義への同調をもたらし，会社における個人主義よりも集団主義の優越をもたらしている。国有企業に対する信頼は低く、ゲゼルシャフト的企業＝中間組織に対する信頼は強い。村八分を避けようとする「ムラへの同調」も、歴史的な起源として集団主義の形成に一役買っているであろう。

アメリカでは、家庭における家族主義は弱くなり、個人主義的傾向が強くなった。また企業（職場）においても、かつては中間組織である経営者企業の隆盛をみたが、集団主義（組織人）から、より個人主義的な方向に進んでいる。これは経営環境の点からも説明できるが、税制の視点からも説明できる。アメリカを代表する投資家として知られるウォレン・バフェットが慨嘆しているように、大金持ちのバフェットが一六％の税率であるのに、はるかに所得の低い彼の部下が三五％の税率である。こうしたことが起きるのは、サラリーマン型の所得より、企業家型のキャピタルゲインの報酬の方が税制上優遇されているからである。言うまでもなく、バフェットのほとんどの所得はキャピタルゲインである。他方で、アメリカでは当然のごとく、国有企業に対する信頼はきわめて低い。*25

第6章 中川敬一郎の「文化構造」について

「経営文化の構造」を論ずるにあたって、「文化構造」（cultural structure）という言葉を初めて使用した、経営史の泰斗である中川敬一郎の所説を取り上げて議論を深めたい。[*26]

従来、アメリカでは文化要因（cultural factors）という言葉が普通であった。だが、アメリカでは文化諸要因が流動的であるのでその用語がふさわしいが、日本では文化要因が「構造的に定着する可能性が強いところから『文化構造』という用語が広く用いられるようになった」。あるいは「日本ではそうした『文化的要因』が伝統的により固定化し構造化している」[*27]と、中川は主張する（傍点、引用者）。

筆者の考えでは、固定化の程度により、日本では文化構造、アメリカでは文化諸要因などというように使い分けするよりも、むしろ文化要因の関係を明らかにすること、および中川が明らかにしたように、文化要因と経済過程、組織との関係を把握することが重要であろう。その意味で、固定化の程度とは関係なく、文化要因の関係を考察することにより「文化構造」という言葉を使用できると考える。

1　文化構造・文化要因

文化要因として、中川は、アーサー・H・コールに拠りながら、「社会学や文化人類学から大胆に『文化的借用』“cultural borrowing”」をしながら、四つの文化要因を取り上げる。「生活の目的、目標」「価値体系」「社会的格付」「行為の形式」である。以下、長い引用となるが、四要因について説明する[*28]。

（1）「目的」“goal”あるいは「目標」“objective”の体系　すなわち、ある社会の人びとが一般に如何なる究極的な生活「目的」に従って生活しているか、またそうした究極的生活目的を達成するために、日々どのような「目標」に従って行動しているかということが、その社会の企業の意思決定に重要な影響を及ぼすと考えるのは当然である。

（2）「価値体系」“value system”　ある社会の成員の行動を規制する指導的な「価値」が「堅実」、「安定」、「調和」、「流動」、「冒険」のどれであるかによって、その社会における企業者活動に様々の差異が生じてくるのも自明のことである。

（3）「社会的格付け」“social ranking”　それぞれの社会には、地位の上・下、職業の貴・賤などについて、権力・富力・威力などを基礎にして、優劣、強弱、尊卑の判定にはほぼ共通したものがあり、それが企業者ないし企業者活動という地位・職業の具体的あり方に影響をもつことも言うまでもない。

（4）行為の形式“pattern of conduct”　社会に固定していない、いわば「未知数」としての「行動」behavior と区別しうるものとして、一つの社会に固定化し、その文化特性となっているところの、いわば「既知数」としての「行為の形式」がある。そして、そうした歴史的・社会的な「行為の形式」が個々の企業者活動にいろいろな影響をもたらすのである。[*29]

以上の四つの文化要因の相互関係について、中川は述べていないが、ここでの「価値体系」はホフステード的に言えば不確実性（リスク回避的か否か）に相当し、「社会的格付」は権力志向に相当するであろう。「行為の形式」は、「行動」とは異なり、固定化した文化特性として見做すことができる。以上の三要因の基礎にあるのが、価値判断を含む「目的、目標」であると理解できる。[*30]

2　文化構造・産業構造・組織・企業者

また、コールの見解に基づきながら、中川は興味深い図を作成している（図6-1参照。ただし一部改編している）。社会的環境（文化構造＝思考行動様式、宗教・教育・政治）が外周に置かれ、以下、

図 6-1　アーサー・H. コールの企業活動観

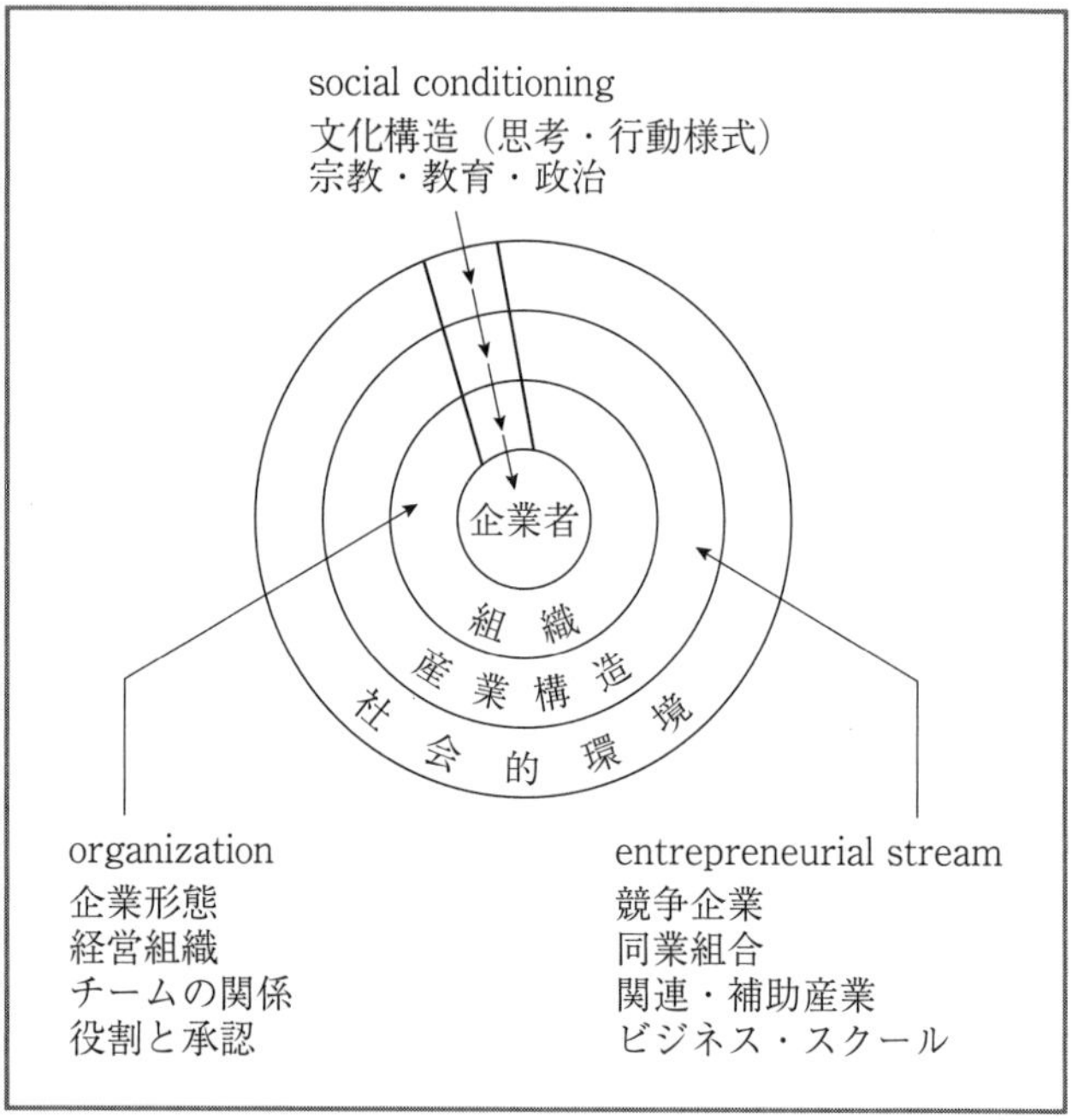

（出所）　中川『序説』4頁。一部変更を加えた。

産業構造（競争企業、同業組合、関連・補助産業、ビジネス・スクール）、組織（企業形態（本書で言う企業組織と同一）、管理組織、チームとの関係、役割と承認）、企業者、という四つの同心円が内部に向かっている。筆者は、文化構造が産業構造、組織、企業者に影響するとの中川の指摘に基づき[*31]、文化構造が産業構造、組織、企業者にもダイレクトに作用すると考え、それを明示している。

中川は、文化を思考行動様式と捉え、また「一般的に言って文化構造の最も基礎的な要因は宗教と家族制度であるが、欧米の社会では対立しあう宗教と家族が日本では不可分に結びついているのであり、企業も国家も、『いえ』原理にもとづいて成立している」（傍点は引用者）と興味深い指摘をしている[*32]。中川においても、本書が強調している宗教と家族がやはり文化の基礎要因をなしている。だが、欧米社会、とくにキリスト教社会では、個人は神と直結するので、家族の役割があいまいになり、神＝宗教をめぐって、個人と家族の関係がある種の対立を惹き起こすことになる。極端に言えば、神と個人のみが重要であり、家族は相対的に重要ではない。これに対し、日本では儒教が支配的であったために、家族（および祖先崇拝）を重視する宗教、すなわち儒教のもとで、家族と宗教が一体化していたのであり、家族と個人との間の深刻な対立は起きなかった。それが起きるのは、日本人の心情が「近代化」され、「家」と対立的な個人が登場した近代以降のことである。夏目漱石が、近代社会が訪れる中で、個人の確立に苦悩する状況である。

3　文化構造・経済過程・組織

中川による今一つの興味深い論点は、文化構造、経済過程、組織の関係を整理した点である[*33]。中川は、六つのパターンを挙げ、それぞれ研究者の見解を例示する。デヴィッド・ランデスは、フランスの企業家の例において、退嬰的な経営文化がフランスの経済発展を阻害したとし、文化が経済

図 6-2　経営史学史的図式

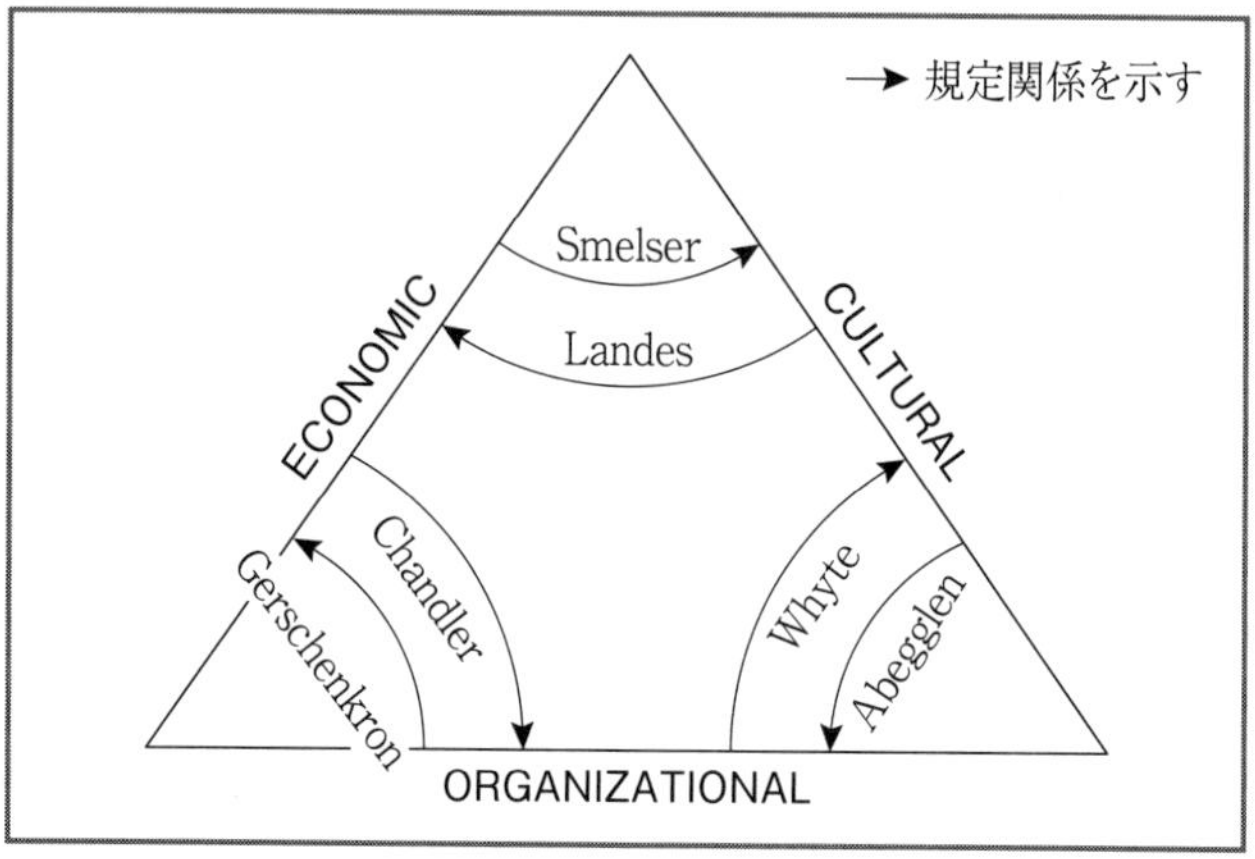

（出所）　中川『序説』7頁をもとに作成。

を規定するパターンを示した。これに対し、ニール・スメルザーは、イギリスの産業革命が従来の文化構造を破壊し、工場労働者へ転落した独立生産者の不満を克服すべく新しい産業社会の文化構造ができあがっていくとする。すなわち、経済過程が文化構造を規定するのである。アルフレッド・チャンドラーは、国内市場が急速に発展し、巨大企業を生み出したとする。すなわち経済過程が組織を規定したのである。アレクザンダー・ガーシェンクロンは、後進国では独特の組織が誕生し、経済が発展する。すなわち組織が経済過程を規定する。組織人（organization man）で有名なウィリアム・ホワイトは、企業が大規模化すると、それにふさわしい人間類型が誕生する、すなわち組織が文化を規定するとする。トマス・コクラン、ジェイムズ・アベグレンは、ラテン・アメリカや日本では、文化構造が組織を規定すると主張する。

以上のように、文化構造、経済過程、組織の三者が相互に規定し合うのである（図6-2参照）。

4　合理性について

中川は、以上のように、文化構造、経済過程、組織がどのように企業家活動に影響していくかを探求しようとした。企業家活動における「人間的・主体的なもの」と「社会的・構造的なもの」との関連を明らかにしようとした。後者は、経済構造（生産関係や市場構造）や社会構造（所有関係や階級関係）である。*34

それを論じるに際して、中川は「合理性」について語っている。彼においては、人間的・主体的なものは非合理的であり、経済学や経営学は合理的であるとする前提がある。これは正しいのだろうか。彼の言うところを聴こう。

「過去における経済発展はどの程度まで、経済学および経営学の立場からみて合理的な意思決定によってもたらされたものであろうか。言い換えるならば経済学や経営学の立場から見れば、およそ非合理的な意思決定が、結局においてその企業の繁栄をもたらし、その国の経済発展を支えたというような事例は、企業経営の歴史の上で、果して非常に珍しいことであろうか。否、決してそうではなく、具体的な経営意思決定の多くは、経済学や経営学の理論で説明し切れないという意味では、むしろ本来極めて『非合理的』なものであって、もしそうだとすれば、それらの経営意思決定が、経済発展を促進するにせよ、制約するにせよ、我々はそれを何らかの方法で科学的に説明しなければならないのである。もはや問題は、その説明の方法如何にあるといって差支えないであろう。

ところで勿論、そうした人間的・主体的なものが、常に、全く必然性のない単なる偶発的現象としてしか現れないならば、我々はそれを科学的研究の対象とすることはできない。しかし、もしそれら人間的、主体的なもの、従ってある意味で『非合理的』なものが、特定の社会に一定の傾向をもって現れるとするならば、我々は、そこに何らかの科学的説明を施しうる筈である。すなわち、それぞれの社会に特有な思考・行動様式というようなものが、一つの客観的なものとしていわば社会的に『制度化』されているとすれば、我々はそうしたいわゆる『文化構造』(cultural structure) によって、個々の企業者活動における人間的・主体的なものを充分説明しうる筈である。」(傍点は引用者)[*35]。

したがって、中川は、経済＝合理的、文化＝非合理的なものの傾向、逸脱＝偶発的というように理解している。この中川の文章の引用からは、次の二点が議論の対象となる。

まず第一点は、「合理性」という言葉の使い方である。人間的・主体的＝非合理的、経済学・経営学＝合理的、という理解は、先に論じたように、合理性とは何よりも「手段合理性」として理解されるべきであり、主体的なものが非合理的であるというのではなく、価値判断の領域に属する問題だということである。それゆえ、価値判断自体が合理的か否かということは問題にならず、それは価値規範、嗜好によって決まるとしか言いえない。換言すれば、経済や経営の「法則」は合理的だが、主体的なものは非合理的ということは言えず、それぞれの価値に基づいた価値判断によるという以上のことは言えない[*36]。

よく西欧プロテスタンティズムが合理性をもっていたために、西欧で初めて近代資本主義が発展したとする議論に対して、東アジアの儒教も合理性をもっていたので、遅れてではあるが資本主義が発展したとする論がある。したがって、西欧のプロテスタンティズムのみが資本主義発展を可能にしたというのは誤った見解であると主張する。しかし、マックス・ウェーバーの『プロテスタンティズムの倫理と資本主義の精神』を丁寧に読めば、プロテスタンティズムの精神は価値判断を含み、非合理なものであることは明らかである（予定説や、神のために働き蓄財するという思考）。その基礎の上に、合理的精神（資本主義の精神）が手段合理性として作用し、資本主義が発展したのである。

私見では、ウェーバーの著作タイトルは、『プロテスタンティズムの倫理と資本主義形成の精神』と題するのが妥当ではなかろうか。価値判断であるプロテスタンティズムの精神と合理性が相まって、資本主義形成の精神となり、その後、宗教的基礎付けが失われて、たんなる合理的精神のみが残るという、まさに「資本主義の精神」が成立する。それゆえ、一度資本主義の体制が確立したならば、宗教的基礎付けはむしろ不要になるか、阻害要因にも転化するのである〔プロテスタンティズムの倫理＋合理性（資本計算＝資本主義の精神）→資本主義形成の精神→資本主義の発展→宗教的基礎付けの喪失→資本主義の精神のみが残る〕。[*37]

東アジアでは、とくに日本で、儒教が、世界観などの宗教的基礎付けを十分持たないまま、実践合理性（手段合理性）によって、徳川時代以降、とりわけ明治時代以降、急速な資本主義発展を遂げたのであった。しかし、日本における資本主義発展は、西欧にはるかに遅れて展開したのであり、それはプロテスタンティズムのような宗教的基礎付け（非合理なもの、あるいは超合理的なもの）を欠いていたためである。日本における資本主義の発展は、西欧からのインパクトなしには、資本主義発展の契機が萌芽的には存在したにせよ、十全には展開しなかったと思われる。儒教は儒学とも表現され、生活倫理ではあるが、宗教のような世界観、宇宙観をもってはいなかった。

第二に、注目すべき点として、主体的なものは単なる偶発現象ではなく、「特定の社会に一定の傾向をもって現れる」としていることは、慧眼である。それゆえにこそ、対象として固定されたものとしての文化構造を、価値判断を含みながら、分析できるからである。

また分析対象を、「経済人」（ホモ・エコノミクス）のような限界概念ではなく、経済や経営を行う人間の「平均概念」として、いわば「生身の人間」として理解しようとすることは、妥当であろう。

第7章 合理性モデルと新制度学派

人間は、合理性に基づいて考え行動するのか、あるいは、それ以外の要素が大きく作用するのか。以上についいては、第3章において、大筋を合理性モデルⅠ、Ⅱ、Ⅲで検討した。しかし、この数十年、合理性モデルに対する批判が活発である。それらを総称すれば、新制度学派と呼ぶことができる。この新制度学派は多岐にわたる内容を持っているが、大きく分ければ、社会学的な新制度学派、経済学的な新制度学派の二つがある。

1 新制度学派モデル

以下では、新制度学派モデルを、河野勝の所論に基づき整理している。[*38] 河野によれば、社会学的な新制度学派は、フィリップ・セルズニックの旧制度論から、新制度学派としての、認知的側面を重視したピーター・バーガーやトマス・ルックマンの論、ジェームス・マーチやハーバート・サイモンのカーネギー学派、さらにはジョン・マイヤーやブライアン・ローワンの制度化・神話化されたルールの強調という流れがある。概ね、新制度学派は客観性よりも、認知に基づく主観性を重視している。マイヤーやローワンは、「合理性、進歩、あるいは近代的であることに価値を見出そうとする文化自体が、壮大な制度、神話として、今日のわれわれの社会に作用している」と、主張する。[*39] すなわち、合理性モデルへの挑戦である。また、佐藤郁哉・山田真茂留によれば、ニール・フリーグスタインのコントロールの理論も、有力な社会学的新制度論である。[*40]

もう一つの経済学的新制度学派は、社会学的な新制度学派とは、「無縁なところで」発展してきた。旧制度学派とは、ソースタイン・ヴェヴレン、ジョン・コモンズなどの二〇世紀前半に活躍した制度学者を指す。新制度学派は、二〇世紀後半に活躍した経済学者であり、主な提唱者は、ロナルド・コース、オリヴァー・ウィリアムスンなどの「取引コスト経済学」の流れ、フィッシャー・ブラック、ケネス・アローなどの「構造的均衡」の流れ、さらにはダグラス・ノース、青木昌彦、アブナー・グライフなどの比較経済制度論などがある。経済学的新制度学派は、一つの学派というよりも、いくつかのモデルの「コレクション」として成立していると言った方が適切である。[*41] ここでは、批判された対象としての合理性モデルと、それの批判者であるフリーグスタインの論を紹介する。

まず、批判された合理性モデル＝効率性モデル＝適応モデルについて、その歴史的なモデルとして最有力のチャンドラー・モデルを説明し、その後、フリーグスタインのモデルを批判的に検討する。

2　合理性＝効率性＝適応モデルとしてのチャンドラー・モデル

経営史で有力なチャンドラー・モデルは、その性格からして、合理性や効率性に基づいて、市場や技術の環境に影響され、その変化に巧みに適応した企業が存続し、成長していくという理論である。まさに、合理性＝効率性＝適応モデルの典型である（このモデルの図解に関しては後述）。チャンドラーの有名な命題、「組織は戦略に従う」は、実は戦略は環境（市場と技術）に従うことを前提している。したがって、環境が戦略を決定し、戦略が組織を決定するという因果関係を解明したものである。もちろん、市場環境にそぐわない戦略や、戦略にフィットしない組織を選択することもできる。実際多くの企業がそうしたアンフィットの戦略や組織を選択するのであるが、そうした企業は市場環境に適応できず、長期的には淘汰されていく。それゆえ、市場環境に適合しない戦略および選択された戦略にフィットしない組織を選んだ企業は滅んでいくのである。もちろん、これは弱肉強食という狭い方向だけではなく、フィットでもなくアンフィットでもない中立的な性格の数多くの企業の存続や成長を不可能とするものではない。企業選択や淘汰には、かなりの幅があり、単純に勝ち組や負け組に弁別されるものではないのである。

チャンドラー・モデルは、言い換えれば、環境適応理論とも言える。環境に適応した企業が生き残り、成長する。組織が戦略に従わない限り、非効率が生じて淘汰されていくのである。しかし、「最適解の組織が最適解の戦略に従う」とまでは言えないであろう。繰り返せば、選択には幅があり、ある程度の適応度があれば、最適ではなくとも企業は生き残ることができる。

それでは、実際にチャンドラーのモデルを考察してみよう。巨大企業の生成史であるチャンドラー・モデルは、アメリカで十九世紀末に大企業が登場した事実を跡付けるものであり、それまでの分散した地方市場が、運河、鉄道などの交通網の発達により結びつけられ、全国的統一市場が形成される。この全国的統一市場に適合的な戦略が垂直統合戦略であった。その垂直的統合戦略を遂行するのに適合的な組織が集権的職能別組織であった。このように誕生した巨大企業は、すべての分野で登場したのではなく、鉄鋼、電機、自動車、化学などの近代的産業においてのみであった。他の産業においては、淘汰への技術的・市場的圧力はそれほど大きくはなく、従来型の企業も生き残ることができたのである。

二十世紀に入ると、とりわけ一九二〇年代には、大衆消費文化の到来とともに、市場はハイエンド、ローエンド、新種商品などによって市場の細分化が進行した。巨大企業は、その変化に適合した多角化戦略を採用するようになった。その多角化戦略に適合的な組織が事業部制であった。この傾向（多角化戦略、事業部制）は、第二次大戦後ますます顕著となり、多角化戦略と事業部制の採用がアメリカ企業にとって「成功への黄金方程式」となった。以上のように、市場環境や戦略への適合が企業の存続や成長にほとんど必須の条件となった。これは、ダーウィンの自然選択説とほぼ同一であり、それの企業世界への応用とも言える理論がチャンドラー・モデルであった。

3 フリーグスタインのモデル

社会学的な新制度学派に属するフリーグスタインは、チャンドラー・モデルを批判し、新制度学派の特徴である認知的側面から問題にアプローチしている。

最適解というのは相対的なものであり、「唯一正しい最適解が客観的に存在するのではなく、合理性あるいは効率性なるものは実際には社会的な約束事であり、したがって相対的なモノサシであるに過ぎない」と言う[*42]。世間で客観的に合理的であると言われているものは、主観的な約束事に基づいているとし、客観的な合理性という概念そのものを否定している。そして、現実事態の進行を規定しているもの、あるいはそれに影響しているものは、最適解をめぐる権力闘争であり、利害関心や政治的要因こそ、組織構造の転換を促してきた主要要因であるとする。これは、一種の勢力論である。詳言すれば、フリーグスタインは三つの要因を挙げ、それらの間での相互作用を重視する。

第一に、国家による法規制、第二に、企業内部の体制、第三に企業間の影響関係の場である「組織フィールド」である。フリーグスタインにとっては、この順で重要らしい。反トラスト法については、チャンドラーももちろん取り上げているが、チャンドラーにとっては第二要因の内部体制が主たるもので、法規制や組織フィールドは従の要因である。筆者も、それで十分説得的であると思う。

確かに、最近の経済学では、一つの最適解と言うよりも、複数解の存在に焦点が与えられている。均衡、すなわち最適解が一つではなく、複数均衡の存在が重視されなければならないとされる。これは尤もであろう。複数均衡、複数解はありうる想定である。数学や自然界においても、この種の想定は不自然ではないし、人間界ではなおさらありうるであろう。「正義の反対は悪ではなく、もう一つの正義」との金言があることからも分かるように、ある正義や善は、ある社会において正義や善であるかもしれないが、他の社会では正反対の意味を持つこともある。同様に、最適解の反対は、もう一つの最適解ということもありうる。

だが、正義と、効率（手段合理性）とは、性質が全く異なるのではなかろうか。自然科学の領域で、最適解が一つではないとしても、その最適解自体の客観性を疑問とすることは不可能ではなかろうか。これに対して、人文科学、言い換えれば、人間界では、目的と手段との緊張関係を考えれば、手段合理性の当否に焦点が与えられることはある。例えば、こんな悪辣な手段を採用するならば、それは達成しようとする目的の放棄と同じだ、のようなケースである（テロは、平和で平等な社会という目的実現のために肯定されるか）。しかしながら、手段合理性それ自体の当否（効率）は、自然科学と同様に論ずることができる。人間界の問題は、目的との絡みで、手段の妥当性が問題になることであり、技術的意味での手段の妥当性、および目的との絡みでの妥当性（先のテロの事例）という、言わば「二重の妥当性」が課題となる。

企業が成長していく方策は合理的に決められる。だが、その目的の当否、あるいは企業成長することが良いのか、あるいはもっと踏み込んで、企業が成長することにより、社会全体に負荷を掛け過ぎ、社会悪となる可能性からの判断も重要である。ただし、それは、企業の存続・成長それ自体とは別種の問題と言うべきであろう。先のミクロとマクロの乖離という視点からの検討も必要である。例えば、かのビスマルクが始めた総資本の立場からの「社会政策」の登場ということも、マクロの視点からは十分理解できる。個別資本の過度の利潤追求により、社会全体の安定が損なわれ、存続が困難となる場合には、総資本の立場からの社会政策的施策が必要となるのである。個別資本の目的と総資本（＝社会）の目的が食い違う場合には、総資本の観点からの社会政策が許容され、あるいは必須とされるのである。

ところで、フリーグスタイン流の新制度学派では、文化的・認知的要因が重視される。特定の戦略なり組織が客観的に効率的であるか非効率であるかという問題よりは、人々の主観的な認識ないしは認知（モノの見方）レベルでの問題が重要であるとの考え方に一理はあるが、客観性を否定する点で行き過ぎの感がある。フリーグスタインが主張するように、「効率性や合理性についての問いには唯一正しい正解などはなく、ただ立場や世界観の違いによる様々な見解があるだけであり、またマイヤーとローワンが主張するように合理性の仮定それ自体が社会的に作られた神話でしかない」などということはなかろう[*43]（傍点引用者）。新制度学派の論文では、「神話」という表現が多用されるが、まさに我々を神話の世界に引きずり込もうとする魂胆ではないか。

先にも述べたが、認知論で、「半分しかない」と思うか、「半分も残っている」と思うかは、重要な相違であろう。しかし、「半分は半分」であるとの客観的な立場も無視できない。合理性モデル＝効率性モデル＝適応モデルは、この客観的に「半分は半分」との立場に立脚している。

主観主義と客観主義の相違に関して言えば、次のように要約もできよう。意味論的に捉えれば、意味の性質が最重要になるかもしれないが、人間論的に捉えれば、主観と合成された「実存」と客観的な「単なる存在」との相違が重要になろう。さらに、心理学でいわれる「アクチュアリティ」と「リアリティ」の差異に帰着するかもしれない。だが、筆者はむしろ認識論的には、客観的な尺度が可能であり、建築学で使われる多面図のように、様々な角度から客観的に見ることが可能であると思う。あるいは、客観的存在は想定しうるが、認識の不完全性により真実には到達しえないとの不可知論の方が説得力があるように思われる。

個人主義的・功利主義的・合理主義的・効率主義的・適応主義的パラダイムへの挑戦として、新制度学派は誕生した。合理主義的立場においては、意思決定者（例えば企業）の選好や効用は、与件として定義され問題視されることがない。これに対して、社会学的新制度論は、活動主体自身を「問題視し説明しようとする視角を提供する」。さらに、「アクターが、行動の帰結としての損得の合理的計算よりも、何がその場においてふさわしい行動であるかを基準にして自らの行動を決定する」と主張した。*44 だが先にも述べたように、行動の動因は、感情・理念・利害の合成であるが、長期的に見て、人間社会は、利害（合理性、効率性）に基づいて動いていくのではないか。感情は短期的であり、理念は短期的・中期的である。しかし、理念は現実基盤を持たないこともしばしばであり、それゆえ、危険性をもった理念が短期的・中期的に支配的思想になることができる（例えば、ヒトラーのゲルマン選民思想。結局は潰えたが、一〇年以上にわたって猛威を振るった）。長期的には現実基盤を持たないがゆえに、存続しえない理念もある。端的に言えば、新制度学派の認知論は、人間界における自然科学的な要素（客観性）の過小評価を行っているように思える。

フリーグスタインに戻れば、彼のアメリカ企業社会発展論は、「企業コントロールに関する基本認識」に基づき、「トラスト→持株会社→職能別組織→事業部制」、あるいはオーナー経営者による直接的コントロール（一九世紀末）→製造によるコントロール（一九二〇年代）→マーケティングを通したコントロール（第二次大戦後）、財務によるコントロール（一九六〇年代以降）というような段階設定をしている。これは、チャンドラーの考え方とは大きく異なり、「チャンドラーの主張とほぼ同じ」[*45]などとは到底言えない。また、フリーグスタインの段階設定は、筆者にとって、「歴史的な事実」と照らして説得力がない。先のチャンドラーの歴史的説明の方がはるかに納得できる。ある事象が妥当であるか否かは、価値判断の問題もあるが、価値判断を抜きにして客観的に確定できることも多いのである。

認識論的事例として、芥川龍之介原作の映画「羅生門」が引き合いに出されることもある。だが、「羅生門」に登場する各人の主張は様々だが、ある者（あるいは複数者）が殺人という行為を行ったことは明白であり、各人の主張が異なっていたとしても、誰かが不正確な、あるいは嘘の証言をしているのであり、事実は一つという事態は変わらない。真相は「藪の中」（不可知論）かもしれないが、客観的な事実は存在したし、推定できるのである。[*46]

第I部まとめ

経営文化の位置

最後に、筆者が経営文化の位置をどのように考えているかという解説図を示しておく（図小括-1）。

筆者はかつてこの図を、「拡張チャンドラー・モデル」と呼んでいたが、チャンドラー自身が、戦略の管理組織への規定性（組織は戦略に従う）を否定しているので、その名称を使うことはやめ、シンプルにM-SSGCモデル（market, strategy, structure, governance, culture）あるいは「市場・戦略・組織・文化モデル」という名称に変更したい。

いくつかの留意点を述べれば「市場」は「技術」を含み（market cum technology）、structure は「管理組織」（management structure）と企業組織（corporate structure＝governance）の二つの組織類型をもっている。企業組織については、かつては「企業形態」という用語が使われていた。

この図に関しては、別稿である程度解説しているので、[*47] おもに文化に関して述べよう。まず市場は経営戦略に強く影響する。市場の二大要素は、その規模（主に人口と所得）と性質、言い換えれば

図 小括-1 市場・戦略・組織・文化・経営行動の関連
(M-SSGC モデル)

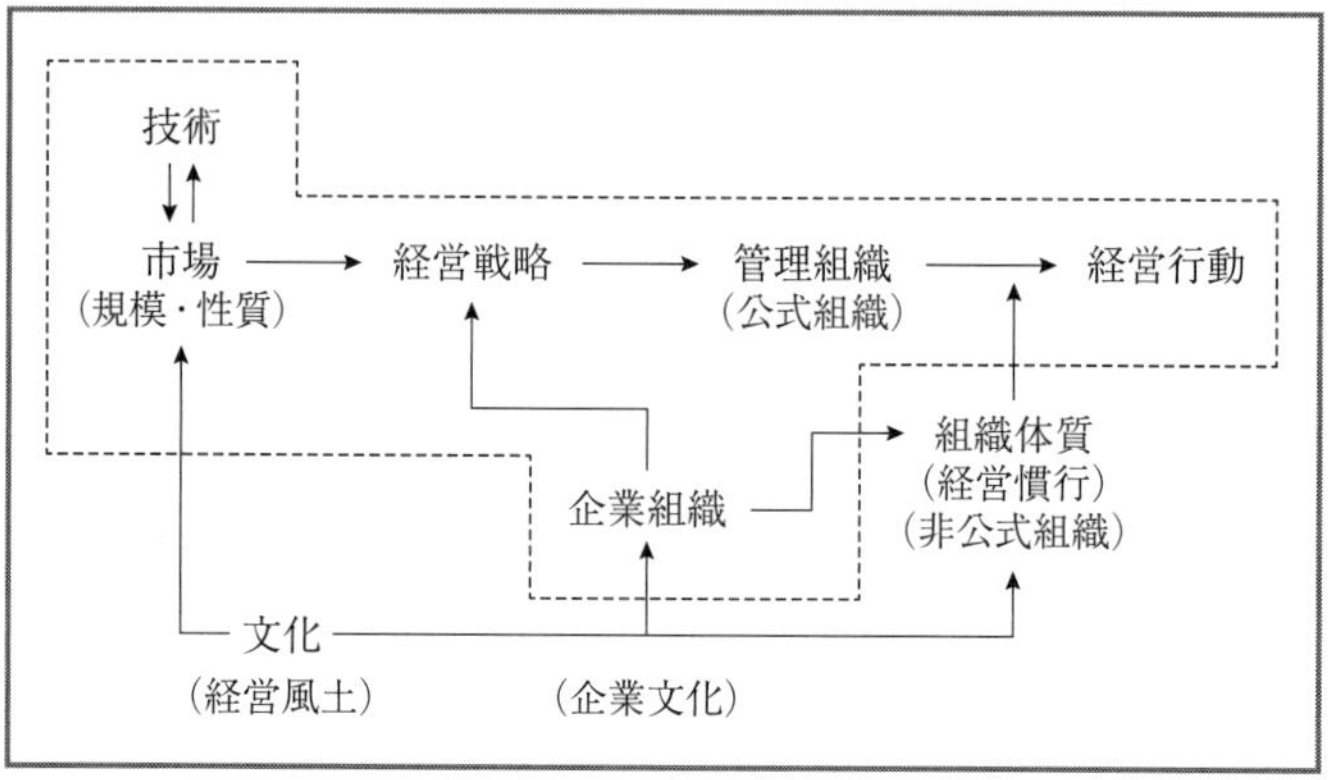

(注) 点線内はチャンドラー・モデルの一つの解釈。ただし,チャンドラーの場合,企業組織の経営戦略に与える影響は明確ではない。

嗜好性、である。量産品を好む市場か、それとも手作り風の商品を好むかという違いである。産業革命前の手工業時代には、概ね手作り品であったが、機械制工業が登場するに及び、市場の中心は大量生産品が占めることになった。手工業製品は廃れるか、ごく一部のハイエンド・セグメントで生き残るしかなかった。しかし、所得の増大につれ、個性的な製品を望む市場は拡大し、手工業的なハイエンド市場は拡大していく。またその生産方法も「伸縮的生産システム」(flexible manufacturing system: FMS) が登場するに伴い、一部のハイエンド市場だけではなく、ミドルエンドにも拡大していく。

そうした方向性の程度は、各国・各地域の経営文化(経営風土)によって決まっていく。フランス、イタリアでは、そうした個性的な製品がより多く好まれ、逆に量産品で良しとするアメリカではローエンド・セグメントのウェイトが高い。これは、直截に全般的な文化の性質に規定されている。*48

他方で、個々の企業には、それぞれの企業が設立された経緯、創業者の理念などが影響し、同じ産業でも異なった社風（企業文化）が誕生する。同時に、同じ産業であれば、業界文化のような共通の文化も成立し、さらに地域の文化の影響を受ける。社会的には、医師、弁護士、会計士、税理士、社会保険労務士、建築士、技師（エンジニア）などの様々な職業文化が存在し、それは企業文化にも少なからぬ影響を与える。

このような企業文化は、所有者あるいは支配者（人事の主導的な意思決定者）によって、企業組織（ガヴァナンス構造）が決定されるので、支配者の個性、価値規範、行動規範が重要となる。換言すれば、支配者の思考行動様式（文化）が企業の構造（企業組織）、戦略、管理組織、非公式の組織（informal organization）＝組織体質（organizational habit）＝経営慣行（management practices）に全般的に影響するのである。

以上のように、経営文化は、マクロ的に見ても市場の性質に強い影響を与え、ミクロ的には企業の支配者を通じて、企業の様々な諸側面を規定する。またメゾ的には、業界文化、地域文化、職業文化に大きな影響を与えるのである。もちろん、労働者のエートスにも、当該国の文化、地域の文化は大きな影響をもたらす。だがそれは、決して「非合理的」と呼ばれるような主体的要因ではなく、合理的・非合理的を超えた価値判断、嗜好などの経営文化なのである。

第Ⅱ部　経営文化の国際比較

第8章　イギリスの経営文化
第9章　アメリカの経営文化
第10章　中国の経営文化
第11章　イタリアの経営文化
第12章　ドイツの経営文化
第13章　日本の経営文化
終　章　文化衝突と経営文化論の展望
補論1　欧米・日本・中国において宗教がもつ意味
補論2　民主主義の一省察
——経営文化論の基礎要素としての普遍的価値

第8章 イギリスの経営文化

イギリスは伝統の国、階級の国と言われている。しかしながら、ここ数十年、その階級構造や伝統が急速に変わりつつあることも確かである。また第二次大戦後、移民を受け入れた結果、二十一世紀初頭に移民の比率は一〇%を超え、従来のイギリスのイメージや、国民の特徴・性格も変わろうとしている。しかしここでは、最新の動向もある程度踏まえながら、一九八〇年代ごろまでのイギリスにおける経営文化の伝統的・歴史的特徴を捉えることにしたい。

1 イギリスは階級社会か――貴族・地主的価値体系

イギリスは階級社会であると言う人がいる。逆に、もはや十九世紀的階級社会は死滅し、能力本位の、言い換えれば学歴をベースとする実力主義の社会になったと主張する人もいる。

例えば、一九九〇年代初頭、ケンブリッジ大学におけるある研究会で、イギリス国民の八〇%は

図 8-1　イギリスの階級構成（19 世紀）

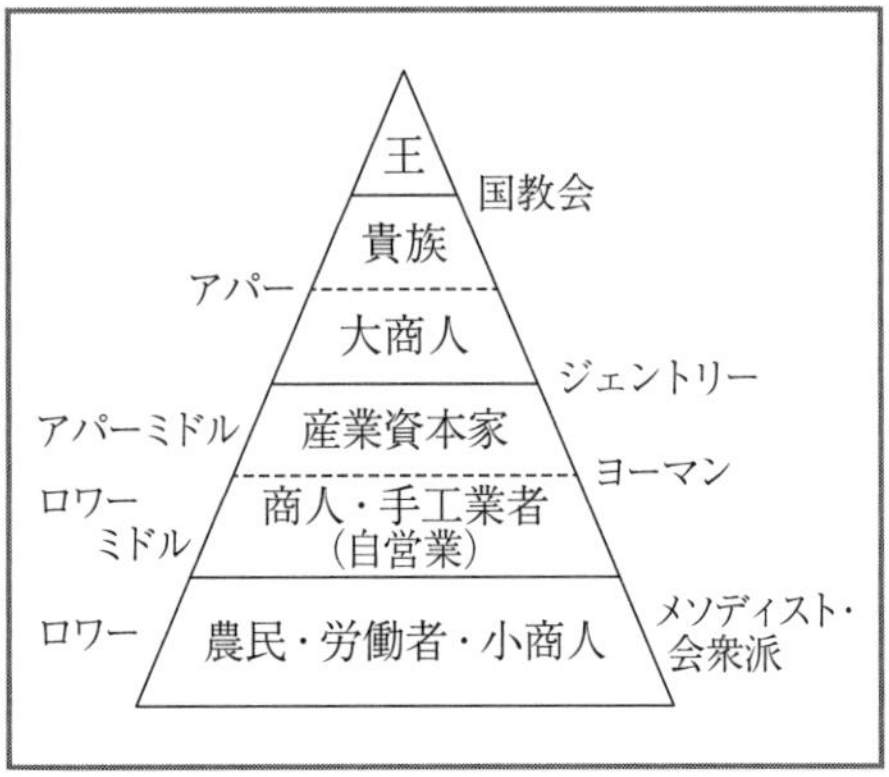

中産階級に属しているとの意識を持っているという報告があった。このような理解は、かつて日本が総中流社会と言われた状況と酷似している。日本では、国民の九〇％が中流意識を持っていると言われていた。

だが、友人のケンブリッジ大学の教員に聞いたところ、彼は、イギリス人の八〇％という数字は「信じ難い」と疑問を呈していた。このように、イギリス人のなかでも意見は分かれているのだが、ともあれイギリスの（旧？）階級構成を素描しよう。

十九世紀イギリスの階級構成は、国王を頂点とし、貴族・大商人・大金融業者を上流階級（upper class）とし、中流階級（middle class）には産業資本家や、聖職者、軍人、教師などの各種専門職が属し、下層階級（lower class）には、労働者、農民、小商人などが属していた。中流を細分化すると、「アパーミドル」（upper middle）と呼ばれる層があり、大産業資本家がこれに入る。また各種専門職の上位者もアパーミドルに属した。これに対応して、ロワーミドルの分類も生じた（図8−1参照）。[*1]

貴族には、公爵（Duke）、侯爵（Marquis）、伯爵（Earl）、子爵（Viscount）、男爵（Baron）の五種

類があり、これに続いて、准男爵（Baronet）、ナイト（Knight）が準貴族の地位を得ていた。これと踵を接して、イギリス史上における「ジェントリー」があり、さらにはその下に「ヨーマン」があるが、このヨーマンの重要性については長い論争があり、ここでは立ち入らない。*2

階級構成の頂点に立つ国王の下には、貴族がいる。一〇六六年のノルマン・コンクェストによって、ノルマン王朝が建てられ、ノルマンディー公ウィリアムと共にイギリスにやってきた家臣が貴族となった。それ以前から住んでいたアングル族、サクソン族は、ある意味で被支配者の地位に落とされ、先住のケルト人はさらにその下に位置することになった。つまり貴族（ノルマン人）、中産階級（アングロ・サクソン人）、下層階級（ケルト人）のような階級構造・人種構造ができあがった。もとよりこれは非常に簡略化した表現であって、階級構成と人種構成がこのように截然と区分できるわけではない。ただ、こうした人種構成は身長と重なり合い、北欧に起源をもつ貴族（ノルマンはnorth manを意味する）の身長が一番高く、次いでアングロ・サクソン、一番低いケルト人が農民・労働者階級を形成する大まかな構造ができあがった。ケルト系であるウェールズ出身の知り合いは、ラグビーの国別対抗戦（イングランド、スコットランド、ウェールズ、アイルランド、フランス、イタリア）で、ウェールズは体格の面でどうしてもイングランドに劣ると嘆いていた。スコットランドやアイルランドもケルト系である。

中世の産業は農業に依存していたので、貴族・地主（貴族であるためには土地所有が不可欠であった）

が支配者として社会に君臨し、社会の価値体系（各階層の価値観の序列）では、貴族・地主的価値体系が支配的であった。そこで、商業革命（十六世紀）で大商人となった者や、産業革命（十八世紀）以後に財を成した産業資本家は、社会的地位において上昇を遂げるために、所領を購入し、地主となり、いずれは貴族になることが夢であった。イギリスにおいて貴族への転化・上昇が、一部の者に限られてはいたが、社会の夢だったのである。筆者の研究したゲスト家（鉄鋼業）、首相にまで上り詰めたピール家（繊維業）、ジョゼフ、オースティン、ネヴィルという三人の著名政治家を輩出したチェンバレン家（鉄鋼業）、ボールドウィン家（鉄鋼業）、マーシャル家（繊維業）など枚挙にいとまがない。

しかし、こうした成り上がり貴族は、ノルマン・コンクェスト以来のオールド貴族とは格が違い、せいぜい男爵や子爵どまりであるか、あるいは世襲できない一代貴族に過ぎなかった。こうした貴族は、十七世紀末のイギリスでは二〇〇家族弱、ジェントリーは二万家族くらいだった。十九世紀末には、貴族の数は増え四〇〇家族となり、経済的にもイギリス全所有地の一七％を所有していた。また、三、〇〇〇エーカー（一エーカーは約一、二〇〇坪）以上を所有する大地主（一、六八八家族）や大規模ジェントリー（三〇〇エーカー以上、一万二、〇〇〇家族）の土地を合わせると、約一万四、〇〇〇家族がイギリスの土地の七〇％を占めていた[*3]。

一説では、イギリス最大の富豪は、オールド貴族のウェストミンスター公爵で、ロンドンの一等地（ウェストミンスターやグロヴナー）に広大な土地を所有し、不動産業者（ディベロッパー）として、厖大な賃料を得ていると言われている。新聞記事によると、毎年数百億円の所得を有し、二〇一七年に当主が急逝した時の遺産総額は六〇億ポンドであった。他のハイテク・キングや、流通企業オーナー、作家のローリングズ（ハリー・ポッターの作者）も富豪のランキングに顔を出しているが、ウェストミンスター公爵には実質では遠く及ばない。

ウェストミンスター公爵のような都市貴族は、商工業の隆盛とともに土地の値段が上昇したので生き残り、いっそうの成長を続けたが、これに対して、農村貴族は、農業の退潮と共に、その力は相対的に衰えた。貴族が没落したイメージは、こうした農村貴族から来ている。大都市に土地を持っていた都市貴族と、農村貴族の明暗は分かれたのである。農村貴族は、後述の相続税の重税化によっても経済的苦境に直面した。そのため、経済的メリットのために、貴族と大資産家との縁組もしばしば行われたと言われている（テレビ番組の「ダウントン・アビー」を想起）。第七代モールバラ侯爵であったウィンストン・チャーチルの母親はアメリカ大富豪の娘であり、当時、アメリカ大富豪の娘がイギリス貴族としばしば結婚したので、「アメリカン・プリンセス」という言葉も登場したほどであった。また、観光客の落とす収入を期待して、自分のマナハウスなどを開放していることもよく見られる。

ただし、農村貴族は没落していったが、イギリスの農業自体が単純に衰退していったのではない。

大土地所有が衰退し、自作農経営に農業形態が移行した二十世紀には、イギリス農業の競争力はある程度回復し、農家一戸当たりの広い土地保有（五〇ヘクタール）、近郊作物の開発（ブロッコリー、アスパラガスなどの野菜）、酪農などにより、他のヨーロッパ諸国よりも高い農業生産性を誇っている。

貴族・地主的価値体系において土地所有は枢要な位置を占めていたが、十九世紀末以降、土地だけではなく証券保有への傾斜が開始された。土地所有・経営があまり高い収益を生まず、むしろ海外証券の保有が高利回りをもたらし、地主は証券、とりわけ高配当が約束された海外証券の取得に走った。また、この傾向を助長したものとして、二十世紀に入ってからの所得税・相続税の重税化が指摘される。戦間期以降は、地主から土地を借りる借地農の保有面積が減少し、自作農の割合が増大した。農地に占める借地面積は、一八八〇年代の八五％から一九六〇年には五〇％に減少し、借地と自作が半々になったのである。このことは、地主が土地を耕作農民に売却したことを伺わせる。[*4]

イギリスの土地所有形態で特徴的なのは、フリーホールド（freehold: FH）とリースホールド（leasehold: LH）の二形態があることであろう。フリーホールドは、日本人でもよく理解できる通常の所有権である。これに対して、リースホールドは、九九年などの期間を限った賃貸契約である（五〇〇年などのきわめて長いリース期間もある）。イギリスで不動産業者に行けば、ＦＨかＬＨには大きな相違があり、価格も当然違う。通常、同じような物件であれば、数倍の差がある。日本でも定期借地権ができたので、これがリースホールドに近いが、イギリスでは昔からリースホールドが盛んであった。地主は、九九年後に自分の土地が必ず返されるので、安心して土地を貸すことができる。ただし、最初は買取請求権（土地の上に建てた構造物の買取）が認められていなかったが、十九世紀以降、買取請求権が強化されるにつれて、リースホールドの権利は強くなり、フリーホールドとの差は少なくなった。[*5] ちなみに、中国の土地は国家所有か、村などの集団所有で、七〇年（住宅用地）、五〇年（商業用地）の期間が設定されている状況と、イギリスでは貸主が地主であることを除けば、どちらも所有権を使用者が持っていないという点で両者は類似している。

こうしたリースホールドは歴史的に、十六世紀（牧畜）および十八世紀（農業）のエンクロージャ（土地の囲い込み）時代に既に存在していたコピーホールド（謄本保有）に起源をもつと言われている。コピーホールドをもととした農民（もちろん、フリーホールド農民も多数存在した）による農業発展があり、その後エンクロージャーを経て、地主や、同時に借地農の力も強化された。だが、十九世紀末に農業不況が訪れると、土地問題（land question）が発生し、地主が農業経営にあまり関心を示さなくなり、二十世紀には再び独立自営農民の時代がきた。したがって、イギリスの地主的価値観を支えてきた土地所有形態も、社会の基底においては変わっていないと言えるが、その実質は歴史的にかなり変遷してきたのである。

2　宗　教——イギリスと日本の親和性

イングランドには、国教がある。イングランド国教会（Anglican Church）であり、その教義は国教会主義（Anglicanism）である。スコットランドは長老派（プレスビテリアン）が国の宗教なので、この場合は「イングランド」を使うのが正しい。イングランド国教会は、基本はプロテスタントであるが、カトリック的な要素も強く、プロテスタントとカトリックの中間的な存在である。国王が国教会の長を兼ねているので、政教は分離していないとも言えるが、イングランド（イギリス）の場合は、議会が実質的な権力を持っているので、その意味で政教は分離している。首相であったブレアは、首相退任後、カトリックに改宗した。

イングランドにおける宗教の歴史とその性格については厖大な研究の蓄積があるが、大筋は、ピューリタン革命、クロムウェル体制、名誉革命などの政治的激動を経て、今日の穏やかな状況に収まった。もう少し詳しく述べれば、十六世紀以来、ヨーロッパではプロテスタントとカトリックの争いが続いていたが（三十年戦争で一応決着）、イギリスではプロテスタントが勝利した。しかし、宗教改革の徹底を望むピューリタンは、国王を処刑し、共和制（護民官制）を敷いた。しかし、それは長続きせず、一六八八年の名誉革命によって王政が復活し、国教会体制が確立された。その後、メソディストや、クェーカー、バプティストなどのディッセンターズ（異議を申し立てる人）が登場し、国教会とは異なる種々の活動が行われたが、基本的にはアングリカニズムが維持されている。したがって、ピューリタン革命が起きた十七世紀と比べれば、イギリスの宗教的情熱は著しく弱体化した、あるいは、ピューリタニズムからアングリカニズムへと保守化したと言える。

また十九世紀には、ユダヤ教徒や非国教徒に対する社会的制限（公務員になる権利や大学に入学できる権利の制限）も緩やかになり、宗教的寛容さが前面に出るようになった。ピューリタニズムの厳格主義が後退し、現在の状況、すなわち表面的には国教徒であるが、あまり信仰心はもっていない人びとが大部分という状況の出現である。『イギリスと日本』を著わした森嶋通夫は、イギリス人は非宗教的であると述べている。[*6]

このように、イギリスの平均的な人々を考えると、信仰心の篤い人は少なく、信徒数では国教会がカトリックよりも多数であるにもかかわらず、日曜日に教会に行く人（churchgoer）はカトリックよりも少ないという現実がある。また、ユダヤ教はその信仰心の強さ、家族の結束などの独自性で有名だったが、そのユダヤ教でも「世俗化」（secularization）が進行している。例外的なのが、人口の五％に達したイスラム教徒（ムスリム）で、彼らは相対的にモスクに通う割合も高く、宗教的に最も活発である。ムスリムが目につくようになったのは、ここ三〇年くらいのことである。プロテスタント対カトリックの争いではなく、またユダヤ教徒との対立でもなく、キリスト教対イスラム教との対立が、現在は最も深刻な火種になっている。

3 イギリスの企業――その構造

以上の伝統をもつイギリスで、企業経営はどのように行われているのだろうか。まず、構造からみていこう。

企業構造

基本は、株式会社である限り、日本やアメリカと異ならない。株主がいて、そこから取締役が選ばれ、さらに執行役員が選ばれ、それをトップに、部長、課長などの様々な階層組織が作られる。イギリスとアメリカの株式会社は基本的に同一の構造を持っているが、イギリスでは、社長のことを"president"というより"managing director"と呼ぶことが多い。取締役(director)のなかで、経営を担当し、そのトップにあるものという意味である。他の取締役は、"ordinary director"と呼ばれ、非常勤取締役あるいは社外取締役である。このほか、取締役と執行役員(officer)を兼ねるものは、"executive director"と呼ばれることがある。通常、ファイナンスや総務担当役員は取締役を兼ねることが多い。

その下の役職は様々だが、基本は各種の manager が担当する。department manager や section manager、area manager、assistant manager などである。さらにその下に supervisor がいて、工場であれば職長（foreman）などの役職が来る。一番下には、rank and file（平職員、平工員）が存在する。

「階級」対立

イギリスの企業文化でよく注目されるのは、「奴らと俺たち」（them and us）という「階級」を反映した対立感情である。イギリスは、労使関係が最悪とまでは言えないが、日本などと比べ、労使対立が激しい国として知られていた。それを象徴する言葉として、「奴らと俺たち」が存在していた。

この対立は、上流階級と下層階級の間でというよりは、もっと身近で接触することが多いレベルで発生する。イギリスの工場では、職長となれば職場でもネクタイをするが、平の工員はネクタイをしない。この職長レベルと工員レベルの対立がよく「奴らと俺たち」として問題になる。職長は必ずしも経営に属するものではないのだが、労働と経営の中間に位置し、労働側と接触することが多く、対立の最前線ということになる。また、イギリスの労働組合の組織率はかつては六〇%に達し、高い組合組織率を誇っていた。数万人、数十万人といった大規模な組合組織になると、末端組合員の意見を十分「吸い上げられず」、組合幹部と平の組合員（工員）との間で、トラブルが発生することもしばしばであった。イギリスはかつては争議件数、争議日数が多く、また山猫ストも頻発したが、こうした労働職場における尖鋭な対立が根底にあった。

ショップスチュワード（shop steward）という独特のポジションがイギリスにはある。訳せば「職場委員」となるが、この職場委員が組合執行部の指示に反して、各職場の平組合員の要求をまとめ、独自の職場放棄や団交要求を行ってきたのである。これは、山猫スト（組合の同意を得ないストライキ）を生み出し、イギリスにおける労使関係の不安定さをもたらしていた。統計上の争議件数に現れない、職場独自の争議が、職場委員の主導下に行われていたのである。

さらにまた、ホワイトカラーとブルーカラーの対立もある。日本では、ブルーとホワイトの格差が少なく、労働組合も一緒であり、給与も月給として同じ形態である。しかし、イギリスではホワイトカラーは月給（salary）、ブルーカラーは週給（wage）が原則で、同じ平《ヒラ》の職員、平の工員といっても、ブルーカラーとホワイトカラーの違いは一目瞭然である。こうした「階級的」断絶は、職長と平の工員レベルだけではなく、技師（engineer）と技手（technician）との間にも明確な一線がある。概ね大卒の技師は、技手を軽んじ、重要なポジションを与えない。このように、イギリス社会には様々な区別（差別）が存在するのである。ただし、このような差別は一九八〇年代以降、労働組合が弱体化し、大学進学率が上昇するに及び、深刻さは解消に向かっているように見える。

家族資本主義

かつてイギリスは、家族資本主義（family capitalism）の温床国家と言われた。家族が枢要な決定を行う家族企業では、家族だけが信頼できる存在であり、他の者は単なる被雇用者であった。家族企業、あるいは同族企業（拡大家族企業）においては、家族が所有者＝使用者であり、他の者は被使用人であった。したがって被使用人の企業に対する忠誠心は弱く、オーナーと被使用者の断絶は大きかった。その結果、戦略的意思決定、管理的意思決定のような主要な業務を被使用人に任せることができず家族が行うので、家族企業はなかなか大企業になりえなかった。家族によって、主要な意思決定をすべて行うことは、大企業では不可能だったからである。アメリカと比較して、イギリスで大企業の誕生が遅れた理由について、経営史家のアルフレッド・チャンドラーは、このような personal capitalism（個人的資本主義）が主要な原因であるとしている。他方で、アメリカでは家族以外の他者に対する信頼が高く、経営者資本主義（managerial capitalism）が世界で一番早く誕生したとの主張もある。[*7] このように、信頼が家族だけではなく、他者にも向かうかどうか、またその強さの強弱が資本主義の性格に決定的に重要であることは、フランシス・フクヤマの論ずるところであり、本書の中心テーマでもある。

しかし興味深いことに、イギリスには別種の企業タイプも存在した。特殊イギリス型とも呼べる企業タイプは、取締役会長や他の取締役は社外取締役で、マネジング・ダイレクター（社長）以下の役職が社内の人間によって占められるガヴァナンス構造が存在した企業も少なからずあった。会長以下の社外取締役は当該企業の活動内容を知悉しておらず、いわば「アマチュア」として企業に関わり、企業を実質的に指揮していたのは社長以下の職員（プレイヤー）、というガヴァナンス構造である。この構造においては、アマチュアが最終的な支配権を握り、プレイヤーは二番手に置かれるといういびつな構造がもたらされた。この「アマチュア対プレイヤー」という構造が、イギリス企業のプロフェッショナル化を妨げ、企業経営に対する真剣な努力を阻害し、効率的な大企業を誕生させる妨げになった。こうしたアマチュアは、パブリックスクールやオックスブリッジ出身の「ジェントルマン」が占めることが多いので、イギリス資本主義の特徴を「ジェントルマン資本主義」「アマチュア資本主義」と呼ぶことも可能である。[*8] ちなみにイギリス企業では、会長がCEO（chief executive officer）ではなく、社長がCEOとなる。逆にアメリカ企業では、通常、会長がCEOとなるので、CEOの支配力は強い（社長はCOO: chief operating officer となる）[*9]。

　このように、企業のトップをアマチュアが占めることが多いイギリス企業では、特定の専門知識よりは、決断力のような素質が好まれる。こうした決断力は、パブリックスクール（学費の高い私立学校）でのスポーツ、特にラグビーで培われ（サッカーは労働者階級のスポーツとされる）、団体競技の重要性、すなわち組織におけるリーダーシップの涵養が期待される。読書も推奨されるが、スポーツでの実践性がより以上に称揚される。また知識の習得においても、スペシャルな知識よりジェネラルな知識、換言すれば「全人的知識」が尊重される。その結果、企業経営のトップに就く者はスペシャリストよりもむしろジェネラリストが好まれる。こうしたジェネラリスト尊重は、日本企業においても多様な経験の尊重という意味で類似性をもっているが、イギリス企業の場合はそれが階級的バックグラウンドと結びついていることが問題である。普通の人にとって、パブリックスクールの学費を払うことはかなり困難だからであり、日本のように、企業内での意識的ジョブローテーションを経て、ジェネラリストが養成されるわけではないからである。イギリスの経営者がアマチュア的ジェネラリストとすれば、日本の経営者はプロフェッショナル的ジェネラリストと言えよう。

4 工業対商業・金融（サービス産業）

イギリスは「最初の工業国家」であったが、「最初の近代農業国家」でもあった。産業革命の前提として、ハイファーミング（農業生産性を上げる根菜類の導入）により、十八世紀前半から十九世紀前半にかけて、イギリスの農業生産性は高まった。その結果、地主、借地農（農業経営者）、農業労働者の三階級制（三分割制）が登場したと言われる。地代や地価は上がり、地主階級はエンクロージャーも実行できたお蔭で、富が一段と増大した。農業の隆盛によって、地主階級の政治的支配力は一層増大したのである。[*10]

もちろん、産業革命によって「最初の工業国家」となったイギリスでは、産業資本家が富を蓄え、事業を拡張していたが、貴族・地主的価値体系のなかでは、産業資本家として富を拡大しても、社会の上層にはたどり着けず、むしろその富を使って土地を購入し、地主となり、うまくいけば貴族に成り上がるのが夢であった。したがって、社会には、工業を尊重しようという雰囲気は少なく、煙突の吐き出す煤煙を嫌い、農村での静かな生活を望む気分が横溢していた。「反工業精神」(anti-industrial spirit) とも呼びうる社会風土である。[*11]

以上のような反工業精神とは異なり、十六世紀の「マーチャントアドヴェンチャラーズ」の時代から、大商人には一定の敬意が払われ、その社会的地位は低くはなかった。さらに十七世紀の末に国債が大量に販売され出すと、それを扱う者は国家に貢献するものとして同様に敬意が払われた。大金融業者、すなわちマーチャントバンカーの誕生である。このように、貿易、金融に携わる者には一定の敬意が払われ、社会的地位は大地主に次ぐものとして、上流階級に組み入れられることとなる。しかしなお、地主の土地との関わりの重要性、あるいは商業・金融を含んだ「ビジネス」のいかがわしさ、そうした理由によって「反ビジネス精神」(anti-business spirit) も多かれ少なかれ存在した。ただし、プロイセンなどと比べて、イギリスがプロイセンよりも「反ビジネス」的であったか否かに関しては疑問の声もある。近世・近代ヨーロッパには、全般的に反ビジネスの風潮が存在し、イギリス独自のものとは言えないという主張も尤もである。[*12]

こうした貴族・地主的価値体系が支配的なイギリスの事情に抗して、ジョン・メイナード・ケインズは以下のような三階級構想を立てた。地主は地代を得、証券保有者は利子を得、この両者は投資家階級（資産家階級）として存在する。商人は商業利潤を得、工業家は工業利潤を得る。両者は共に企業家階級として利潤を得る。労働者は賃金を得る（労働者階級）。このように、投資家階級、企業家階級、労働者階級の三階級が存在する。そして、投資家階級を、利子率と同程度のマイルドなインフレによって「安楽死」させることが賢明であるとし、イギリスが企業家階級と労働者階級のための国家となるべきことを主張する。

しかし、ケインズの三階級論は興味深いが、最終的に、イギリスの政策、とりわけ経済政策の決定は、産業資本家によってではなく、土地所有者＝貴族、後には土地利害と金融利害の融合体によって決定されたとする、ピーター・ケインとアンソニー・ホプキンズによるジェントルマン資本主義論を見ればわかるように、ケインズの構想は実現しなかった。投資家にも、資本を提供するという重要な機能があったからである。しかし、ケインとホプキンズのジェントルマン資本主義論が今のイギリスに当てはまるかどうかは疑問である。国家の政策決定という政治的な意味で、地主・金融業者（ロンドンのシティ）による支配力は強靭であったが、企業経営のレベルでは、ロナルド・コールマンが解明したジェントルマン資本主義ははるか昔に死滅したと言えよう。第二次大戦後は、政治的にも、経済的にも、ジェントルマン資本主義は解体した。[*13]

5　企業の発展――個人的資本主義から経営者資本主義へ

イギリス企業では、血縁を重視した家族資本主義、言い換えれば、個人的資本主義（personal capitalism）が強く残存した。それは二十世紀になっても強固で、その分、経営者資本主義（managerial capitalism）の発展は遅れた。しかし、そのイギリスでも経営者資本主義への発展傾向は明瞭に見られた。一八六〇年代に、最初の株式会社上場ブームがランカシャーの綿業地帯で起こった。それまでも、運河、鉄道、銀行などの産業では様々な形で株式会社の発達が見られたが、ブームと呼べるほどの発起熱が生じたことはなかった。これは、一八六二年の一般会社法の成立に促された面もあるが、綿業資本家が、現在の言葉で言えば、ＩＰＯ（initial public offer）を行った面もある。こうした企業は、公募企業（public limited company）であり、後に発展する「私会社」（private limited company）とは性格を異にする。イギリスでは、家族企業形態を温存しながら、有限責任を享受することが可能になる「私会社」の方がより「イギリス的特徴」を示すとされる。その意味で、イギリス資本主義の家族資本主義的色彩は、公募企業ブームの出現にもかかわらず、その後も濃厚に残存した。だが、戦間期には、私会社から公募会社への転換が起き、また企業合併も活発になり、ICI、ユニリーバ、ヴィッカーズ、ドーマン・ロングなどの大企業が誕生し、経営者企業への方向は鮮明となった。さらに一九六〇年代以降は、アメリカの大企業比率（国民純所得における巨大企業一〇〇社の比率）をイギリスの同比率が超えたことから、イギリスには大企業が多すぎるといった議論も起きた。また、個人投資家の比率は下がり、機関投資家とりわけ海外の機関投資家の比率は四〇％を超えた。このように、イギリスでも、家族資本主義から、経営者資本主義、さらには機関投資家資本主義へと転じてきている。[*14]

6　教育制度の問題

初等・中等・高等教育

イギリスの教育制度も、パブリックスクールやオックスブリッジに見られるように、独特の特徴を持っている。イギリスの階級性を温存する仕組みが機能しているのである。

初等教育としての小学校は、五歳から一一歳までの六年間である。この一一歳の時点で、かつては「イレブンプラス」と呼ばれた試験が行われ、子供の将来を一一歳で決めてしまっていた。これは、あまりに早すぎるということで廃止された。子供は、一一歳で中学校に入り、一六歳までの義務教育を受けた（五年間）。しかし、この中学校は、モダンスクール（基礎教育校）、テクニカルスクール（専門教育校）、グラマースクール（総合ハイレベル教育校）とに分かれ、前二者から高等教育（further education or higher education）に進むことは事実上不可能であった。一五％程度を占めていたグラマースクールに入った者の一部が、6th Form と呼ばれる高校相当教育機関に進み（二年間）、さらに大学（三年間）に進学した。したがって、一九五〇年代の大学進学率は五％ほどに過ぎなかった。*15

こうした公立の教育機関とは別に、私立であるパブリックスクール、その前段としてのプレップスクールがあり、貴族や富裕な家庭は、子弟を早くからこうした学校に進学させた。現在は、パブリックスクールと言うと特権的な印象を与えるので、インデペンデントスクールと言われることが多い。公立校は、ステイトスクールと呼ばれる。こうしたパブリックスクールは、先のアマチュア経営者、ジェントルマン経営者を輩出し、全人的教育という美名のもとに、教育格差を再生産することになった。さらに、パブリックスクールでのスポーツや寮生活などを通したリーダーシップの「実践的教育」を受けたのち、一部は大学に進学して、ラテン語、ギリシャ語、歴史などの古典教育を受ける。このようにして生み出されたリーダーは、まず政治や外交の世界を志望し、ビジネス界に入る者は少数であった。しかも、「実学教育」を受けたスペシャリストというよりは、ジェネラリストとして、ジェントルマン資本主義（アマチュア資本主義）の担い手となったのである。こうした階級性の温存こそ、イギリス資本主義の特徴をまざまざと示すものである。ちなみに、学者の世界に行こうとするものは大学院に入ったが、イギリスの大学院修士課程は一年制、博士課程は三年制と比較的短い。不思議なことに、オックスブリッジ出身者は、修士課程を飛ばして博士課程に入ることも可能である。なぜなら、学部卒で修士課程卒の資格MAを取得できるからである。（オックスブリッジ卒業生はMA〔Master of Arts〕を、他大学の卒業生はM.Phil.〔Master of Philosophy〕を授与される。）

実学教育

十九世紀の末に、ドイツの工科大学、商科大学に見倣って、工業専門学校（ポリテクニーク）や、各種の商業大学も誕生した。現在では有名になったロンドン経済大学（London School of Economics: LSE）もこのころ建学された（一八九五年）。しかし、ラテン語などを学ぶ古典教育と異なり、工学教育、商業教育、会計教育などの「実学教育」は、主流にはならなかった。たしかに「赤レンガ大学」（redbrick university）が設立され、十九世紀末から工学士、商学士、経済学士などの学卒が誕生し、実業界にもそれなりの影響を与えたが、なおその影響は部分的であり、限定的であった。[*16]

しかし、第二次大戦後になると、大学進学率は一九五〇年代の五％から一九九〇年代には四〇％に達し、高等教育が普及し、企業トップの学歴も高度化された。一九五〇年代には、取締役の三分の一しか大卒でなかったが、二〇〇〇年代にはほとんどの経営トップは大卒であり、さらには博士号の保有者も多くなった。これは、企業の多国籍化も影響しているであろう。イギリス企業で経営幹部になるためには、大学卒の資格が必須という状況が訪れているのである。しかも、単なる大学卒ではなく、ＭＢＡ（Master of Business Administration）、ＭＡ、Ph.D.（Philosophy of Doctor）などのより高次の学位を求めており、日本よりも学歴社会になっている。日本では、アメリカやイギリスと異なり、大学を卒業して実社会に出てからは、高次の学位はあまり必要とされていない。*17

ビジネス教育

かつての反ビジネスの気風は弱くなり、一九六〇年代には、ロンドン・ビジネススクールやマンチェスター・ビジネススクールが設立され、イギリスでもアメリカに範をとったビジネス教育が行われ出した。一九八〇年代には、「ポリ」と呼ばれ、軽んじられていたポリテクニークも大学に昇格し、大学教育のビジネスに対するウェイトは高まった。

人によって意見は異なるが、なおオックスブリッジの卒業生であることがきわめて重要であると主張する人もいる。かつてケンブリッジのカレッジディナーで、高校の校長と話したことがあったが、彼の意見ではオックスブリッジ卒であることは今でも重要であると断定的に語っていた。しかし、知り合いのケンブリッジ大学の教員は、ケンブリッジを卒業したことで何か得をしたことは全くないと、オックスブリッジ卒の意義を否定的に語っていた。しかし、大学教育が普及し、企業トップの学歴が格段に高くなったこと、大卒でなくてはトップにたどり着くのはきわめて困難になったことは事実である。かつては企業トップになるのに、大卒であることは必要ではなかった。パブリックスクール卒業で十分だったのである（女性でも同様のことが言えた。ダイアナ妃は高卒であった）。

現在、イギリスの階級性がどれほど強いかに関して、イギリスの首相であったメイジャーの例をあげると、彼は一六歳の義務教育を終えるとすぐに銀行に就職し、その後、政治活動に転じ、保守党のリーダーになり、サッチャーの後を襲って首相になった（一九九一年）。彼の父親は、サーカスの座長で知的な職業に従事していたわけでもなく、大地主でもなかった。保守党にはいまだ、オックスブリッジ出身者がキラ星のごとくいる状況下において、中学出の彼が首相に上り詰めたのである。メイジャーのケースは例外というべきか、新しい潮流の誕生というべきだろうか。

7　新しい潮流——サッチャー革命

サッチャー革命

イギリスについて書かれた本では、マーガレット・サッチャー登場以前と以後で、そのトーンがかなり異なることに気付く。サッチャーは、立場により毀誉褒貶のある代表的な政治家である。サッチャー登場以前のイギリス論では、米川伸一の『現代イギリス経済形成史』は、経営と社会の観点から優れた著作であるが、サッチャー登場以前に限定されており、一九八〇年代以降の動きに触れられていない。サッチャー登場によって、良かれ悪しかれ、イギリスは様変わりしたというのが筆者の見解である。

第二次大戦以降、イギリスは植民地を喪失し、ジェントルマン資本主義（企業レベル＝アマチュア経営者による経営、国政レベル＝地主・金融利害による支配）の衰退、国際競争における劣位、国有化による救済も行き詰まり、度重なる労使紛争によって、イギリス社会には閉塞感が漂っていた。世界的にも、スタグフレーション（物価高の下での高失業率）が蔓延していたが、イギリスは国際競争力の劣位のために、他国と比較していっそう危機的状況にあった。一九七〇年代には、様々な社会的矛盾が噴出していた。その渦中から、サッチャーが一つの方向性として、従来の福祉国家路線から、小さな政府、自由な取引（規制緩和）、民営化を打ち出した。一九七〇年代には、有名なタイムズ社が新聞王ルパート・マードックによって買収され、近代化に反対する印刷工を全員解雇するなどという事件も起きて、少しずついわゆる「新自由主義」の方向に動き出していた。そして経営文化も新たな方向に転換していくことになる。*18

分野ごとの特徴

イギリスには、反工業精神のような「ものづくり」を好まない風潮が十九世紀から、あるいはそれ以前から継続していた。産業革命期の活発な「ものづくり」が、一つのエピソードに成り下がってしまうような状況である。十九世紀末には、地主的価値体系（landed interest）から金融利害（moneyed interest）への変化が加速され、不動産・金融、あるいは流通業への傾斜が鮮明になった。不動産業では、新しいコングロマリットであるハンソンのような新興企業も登場したが、ウェストミンスター公爵のような伝統的な不動産業者も土地所有にもとづいて、強靭さを失わなかった。金融では、ロスチャイルドのようなマーチャントバンクが相対的に衰退し、預金銀行、保険会社が大規模化したが、そうした金融機関も一九七〇年代には停滞するようになった。その中で、一九八六年、ビッグバンと呼ばれる金融改革（規制緩和）が、サッチャー政権の主導下で実行された。これにより、イギリスの金融界は活気を取り戻し、再び世界の金融センターに返り咲いたのである。その中心は、「ジョバーとディーラーの区別」のような、金融界における「棲み分け」文化を解体し、市場による「競争原理」に基づく仕組みを築き上げることであった。

また、不振の国有企業を民営化し、続々と民営化を推し進めたサッチャーは、市場経済を活用し、イギリス経済界に市場原理＝競争を持ち込んだ。もちろんこれまでにも競争はあったのだが、「競争」という言葉自体がかなり多くの人々に嫌われ、「平和的な棲み分け」（＝身分制の固定化）がイギリス経営文化の中心思想であった。これは、旧態依然たる体制、墨守的思想、「甘え」に通じる。

しかし、サッチャーは、自動車、鉄鋼、航空機製造などの主要産業を民営化することによって、国民に「競争は善」であり、「従来の態勢に安住することは悪」とのメッセージを提起した。「サッチャー革命」と呼ばれる所以である。サッチャーはその出自が貴族・地主ではなかったこともあり、製造業の振興に積極的で、外国企業、特に日本企業の誘致に熱心であった。日産がイギリスに進出したのは、サッチャーによる働きかけが大きい。その後、トヨタ、ホンダも進出し、イギリス自動車産業における日系自動車企業の貢献は目覚ましいものがある。

ビッグ・バン、民営化に続いて、サッチャーは、労使関係の領域でも大ナタを振るった。法律を改正し、スト権の確立には必ず秘密投票を義務付けた。公開投票であると、労働組合幹部の意向が平組合員に対する大きなプレッシャーとなるからである。この結果、スト権の確立は容易ではなくなり、争議件数は減少の一途をたどった。またこの頃から組合組織率も低下し、労働組合は、イギリスの労使関係の主導権をもはや握ることはできなくなった。これと併せて、労働党の地盤沈下も露わになった。

サッチャーのもう一つの改革は、教育界である。初等・中等教育での学校選択、すなわち公立校においても、子供の状況に合わせて学区外地域の学校を選べる「オプトアウト」を認めた。また大学においても、他の民間企業分野と異なり、大学の教員はほとんど外からのプレッシャーがなく「怠けている」との発想から、一九八八年に教育法を変え、ＲＡＥ（research assessment exercise）

と呼ばれる、研究成果提出の制度を義務付けた。四年間に四本の論文を学会誌に掲載し、評価される仕組みである。ランキングの高い学会誌に掲載されることが重要で、それに応じて七段階の評価がつけられる。また約八〇の国立大学は、その結果に応じてランキングされ、研究資金の配分が決定されるという極めて厳しい制度であった（イギリスには一つの例外を除いて私立大学はない）。それまでは、何十年も論文を書かない教授がオックスブリッジでもごろごろしていたが、この改革以後、そうした「怠惰な」教授は安閑としてはいられなくなった。テニュアー制度（定年まで勤められる権利）も廃止され、大学教員にとっては大変革がもたらされた。またサッチャーは、人文系を軽視し、経済発展に直接役立つ実学的なエンジニアリングスクールやビジネススクールを優遇した。[*19]

経営文化ないしは社会思想の面で、「棲み分けから競争へ」というのが大きな流れであったが、社会へのメッセージでは、サッチャーによる「悪評高い」次の言葉がある。

「社会などというものはない。あるのは個々の男と女と家族だけだ」“There's no such thing as society. There are individual men and women, and there are families.”

この言葉は誤解されて、「社会などというものはなく、あるのは個人だけだ」とされることもあるが、サッチャーは家族の重要性を否定していないし、また「社会」は否定しているが、community（近隣共同体）を否定しているかどうかははっきりしない。個人と集団を単純に対比するのは誤りであり、家族というキーワードを入れて、個人、家族、組織（集団）を考えることが重要であるというのが筆者の理解である。この意味で、サッチャーの言葉は、含蓄が深いというべきであろう。単純に社会を否定して、個人に還元する個人主義者とは異なる、というのが筆者の見解である。

8　競争力のある産業、企業、そこにおける経営文化

サッチャー改革の後、イギリスは上昇気流に乗る。改革が進行していた一九八〇年代にはまだその成果は顕著ではなかったが、一九九〇年代には、人々は「イギリス病」ではなく「イギリスの繁栄」について語るようになった。逆にドイツは、東ドイツ統合の負担から経済不振に喘ぎ、「ドイツ病」という言葉が人口に膾炙した。サッチャーの政策は基本的に、後継の保守党メイジャー、労働党のブレアによっても引き継がれ、競争原理は揺らぐことはなかった。たとえば、社会問題の解決を、民間企業や非営利団体に任せるソーシャルインパクトボンドの導入や、企業家支援のビジネスセンターなどが出現したからである。政府機関から非政府機関（ＮＧＯ）＝非営利団体（ＮＰＯ）へと業務を移転し、民営化を促進していったのである。

こうした民営化の流れを受けた各業界を見ていくと、まず自動車産業では、イギリスの民族自動車メーカーは、ＢＬ（British Leyland）をはじめほとんどが消え去ったが、日本の日産、トヨタ、ホンダをはじめ、ドイツのＢＭＷなどがイギリス国内に進出したお蔭で、イギリスの自動車産業全体

は堅調である。またMG、ランドローヴァー、ジャガー、ロールス・ロイス、アストン・マーティンなどの高級ブランドは、イギリス人所有ではなく、外国企業の手に渡ったが、ブランドそのものは健在である。

国際競争力を有する、もう一つのイギリスの重要産業は製薬産業である。GSK（Glaxo Smith Klein）というイギリス企業を抱え、競争の激しい製薬産業で国際的に活躍している。

ハイテク分野では、大型コンピュータは不振で、国策会社（ナショナルチャンピオン）であったICLは日本の富士通に買収され、この分野でも民族企業がなくなった。だが、ソフト開発の面では、なおその強みを持っている。興味深いのは、一九八〇年代にベンチャー振興が叫ばれ、ケンブリッジ大学のサイエンスパークが活性化し、エレクトロニクス、バイオなどのハイテク企業が集積し、「ケンブリッジ現象」と呼ばれる新たな動きが出てきたことである。[*20] ベンチャー企業の中で、最も有名になったのが、ARM（Advanced Risc Machines）社である。CPUコアの開発で、PC、スマートフォンなどで世界の最先端を走っている企業である（同社は最近、日本のソフトバンクに買収された）。また、マーサ・レイン＝フォックスなど、日本ではほとんど知られていない新しいハイテクベンチャー企業家も登場している。

アパレルやラグジュアリーグッズの分野では、伝統的なブランド企業であるバーバリー、ダンヒル、アクアスキュータム、ダックス、イェーガー、フォトナム・メイソン、ハロッズなどは、一応残っているが、衰退している企業と、今なお繁栄している企業に分化している。

十九世紀の工芸作家であるウィリアム・モリスの名前を冠したカーテンやその他の製品、ローラ・アシュレイのアパレル製品のような、イギリス独自の伝統デザインを売り込む企業も、ニッチ市場を獲得するのに成功している。

他方で、新しい企業家も登場した。ヴァージンのリチャード・ブランソン、ボディショップのアニタ・ロディック（"Not Aid But Trade"というキャッチフレーズで有名である）、最近では、ダイソンのジェームズ・ダイソンが著名であろう。特に、ダイソンは、これまで白物家電として成熟製品と見なされてきた掃除機、扇風機などの分野で、新しい機能、デザインを持ち込み、「イギリスのアップル」と言われているほどである。このように、イギリスには、ミニスカートをはじめ、伝統に縛られない自由な発想もあるのだが、従来は保守的な伝統思想に縛られ革新は線香花火的であった。しかしこれらは、一九九〇年代以降は、経営文化において一つの重要な潮流をかたち作ってきている。

流通業は、十九世紀末からマルティプル（多店舗）と呼ばれる形態が普及し、マークス＆スペンサー、テスコ、クロアなど、また百貨店としてバートンなどが勢力を築いた。以上の企業は、アパレルのバーバリーと同様に、いずれもユダヤ系の企業家によって創設されたもので、イギリス資本主義が、アングロサクソンだけではなく、ユダヤ系の企業家によって切り開かれた面も大きいことを示している。[*21]

9 小括

イギリスの経営文化は、貴族・地主的価値体系、すなわち伝統を重視する、農本的な思想を基盤にしてきた。「最初の工業国家」というだけではなく、「最初の近代農業国家」というのがむしろふさわしい。これに付け加えれば、近代議会制を真っ先に生み出した「最初の民主主義体制国家」でもある（一六八八年の名誉革命を想起！）。反工業精神、反ビジネス精神の強い国家として、イギリスは、必ずしもケイン&ホプキンズ的な意味だけではなく、ロナルド・コールマン的な意味で、「ジェントルマン資本主義」として発展してきた。十六世紀の大商人の台頭、十七世紀からの金融利害の発展によって、土地利害（landed interest）と、商業、金融利害が融合し、それらの人びとがイギリスの上流階級を形成し、政治、経済、経営、文化、生活の面における支配的価値体系を形成してきた。中・上流階級を基盤にした、いわゆる「高尚文化」（high culture）である。産業革命から誕生した産業資本家はしだいに貴族・地主的価値体系に絡め取られ、自身のブルジョアジー的な価値観を喪失し、土地・金融利害に組み込まれていった。自由党の解体と保守党への統合がこれを示している。ウィンストン・チャーチルも自由党から保守党への転換組である。もちろん、「高尚文化」

の対極概念である、労働者階級、農民に基盤をおいた「大衆文化」「民衆文化」（popular culture）も、底流では強固に残っているのだが。[*22]

しかし、第二次大戦後は国際的な環境変化とともに、こうした伝統的価値体系では成り立って行かず、一九八〇年代に、それまでの伝統思想（棲み分け）から「競争を是とする思想」への重大な転換が起きた。これは、経済構造の変化（エレクトロニクスへの産業構造変化およびグローバル化）を反映した現象である。このように、イギリスの経営文化は、一九八〇年代以降、ドラスティックな変貌を経験したのである。

『カンパニーマンの終焉』の著者であるアンソニー・サンプソンは、「一九八〇年代、イギリスの経営風土はアメリカ以上に大きく変わった」と述べる。一例を挙げれば、今までのビジネス界にはいなかったような、乗っ取り屋や不動産王、コングロマリットの経営者が登場してきたからである。その代表は、かのオードリー・ヘップバーンと婚約して（！）、「衝撃的なデビューを飾」り、数々の買収劇を演じたコングロマリット王のジェームズ・ハンソンである。

こうしたM&A（買収・合併）――しかも敵対的な――は、アメリカでも決して珍しくはないが、「アメリカと比べて社会の絆が強いイギリスでは、経営者は戦後長いあいだ、アメリカの経営者と違って、周囲の社会に対する責任を自覚し、自らの報酬については要求を抑えてきた」[*23]。しかし、イギリスがアメリカ流になることによって、ちょうどエドワード・ヒースが「ウェット・トーリー」、サッチャーが「ドライ・トーリー」と呼ばれたように、いわば「ウェット・ビジネスマン」ではなく「ドライ・ビジネスマン」がイギリスでも誕生したのである。それゆえ、変化の程度がイギリスでは速かったのである。

それまでのイギリスでは、プロテスタント的個人主義ではありながらも、アングリカン的身分主義（階級的団結）によって、社会の絆はそれなりに強かった。しかし、アメリカではプロテスタンティズムを徹底したピューリタニズムによって、個人主義はより強く、したがって成果主義的で、なおかつピューリタン的教派心による団体好きの性質との結合が存在していた。だが、団体主義は弱まり、社会全体では成果主義的傾向が強まり、アメリカは一九八〇年代には変革を迎えた。さらにイギリスでは、社会的絆を基礎とした企業風土から、アメリカ流の成果主義に一足飛びに変化したために、イギリスにおける企業風土はアメリカ以上の大変革を迎えたのである。

新自由主義のゆくえ

一九七〇年代から、そしてサッチャーが政権を取った一九八〇年代には、本格的に民営化、規制緩和、自由選択、競争原理の導入という新自由主義（ネオリベラリズム）が勃興した時代であった。新自由主義とは、アダム・スミス時代および十九世紀のレッセフェール時代の自由主義に対して、十九世紀末のニューリベラリズムの勃興から第二次大戦後の福祉国家時代を経験し、さらにその矛盾の表現としてのスタグフレーション（一九七〇年代）を経て、再登場した自由主義である。[*24] こうした新自由主義は、イギリス経済の活性化、衰退する老帝国のイメージを一新し、活力あるイギリスの再興に力があったことは明白である。しかし、経済的自由の追求が「結果としての不平等」をもたらすことも必然と言ってよい。コミュニティ、アソシエーションなどの自発的な団体（中間組織）による活動が社会を根底において支えていることは明らかであり、それが低下している状況下で、所得格差、資産格差が許容しがたいほど拡大することは、社会の存続にとっても負の影響をもたらしかねない。自由と「結果としての平等」のバランスをとるものが自発的な団体であるにもかかわらず、そうした自発的団体の活動が衰退することは社会の衰弱をもたらすものであろう。すでに新自由主義の勃興から四〇年あまりも経っていることから、行き過ぎに対する再調整が必要とされているのかもしれない。

第9章 アメリカの経営文化

1 アメリカ文化の二要素――個人主義と団体好き

アメリカの経営文化は、単純そうに見えて複雑である。自他ともに認める個人主義の国でありながら、コミュニティの重要性が際立っていた国でもある。個人主義と社会的連帯、これらが両立していた国であった。現在では、後者のコミュニティの絆が減退し、個人主義の側面が強くなっているのではあるが。

コミュニティ（近隣共同体）、ソサエティ（社会）、アソシエーション（結社）、コーポレーション（団体）の構成要素として、「個人」がある。[*1] だが、個人は単独で存在しているのではなく、ほとんどの場合、家族として存在している。アメリカでは、国のバックボーンの宗教がプロテスタントであったことからして、個人と神の直接的関係が最も重要であった。父母、兄弟、子供よりも個人の信仰、言い換えれば、神との距離感が重要であった。神の命により我が子を殺そうとしたアブラハムの例が示すように、親よりも、兄弟よりも、子供よりも、神が重要であった。しかし、個人は父母や兄弟、子供、孫などの血縁関係なしには誕生、存在しえないので、いかなる社会にあっても、家族は基礎的な存在形態である（血縁ゲマインシャフトの重要性）。家族と個人という、この問題は後述する。

ピューリタンの伝統である「神と個人の直結」という関係から、アメリカは個人主義の国であった。他国の人間、たとえばアジアの国々から考えれば、アメリカは個人主義の国であると思うだろうし、またアメリカ人も自身を個人主義者と思っている。ＩＢＭを辞め、自身の企業ＥＤＳ（Electronic Data Systems）を創業し、億万長者となり、さらには大統領選挙に立候補したロス・ペローの言葉、「鷲は群れない。だから一羽ずつ見つけるしかない」[*2]という言葉がある。鷲はアメリカを象徴する鳥であり、アメリカ人は群れない、個人主義者であることを意味する。このように、アメリカは個人主義者の国であるのは確かである。

だが同時に、異常なほど団体好きでもあった。自分が属するコミュニティ、近隣団体、教会、後には、企業、ボランティア団体などの団体（ゲゼルシャフト）は格別に重要であった。他方で、国家は、近隣団体でもなく、家族でもなく、遠い存在であり、むしろ個人を抑圧するものとして、低評価あるいは必要悪的に考えられていた。元々、イギリス国教会の弾圧から逃れてアメリカに移住してきた非国教徒の伝統によるものである。

アメリカでは、ピューリタン＝プロテスタント＝キリスト教の伝統から、「隣人愛」が特別の社会的重要性をもっていた。団体を組織し、少年野球のリトルリーグ、農村青年の4Hクラブ（head, heart, hands, health）などの集団活動に関わり、あるいは病院理事などのボランティア、学生スポーツのコーチに参加することが社会的に要請もされ、また好むところでもあった。

コミュニティ活動は、言い換えればアソシエーション（結社、協会）を組織し、その活動を推進することを好むことである。個人、カップル（夫婦）、核家族、ボランティア団体、大企業、業界団体、教会（キルヘではなくてゼクテ、この用語に関しては後に解説する）、チェックされるべきものとしての国・政府という構造ができあがった。一九世紀にアメリカを旅行し、『アメリカの民主政治』を著したフランス人アレクシス・ド・トクヴィルは、エゴイズムに堕しかねない個人主義に批判的であり、アメリカでは中間団体が活発に活動しているとして、アメリカの団体主義を称賛し、フランスではそうした団体主義が弱体化し、個人主義が跋扈していると慨嘆している。*3

先に述べたように、人間が誕生して、成長していくためには家族は必須の組織形態である。しかし、キリスト教、とりわけプロテスタントにおいては、神と個人の関係が最重要であった。だが現実には、両親、子供、兄弟といった血縁関係は、キリスト教においても重要であり、儒教、イスラム教においては決定的に重要であり、*4 したがってどこでも家族愛、隣人愛から共同体は形成されて

図 9-1 アメリカにおける個人から政府までの距離

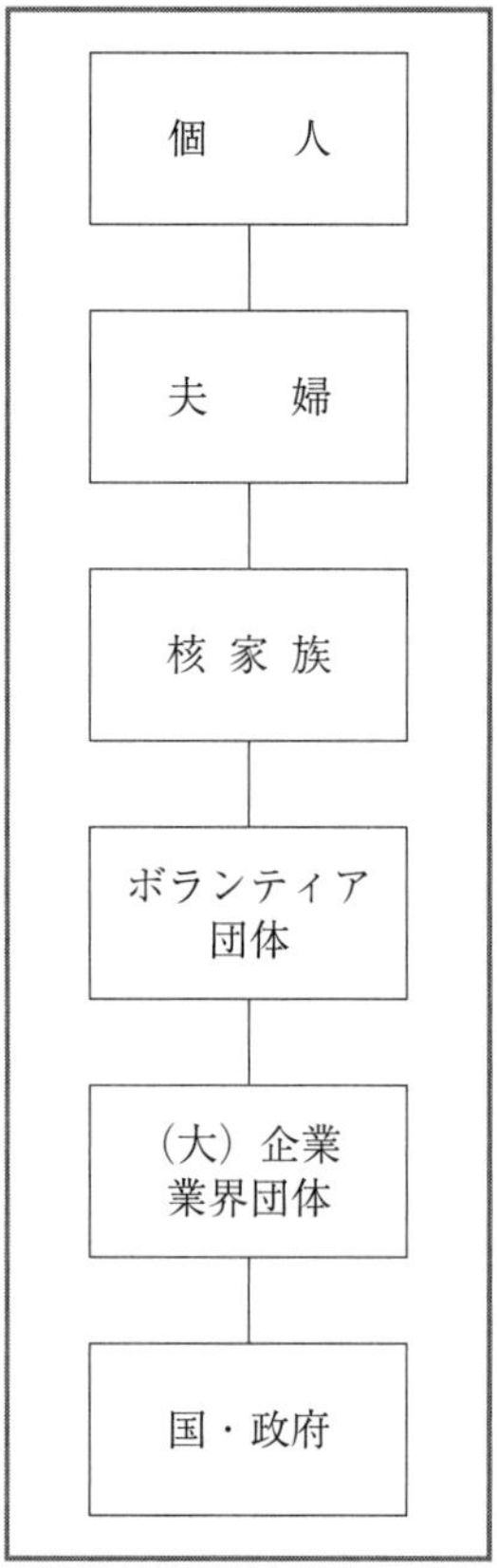

（出所） 筆者作成

きた。しかし、第二次大戦後、家族の紐帯が弱まり、親子関係の弱化によって、アメリカでは以前よりも家族の重要性が低下している。またキリスト教の影響力も顕著に低下してきた。もちろんその逆流としてのキリスト教原理主義、福音主義（メガチャーチ）などの活性化も生じたのではあるが、脱キリスト教という流れ、世俗化（secularization）の流れを否定することはできない。そうすると、子供を敢えてつくらないディンクスカップルの出現、離婚率の上昇、宗教心の衰え、これらの理由により、「孤立した個人主義」が誕生し、かつての団体好き、換言すれば「協調的個人主義」が弱体化するという社会的特徴を帯びることとなった。[*5]

2　文化・民族の多様性

アメリカは、移民からできあがった国である。その意味で、ヨーロッパで誕生した民族国家、国民国家ではなく、「アメリカ人」による移民国家である。アメリカ人とは、歴史的にイギリスからの移民を基礎としており、また国教会系ではなく、非国教会系を社会の基底としていた。こうした人々はＷＡＳＰ（White, Anglo-Saxon, Protestant）と呼ばれた。それゆえ、その後様々な民族がアメリカに移民してくるのではあるが、移民国家と言っても、多様な民族が平等というよりは、先に建国に力のあったＷＡＳＰが社会の枢要部分を担うことになった。また十九世紀にドイツ系移民が大量に流入し、アメリカ文化の中枢と呼ばれるようになったオハイオなどの中西部（Mid-West）にジャーマンタウンを建設し、確固たる基盤を確立した。同時期には、アイルランド、スコットランドからの移民も増大した。十九世紀末には、南欧（イタリア）、東欧（ポーランド）などからの、いわゆる「新移民」やユダヤ人が移住し、さらには中国、日本などからのアジア系移民も増加した。このように、二十世紀初頭には、ＷＡＳＰ、アイリッシュ、スコッティッシュ、ジャーマン、イタリアン、ポーリッシュ、ジューイッシュ、アジア系からなる多様な民族が階層的に併存することになった。もちろん、社会構成の底には、十八世紀以降アフリカから奴隷として連れてこられた黒人、先住民族のアメリカ・インディアンがいた。

アメリカは、かつて「人種のるつぼ」（メルティングポット）と言われていたが、実際には、るつぼが連想させるような混淆は起きていず、それぞれが分離した「サラダボール」に過ぎないとの見解がある。確かにそうであろう。だが、白人系（WASPからユダヤ人まで）[*6]には社会的交流が起きやすく、アジア系と白人の間にはある程度の断絶があり、黒人、アメリカ・インディアンと白人との間の社会的隔絶はさらに大きい。もちろん例外はいくらでもある。バラク・オバマの両親は黒人と白人であったし、イギリス首相であったウィンストン・チャーチルの母親はアメリカ人であったが、彼女はアメリカ・インディアンの血を引いていた。

以上のように、WASPをベースにするとはいえ、様々な民族の多様性がアメリカには存在する。だが、そうした多様性がアメリカを代表する共通文化の醸成を阻害したとも言える。各民族は独自の文化を維持することに積極的であった。逆に、統合のシンボルとして、国旗（星条旗）、国歌に対する忠誠心、ひいては国家に対する愛国心・忠誠心の強調に繋がっている。かつてオリンピックで国旗、国歌に非礼な態度をとったとして、メダリストが強い非難を浴びせられたことはそう昔のことではない。

3　アメリカの宗教

アメリカは、ピューリタン（清教徒＝非国教徒）がイギリスから脱出し移民してきたことによって建国されたので、会衆派（コングリゲーショナル）や長老派（プレスビテリアン）、バプティスト派（幼児期の洗礼ではなく、成人の再洗礼を重視する）、クェーカー派（フレンド派）が宗教界の主流であった。その後、イギリス国教会系の人びとも移民してきて、国教会派（聖公会）すなわち監督派（エピスコーパル）も伸長した。特に、富裕層に監督派は多い。

イギリス国教会（Anglican Church）にたいする対抗から、アメリカでは政教分離が原則であり、政府が特定の教派に肩入れすることは禁じられている。だが、フランスのライシテ（政教分離）のように、政治と宗教を全く分離し世俗化するというのではない。大統領就任時の宣誓からも分かるように、特定の教派を選ぶわけではないが、神の名において、聖書の下で誓うのである。アメリカで、無神論が嫌われる理由である。現在ではそのようなことはなくなったと思われるが、無神論者はかつては異端の眼で見られた。現在では、会衆派であれ、長老派であれ、カトリックであれ、三位一体を認めないユニテリアン派であれ、キリスト教の一派であれば問題ないであろう。だが、ユダヤ教やイスラム教の扱い、特にイスラム教の扱いは微妙であろう。近い将来にはありえないが、イスラム教徒の大統領が誕生した時には、クルアーンの上に手を置いて宣誓することになるのだろうか。しかし、ユダヤ教徒の大統領は可能性が無いわけでもない。また仏教やヒンドゥー教の場合も微妙である。したがって、アメリカにおける政教分離はフランスのように徹底的なものではない。

フランスでは、イスラム教のスカーフの着用が公立校で禁止されているが、同様に、大きめの十字架（キリスト教）、星（ユダヤ教）の着用も禁止されているほど、政教の分離は徹底している。アメリカでは、政教分離全般というよりも、政治（国家）と特定教派（キリスト教に限定される）との密着が禁止されていると理解されるべきである。

以上のように、アメリカでは「政教分離」——正確に言えば、教会と国家の分離——が国是となっていたが、建国から間もない十九世紀前半（一八三〇年代まで）には、国教ならぬ「州教」が、マサチューセッツ州には存在していたので、政治の分離は州レベルでは徹底していない場合もあった。しかし、一八三三年には州レベルでも宗教と政治の分離は実現した。

二十世紀初期には、会衆派、長老派、クェーカー派、監督派、メソディスト、バプティストなどのキリスト教諸派が存在し、ユダヤ教、モルモン教、仏教、後にはイスラム教などが併存している。

図 9-2　アメリカの宗教構成

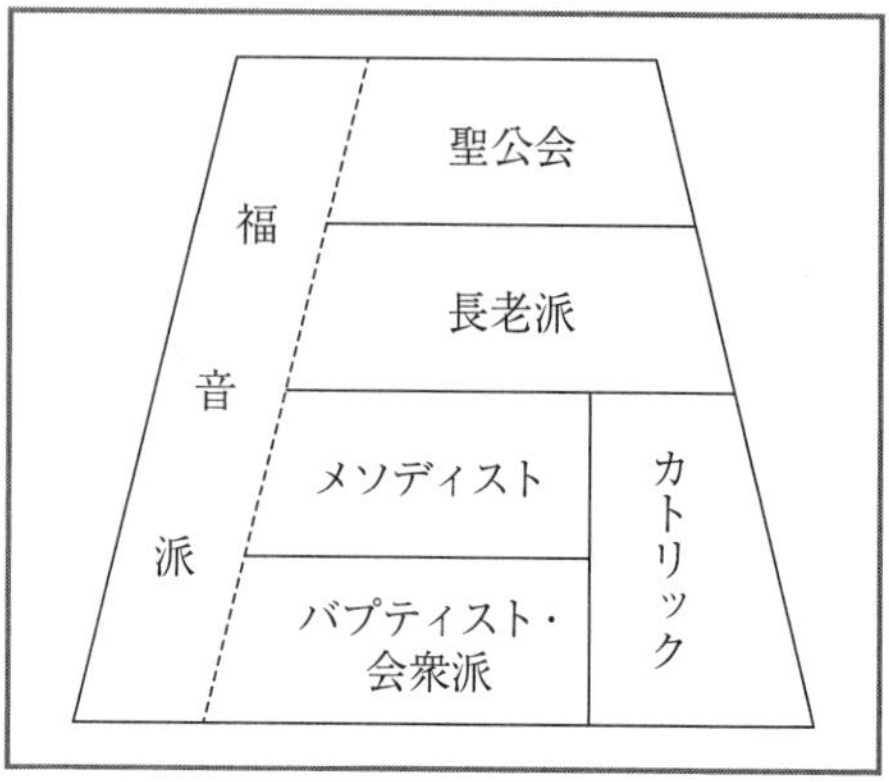

（注）　福音派は正統派プロテスタンティズムとも言われ，プロテスタント諸宗派横断的である。2004年の統計では，福音派 26%，カトリック 22%，プロテスタント 16%，その他 36% である。

モルモン教

アメリカで、ユニークな宗教はモルモン教（末日聖徒イエス・キリスト教会）である。近年、大統領候補となったミット・ロムニー、プロゴルファーのジャック・ニクラウスなど、多くの著名人を輩出しており、またユタ州では支配的な宗教となっている。身近な所でも、世界各地に人を派遣し布教活動を行っており、街頭での布教が特徴になっている。

モルモン教は、一八二三年にジョセフ・スミスが創始した教派で、厳格な戒律を特徴としている。大家族と専業主婦を奨励し、いわばピューリタンの道徳を具現化しようとしているかのようである。信者は一九歳になると、二年間の布教活動を海外で行うように奨励されていて、そのため日本でも街頭活動が見られる。信者は、収入の一〇分の一を協会に寄付する義務があり、ヨーロッパ中世の十分の一税を思い起こさせる。社会問題では、一般的に保守的であり反共産主義だが、実際には準社会主義的縛りがある。共同を強調しており、また義務も多い。例えば、週一四時間以上を教会関連活動に充てることが奨励されており、実際、ミット・ロムニーは積極的な教会活動を大統領選挙戦においても宣伝していた。モルモン教徒は、勤勉なこともあり、平均的アメリカ人より裕福であり、家族を大事にすることも特徴である。

ただし、初期ユダヤ教やイスラム教のように、かつては一夫多妻制度を認めていたことがあり、アメリカ社会の主流からは、やや胡散臭い目で見られているようである。モルモン教における一夫多妻制度は一八九〇年に廃止された。[*7]

ユダヤ教

アメリカで、もう一つの重要な少数派は、ユダヤ教徒である。十九世紀末、東欧やロシアのユダヤ人は、弾圧を逃れて西ヨーロッパやアメリカに亡命移民をしてきた。イギリスでも、とりわけこの時期以降、ユダヤ人は重要な役割を社会で果たすのであるが、アメリカでもニューヨークの金融街や、百貨店、不動産、あるいは大学、映画、新聞、出版産業などの知的な産業で特筆すべき活動を展開することになった。もとより、ユダヤ人の大部分は、木綿、毛織物などの繊維工場、製靴工場、洗濯屋など雑多な分野で働かざるをえなかったのであるが、二〇〇七年に倒産したリーマン・ブラザーズ、あるいはゴールドマン・サックス、ソロモン・ブラザーズ、シュレーダーなどのユダヤ系金融業者の力はかつては強力なものがあった。現在では、金融業においてはしだいに力を減じていると思われるが、実情は不明である。[*8] ちなみに、ニューヨークの弁護士の四分の三はユダヤ系との評もある。

知的職業、たとえば、大学、新聞界、出版社、芸術、映画産業において、ユダヤ人は大活躍した。一九三〇年代には、ユダヤ人ではハーヴァードの教授にはなれないと言われており、実際、最初のノーベル経済学賞を取ったポール・サミュエルソンはユダヤ人であったがために、ハーヴァードの教授になれなかったと言われている。しかし、第二次大戦後は数多くのユダヤ人がハーヴァードの教授になっているので、大学においても事情が様変わりしたことは明らかである。

また一九六四年の大統領選では、ユダヤ系のバリー・ゴールドウォーターが、民主党のリンドン・ジョンソンに大差で敗れたとはいえ、共和党の大統領候補となるなど、ユダヤ人の政界進出も目覚ましい。ただし、ゴールドウォーターは、大統領選の時点では、聖公会に改宗していた。また官界では、ユダヤ人のヘンリー・キッシンジャーが国務長官として、キッシンジャー外交と呼ばれるほど目覚ましい活躍をしたのは誰もが記憶している。最近では、トランプの娘婿が熱心なユダヤ教徒であり、娘のイヴァンカが結婚のためにユダヤ教に改宗したとのニュースも流れた。トランプ政権の中枢が原理主義的ユダヤ人の影響下にあるというのも、時代の変化の最たるものであろう。ちなみに、娘婿のクシュナーはキッシンジャーを師と仰いでいるそうである。

さらに、製造大企業でも、一九二〇年代、三〇年代は、ユダヤ人は敬遠される傾向があった。大企業ジェネラル・エレクトリック（GE）の社長を戦間期に約二〇年も務めたジェラルド・スオゥープは、「大変な苦労をしてユダヤ人であることを隠していた。GE社で最も親しい友人でさえ、彼の妻と同じく、スウォープはプロテスタントだと思いこんでいた」のである。*9

だが、長い歴史を誇る伝統的名門大企業の最右翼と言われていたデュポン社で、ユダヤ人のアーヴィング・シャピロは、大学卒業後弁護士となった後、一九五〇年にデュポンに入社し、その名前からユダヤ人であることが明白であってもその名を変えず、一九七三年には同社のCEOにまで上り詰めた。このように、第二次大戦後はユダヤ人であることが決してマイナスではなく、中にはユダヤ人を高い地位に登用することによって、その会社が実力主義の会社であることを世間に知らしめる効果を期待する向きも出てきた。[*10]

4 アメリカ社会の思想史的解釈

個人主義と団体主義とから成り立つアメリカ社会は、思想史的にみるとどのような特徴があるのだろうか。以下、フランシス・フクヤマによる「権利と義務」の観点から解釈していこう。

フクヤマによると、アジアでは現在も、西洋においても古代ギリシア・ローマは言うまでもなく、近代初期までは、義務が権利よりも重視されていた。かつて人間の基本は、義務を果たすことであった。西洋においても、東洋においても、「徳」を身に着けることは義務であり、ユダヤ教でも、キリスト教でも、神の法を守ることは義務であった。

しかし、イギリスでトマス・ホッブズが出現するに及び、「人間は義務ではなく、権利だけを持って生まれてくる存在で、なかでも重要なのは自己保存の権利[*11]」と主張された。義務は、権利からの派生物であり、他人を害してはならないという義務は、自己保存の必要上生じてくるというのである。この思想は、ジョン・ロック、アメリカではトマス・ジェファーソンの自由主義哲学に受け継がれ、さらには、ジャン＝ジャック・ルソーにおいて、家族がいなくても幸せになれるとする極端な個人中心主義が発生する。以後、西洋近代では、権利が義務より優勢な個人主義が登場する。

他方、アジアでは、依然として家族の絆が重要であり、個人主義の優位は抑制された。道教でも、神道でも、個人主義の正統性は認められず、アジアでは唯一、仏教だけが個人主義を認め、すべてを捨てて出家することが可能な教義であった。それゆえ、個人主義を認める仏教と、家族・親子関係を最重要視する儒教とは原理的には対立した。ただし、現代の日本では、墓参りのように、仏教と儒教が合体し、先祖尊重と霊を慰める墓参りという、本来は奇妙な風習がみられる。

西洋では、十六世紀の宗教改革により、アブラハムが我が子を神に差し出す命令に同意するという、我が子の命よりも神の命令が至高との旧約聖書の記述が再確認され、神と個人との直結的関係が強調された。プロテスタントにおける個人主義の徹底である。ホッブズの自由主義哲学と、ユダヤ教、キリスト教という一神教における「神と個人との直結」という伝統によって、個人主義は誕生したのである。[*12]

他方で、個人主義とは正反対と思われる団体主義、つまり他者との協調主義はどのように発生したのだろうか。フクヤマはそれを、「プロテスタンティズムの強い宗派性」に求める。

「アメリカのプロテスタンティズムの強い宗派性とそれに起因する活力は、アメリカ社会がずっと持ち続けている団体生活の力強さを理解するうえで決定的に重要と思われる。アメリカにおける宗教の自発性は、アメリカの個人主義の現れだと解釈されることが多い。だが実際には、周期的に原理主義の復活を通じて更新されてきたプロテスタンティズムは、人々を共通の道徳規範で統一することで、恐ろしく精力的なコミュニティー生活をアメリカ内につくり上げた。」[*13]

実際、アメリカには原理主義（根本主義）復活の大きな二つの波があった。[*14] 植民地時代の清教徒、十九世紀前半のメソディストならびにバプティストの活性化、そして現在にも続く二十世紀のペンテコステ派（聖霊降臨派）や、それと重なる福音派（エヴァンジリスト）の隆盛である。あるデータによると、アメリカでは二〇〇四年には福音派が二六％、カトリックが二二％、プロテスタントが一六％となっている（福音派と重なるが、ペンテコステ派は八、〇〇〇万人）。最近の福音派の増加は、アメリカ社会が「孤立する個人」の社会になりつつあるとする危機感、ちょうどデイヴィッド・リースマンが描いた「孤独の群衆」状況になりつつあるとの危機感から発したものと考えられる。

アメリカでは、以上のように強い宗派性、自発的な宗教活動によって、宗教の活性化がもたらされたが、他方で、国が強力に宗教を押し付けると、たとえば国教会を設立するなどすると、自発的な宗教心は後退し、却って宗教的絆は弱くなる。イギリスの国教会、イタリアのカトリックなどが適例である。他方で、アメリカのように教会と国家が分離するという意味での政教分離では、自発的な団体が各種の活動を行う場合、活動は活性化し、中間組織は強化される。トクヴィルは一八三〇年代にアメリカを訪れ、様々な市民団体の精力的な活動に驚いたが、それらの大部分は宗教的、すなわちプロテスタント的団体による活動であった。言い換えれば、プロテスタンティズムの強い宗派性が、個人主義と協働性の両方をもたらしたのである。

しかし、二十世紀後半のアメリカでは、「権利革命」が起き、集団主義（団体主義）、家族主義への志向を弱め、宗教心を無くした個人主義だけが生き残った。夫婦不和による家庭の崩壊、離婚増加によるシングルペアレント家庭の激増、各種コミュニティにおける孤立感・不信感の高まり、犯罪の増加、人種・文化的多様性に起因するトラブルの増加など様々な要因によって、アメリカが他者への信頼を失った「ミー社会」「ミーイズム」と呼ばれるような状況が現出したのである。アメリカは、かつては他者への「高信頼社会」であったが、信頼の喪失により団体主義が衰退し、「低信頼社会」へと転落した。しかも、イタリア、中国のような低信頼社会にあっては、家族への信頼がなお強固であるのに対し、アメリカでは家族の崩壊により、他者への信頼も、家族への信頼も低下しているという極端な「低信頼社会」となってしまったのである。

ある統計によれば、一九六〇年には五八％の人が「大半の人は信用できる」と考えていたのに対し、一九九三年には三七％へと激減したのである。*15

5　中間組織の重要性

エマニュエル・トッドによれば、アメリカは一子相続・核家族の社会に分類される。したがって、アメリカの家族は、核家族（小家族）を基盤にしているので家父長制的ではなかった。イギリスと同様に、成人すれば、親元を離れて独立するのが普通であった。この点は、イタリア、中国、日本などの大家族とは異なっている。それゆえ、家族よりも、教会、学校、軍隊、地域社会、労働組合、専門職組織、企業などからの影響が強く、総じていえばコミュニティ志向・団体志向が強力であった。他方で、国家、政府に対しては懐疑的精神があり（政教分離、反連邦主義を想起）、家族と国家の間に位置する中間組織がアメリカでは有力な形態であった。

この中間組織に関しては、佐藤優もフクヤマと同種の意見を開陳している。「モンテスキューは専制化を防ぐ中間団体として、貴族や教会のような勢力を評価していましたが、その後のフランスでは、『中間団体を社会から除去することこそ近代化だ』とされ、たとえば職業選択の自由の観点から同業組合などが禁止されました。民主主義と平等原理の進展によって中間団体が排除され、かえって画一化と個人の国家への依存が進むという、皮肉なパラドクスがここにあります」（傍点引用者）[*16]。中間組織の重要性を強調したものとして、括目すべき指摘と言えよう。アメリカでも、第二次大戦後は、中間組織の衰退、家族のさらなる弱化がもたらされ、しかも社会民主主義的な国家への依存もあまり期待できない状況が現出した。なお、猪木武徳も、『自由の条件』の中で中間組織の重要性を指摘しているし[*17]、アレクサンダー・リンゼイは、イギリスにおいても「最良の社会というものは、……基本的に国家によって助長されるのではなく、自発的な共同団体のすべてが互いに絡み合うことによってつくられた、この豊かな合成体によってなされる」と指摘している[*18]。

ただし、家族、あるいは大家族（叔父、叔母を含むような三世代家族など）を、中間組織に入れるか否かは議論のあるところだろう。佐藤優は、「大家族、ギルド、教会など、国家と個人の間にある団体を中間団体と言います」としている[*19]（傍点、引用者）。だが、「大家族」と言えども、血縁関係を基にした集団であるのでゲマインシャフトである。中間団体はゲゼルシャフトとするのが普通であり、その意味で、家族、大家族は除くべきであろう。だが、個人と他者、神という関係で考えると、たしかに核家族、大家族と言えども、個人と神との間という意味で中間的ではある。

もう一点指摘すれば、教会はカトリックの場合、政府と同じような公的性格を帯び、中間組織というよりは、政府・国家に近くなる。プロテスタントの場合には、カトリックのキルへではなく、信者団体としてのゼクテの延長上にある「教会」なので、中間組織に入れることができる。このことは、イタリアの事情を考慮すると、教会の位置づけは中欧、北欧などと異なることが分かる。この点に関しては、イタリアのところで再論する。

6 アメリカにおける企業発展のトレンドと企業文化の変遷

十七世紀、十八世紀のアメリカは、農業中心の牧歌的自給自足経済であった。ただ、海外貿易、捕鯨などの沿岸産業では、アメリカの商船隊、捕鯨船の活躍は目覚ましいものがあった。この頃までに、ニューイングランドを中心として、ピューリタニズムの宗教的バックグラウンドを支えとして、個人主義的、だが同時に団体主義的なアメリカの経営文化が形成された。

十八世紀末には、アメリカ産業革命の父、サミュエル・スレイターによる木綿工業での機械導入が実施され、工業企業が陸続と誕生した。だが十九世紀の半ばまで、概していえば工業企業は小さな家族企業であり、家族、あるいは拡大家族（extended kinship）と、少数の雇い人で経営することができた。ピューリタン的志向性も強固であったが、同時に家族主義も実際には強固であった。家族に対する信頼は、人間固有の感情としてアメリカにおいても重要であったのである。

経営者企業

しかし、十九世紀の半ばから大鉄道企業が発達し、政府・官庁に存在していた官僚制（bureaucracy）が企業にも形成され始め、企業官僚制（corpocracy）として存在するようになった。さらに、十九世紀末には、製造業にも大企業が発達し、企業官僚制はさらに進展した。二十世紀には、大企業は最も重要な経済組織と見なされ、経済活動の枢軸部分を担った。*20 しかし、アメリカでは、中間組織の伝統、すなわち非血縁者も信頼するという伝統があったので、巨大企業もスムーズに発達し、その中から経営の専門家、すなわち専門経営者（professional managers）も登場した。アメリカ企業では、他人を信用できないために、経営の専門家を排除するということにはならなかったのである。むしろ、大学を卒業して専門知識を習得した他人に経営を任せ、安定した生活をエンジョイするために株式を売却し、所有権を手放すこともしばしば起こった。会社を所有し経営するオーナー経営者ではなく、所有権を持たない「雇われ経営者」（salaried managers）によって運営される、いわゆる「経営者企業」の誕生である。

鉄道企業は、資本規模が巨大なため、最初から経営者企業として出発した。また専門経営者の側にも、コミュニティ（企業内部および社会）から承認を受けたいという協調主義（団体主義）が存在したので、経営者企業の登場に好都合であった。人間の欲求として「承認欲求」は極めて大きい。専門経営者は、報酬が巨額でなくとも、大企業の経営幹部としての社会的承認に満足したのである。

十九世紀後半のアメリカ企業社会は、英雄的な企業家が称賛される、いわば露骨な個人主義の世界であった。二十世紀に入り大企業体制が確立してくると、それまでの英雄的な企業家（アンドルー・カーネギー、ジョン・D・ロックフェラー、ヘンリー・フォードなど）に代って、ウィリアム・ホワイトの言う「組織人」(organization man) が登場してくる。そこでは、調整や協調が重視され、そうした能力に秀でた人間が大企業のトップに上り詰めることができるようになった。GMのアルフレッド・スローンやGEのジェラルド・スウォープ、デュポンのアーヴィング・シャピロ、USスティールのジャッジ・ゲアリーなどである。

家族企業は、血縁に基づく信頼関係なので、企業がいくら拡張されても中間組織とは呼べないところがあったが、経営者企業は完全に中間組織と言える。中国、イタリアでは、いまなお家族企業が中心的であり、家族・一族でなければ信頼できないとの考えは極めて強い(中国・イタリアにおける家族企業の優勢)。

国際的に見れば、経営者企業が優勢であるのは、アメリカ、日本であり、家族企業が優勢なのは中国、イタリア、中間にイギリス、ドイツなどがある。このような企業組織の違いがもたらされるのは、社会の根底にある文化の相違による。

独占禁止法とフェアネス

経営者企業、すなわち巨大企業の発展とともに、他方で、アメリカにはフェアネス(公正)の観点から、別の特徴も出現する。経営者大企業は、巨大独占体のゆえに社会的に指弾されることが多く、アメリカでは早くから独占禁止法が発達した。一八九〇年のシャーマン法を初めとして、クレイトン法、ロビンソン＝パットマン法などがそれである。独占の形成は、個人主義に根差す、個々の企業の自由な活動を阻害するものとして、社会的批判を浴びたのであった。個人主義は、何物にも束縛されたくないという自由主義につながっていて、それを遮るものとしての独占、独占を基礎とする市場支配的行動（価格支配力、優越的立場の利用など）を規制しようとする動きが起こるのは当然である。独占企業の成立は、他の中小企業の自由な活動を脅かし、経済発展への阻害要因になると考えられたのである。言い換えれば、巨大独占体は本来は自由な競争から出発したものであるにもかかわらず、競争の結果、巨大独占体が出現し、自由競争、公正競争を阻害することになった。機会の平等（自由な活動）は、その当然の帰結として、結果の平等を破壊していくのである。こうした状況を踏まえ、十九世紀末以降、自由な競争の復活で、公正な競争を取り戻すという観点こそ、アメリカ経済の重要なバックボーンとなった。

中間組織としての巨大企業は、フォードなどの例外はあるが、概ね経営者企業に転化していった。だが、そうした巨大企業は市場支配力を持ち、価格支配力、高い市場シェア、生産数量の操作などの各側面にわたって、特定の産業を支配することができた。石油産業のスタンダード・オイル、鉄鋼産業のUSスティール、化学産業のデュポンを見ればわかるように、他企業を圧迫することにもなりかねない価格支配力は、しばしば連邦取引委員会や司法省反トラスト部に睨まれたのである。公正競争を求める声、巨大独占体への批判・怨嗟の声がアメリカの経営文化では、現在でも一つの大きな潮流となっている。

アメリカには反ビッグビジネスの感覚が強く、アメリカ人の九〇％はビッグビジネスが嫌いであるとの見解もある。自由な市場、公正な取引が市場経済の発展には不可欠であり、そうした経済構造が維持されねばならないとの思想である。言い換えれば、中小企業が活躍できる経済構造が、自由主義、民主主義のためにも必要であるとの認識であり、それ故スタートアップ企業（ベンチャービジネス）が称賛されることになる。また大企業同士が結成した業界団体・カルテルに対する規制も登場し、公正な競争を阻害するものとして疑惑の目が向けられることになった。業界団体は中間組織として日本などでは重要な位置を占めているが、アメリカではその活動は独占禁止法のターゲットになりやすく、業界団体の活動は低調である。

こうした公正競争の尊重は、ピューリタン的に解釈される神の下では諸個人は平等であるべきであり、商取引といえども、他者に不利益を及ぼすものであってはならず、公正でなければならないとの信念から生ずるものである。イギリスにおいても、交換価値が一ペニーの物と一ペニーの物との公正な交換という観点が存在したが、アメリカではピューリタンのより純化した思想として、世界で最初に、かつ強力な種々の反トラスト法が形成されたと考えられる。

だがしかし、世の中は単色で染まっているのではない。かつて筆者が教えていたビジネススクールの学生に、元アメリカ海兵隊のパイロットがいた。彼は航空母艦の戦闘機のパイロットで、二七歳と若かったが、パイロットの寿命は二三歳がピークで二五歳だと使いものにならないくらいハードな仕事だそうである。海兵隊は、アメリカ文化のなかでも独特の位置を占めていて、その過酷な訓練、団結力で一目置かれる存在である。ベストセラー『ヒルビリー・エレジー』の著者であるJ・D・ヴァンスも、海兵隊に入隊してから運が開けた。海兵隊はその仲間意識の強さで有名であり、たとえば、仲間が死んだとき、どのような犠牲を払っても遺体の収容に向かうとされている。海兵隊出身というだけで、社会でも有利である。

私が、海兵隊ではフェアネスが最も尊ばれるだろうと聞いたところ、その元学生が言うには、海兵隊で習ったことは「どんな汚い手を使ってもいいから、敵を倒せ」ということだったそうである。

また一九九〇年代、ハーヴァード・ビジネススクールのビジネスゲームで、屑籠から相手チームの捨てたメモを拾い、それで相手チームを出し抜いた行為はフェアか否かという議論が起きたことがあった。捨てる方が不注意という意見と、教室でのゲームなのだから、相手の学寮の屑箱からメモを拾うのはアンフェアという意見もあった。このように、アメリカビジネス社会がフェアネス一色というわけでは毛頭ない。

専門職業団体

大企業の発展にともなって、技師、弁護士、会計士の職業団体が、十九世紀後半には叢生し、アメリカ技師教会、公認会計士協会などが設立され、これらの団体は、まさに中間組織としてアメリカの経済界において重要な位置を占めることになった。こうした職業団体、たとえば公認会計士協会などが専門経営者の揺籃地になり、大企業の階層組織を支えることになった。これらの専門職業団体の近代的起源は、十九世紀の鉄道会社における技師の誕生にさかのぼる。そこでは、車両整備、とりわけ機関車の整備が特殊技能を必要とし、また鉄道線路の保守点検、他社線との直通乗り入れの技術的工夫など様々の改善が実施された。

こうした保守改善の活動は、広範な技師層の形成に繋がり、ホワイトカラー＝中間層として、アメリカ社会の中枢を担うことになった。分厚い中間層の形成である。したがって、マルクスが予想したような、機械の代替による労働者階級の単純労働への分解、解消は起きなかったのである。親方などを中心とした「旧中間層」（旧熟練をベースにした階層）は解体したが、巨大産業、巨大企業が発達するとともに、より分厚い「新中間層」が誕生した。機械の保守点検、修繕、改善、あるいは新製品・部品の登場といった状況が出現し、新中間層がホワイトカラーとして、サラリーマンとして、会社の昇進階梯を上っていく時代となった。

同時に、こうした専門職を生み出すために、マサチューセッツ工科大学（ＭＩＴ）をはじめ（一八六五年）、全米各地にジョージアテック（一八八五年）、カルテック（一八九一年）など、数多くの工科大学が誕生した。これら大学の卒業生は、学卒社員として、アメリカにおける専門経営者を生み出す原動力となった。

同様の事態は、会計、商学などの分野でも起こり、ペンシルヴァニア大学でウォートン・ビジネススクールが誕生し（一八八一年）、さらに、二十世紀にはハーヴァード大学にビジネススクールが創設され（一九〇八年）、経営教育も活発となった。従来の教養教育（リベラルアーツ）を重視する大学とは異なり、専門教育を重視するビジネススクールや工科大学の設立には、アメリカの大学教育の伝統を台無しにするものとして反対論も強かったが、現実にはその後、続々と工科大学、ビジネススクールは誕生した。こうした事態は、アメリカにおいて専門技能が高く評価されていることを意味し、アマチュアリズムが跳梁したイギリスと対照的に、アメリカにおけるプロフェッショナリズムへの高い評価が伺われる。ただし現在では、イギリスの大学はもとより、フランスやドイツの大学でも、入学と同時に専門教育が行われており、一般教養教育は原則行われていない。大学においてリベラルアーツ重視の傾向は、ヨーロッパの大学よりアメリカの大学や日本で特徴的なのは、皮肉とも言える。

ロビイング

各産業でビッグビジネスが誕生したことにより、そうした企業が議会（議員）に働きかけて、自らの要求・希望を実現しようとするロビー活動も生み出した。議会に働きかけるために、ロビー団体が設立され、その活動はアメリカの経営文化を特色づける一つの要素となっている。アメリカではロビイングが極めて盛んであり、それを実行するロビー団体、ロビイストは、業界団体や職業団体を基礎に形成されている。またロビイングを行うために、議会に出入りすることは認可制になっていて、秘密裏にロビイングを行うのではなく、正々堂々とロビイングを行う体制になっている。ちなみに、外国の団体からの資金提供を受けたロビイングは、アメリカの安全保障に影響するか否かの観点から制約がある。

ロビイングの世界は資金の多寡が重要であり、豊富な資金を持っている業界、団体が有利である。石油業界は豊富な資金を持ち、有力なロビー団体であり、またアメリカに独特なＮＲＡ（National Rifle Association）（全米ライフル協会）は、最大のロビイング団体と言われている（一八七一年設立、二〇一〇年には二八〇万人の会員[*21]）。他方で、環境保護団体は薄く広く資金を集めているが、資金的に上記のような業界団体には匹敵しえない。アメリカで、石油パイプラインの敷設による環境破壊に対して有効な対策が打てないのは、このことも一因である。このように、ロビイングを通じて、巨大企業、産業が自らの要求を貫徹していくパターンがアメリカの特徴である。

一九七〇年代以降、通常の「団体好き」の象徴であるボランティア活動は衰退し、ボーイ・スカウト、ライオンズ・クラブなどは会員が減少している。これに対して、ロビイングの団体は隆盛を極めている。アメリカにおける団体好きの性質の変化が見て取れる。

7　企業文化の変容――東から西へ、北から南へ

一九五〇年代の企業文化――経営者資本主義の隆盛

十九世紀末から二十世紀中葉に形成された「経営者資本主義」(managerial capitalism) は、大企業を基盤に、専門経営者によって支配される経営体制であった。そこでは、フォードなどの所有者企業(オーナー企業)も一部には見られたが、多くの巨大企業は経営者企業となった。家族企業は、もはや企業体制の中心ではなくなった。ちなみに、二十世紀初頭に投資銀行J・P・モルガンによって産業界が支配されたという、いわゆる金融資本による支配も長くは続かなかった。一九三〇年代には専門経営者をトップとする経営者企業が経済活動の要となったのである。

ＩＢＭ、ＧＭ、デュポンなどの名だたる企業は経営者企業に転化し、専門経営者を雇い、その中には先に見たようにユダヤ人も多く含まれ、実力主義の昇進が自然となった。このような大企業体制の下で、分厚い中間層が形成され、アメリカ民主主義の基盤となったのである。トクヴィルが見聞した一八三〇年代のアメリカではなく、巨大産業が登場した一九五〇年代のアメリカにも、個人主義的な出世の階梯に魅力を感じる専門職業人、同時に、大企業のトップやミドル層、ロワー層でも、コミュニティのボランティア活動に携わらなければ一人前あるいはまともな職業人とは見なさ

れないような風土ができあがった。トクヴィルが考察した、個人主義だが団体好きという性格は、一九五〇年代・一九六〇年代の経営者資本主義の最盛期においても、持続していたのである。

アメリカでボランティアに携わっていないということは、社会人として十全ではないという認識があり、多くの人がボランティア活動に携わっていた。実際、ボランティア活動で様々な人と交際すると、その人との繋がりから、自分の仕事にプラスに作用することも多かった。企業人だけではなく、学生でも、地域の野球、バスケットなどのスポーツあるいはボーイスカウト、ガールスカウトなどのボランティア活動に携わっていて就職にプラスに作用するということもよくあった。一例を挙げれば、ボランティアで子供のバスケットチームのコーチをしていて、子供の父親と知り合いになり、仕事を世話してもらったケースもある。結果的に、企業人との多くの接触がある通常のボランティア活動は、転社・転職の助けともなりうるのである。

あるいは、ボランティア活動を意識的に利用する例もある。日本のある有力証券会社は、アメリカに進出したが知名度も低く、なかなか事業を拡張できなかった。そこで、ある大企業の社長が総合病院の理事であることを知り、その病院に多額の寄付を行った。多額の寄付者ということで、その病院の理事となり、件《くだん》の理事と面識ができ、その結果、大口商談を獲得することができたというのである。これなど、ボランティア活動の趣旨を逸脱しているのではないかという気もするが、とにかくアメリカでは、ボランティア活動を行っていないと肩身が狭いのである。もちろん、そうした風潮に反発する者もいて、アップルのスティーブ・ジョブズはボランティア団体嫌いであった。

一九七〇年代・一九八〇年代の激変

しかし、一九七〇年代はそうした体制が大きく変容していく。従来の雇われ経営者が中心の経営者企業から、エレクトロニクスなどの技術革新（第三次産業革命と呼ばれる）をベースに、新興企業、新興経営者が登場し、全く新しいビジネスモデルが誕生した。

従来のアメリカ巨大企業は、日本企業、ＮＩＥｓ企業などの台頭により、苦境に立った。ＧＥ、ＧＭがその典型であろう。アメリカの経済覇権が蚕食されたのである。アメリカでは、そうした動きに対抗して、それまでの経営者企業ではなく、新興企業家（entrepreneur）が主導するスタートアップ企業（創業者型企業）が活動の主役となった。アップルがその代表例である。創業者型企業は、個人所有を基盤にしているという意味では家族企業と同じオーナー型企業であるが、従来の家族企業ではなく、一代で浮上し、その後家族・一族によって継続的に経営されて行く所有者型企業ではない。技術革新が速すぎて、息子に引き継がせることは極めて困難だからである。従来型の家族企業ももちろん存在するが、それは業種による。

ＧＥ、ＧＭ、ＩＢＭなどの従来型アメリカ企業は、日本企業、ＮＩＥｓ企業の攻勢に晒されて、「選択と集中」（refocusing）、フラットニング（階層組織の縮減）、アウトソーシング（外注）、ダイヴエスティチャー（企業分離）などにより、生き残りを図った。他方で、アップル、コンパック、マイクロソフト、デル、インテルなどの新興企業は、第三次産業革命の波に乗り、パソコン、CPUなどの新製品・デバイス部品を登場させた。とりわけアップルは、瞬く間に株式市場（ナスダック）に上場し、「フォーチュン500」に載り、大企業の仲間入りを果たしたスター企業であった。ただし、仲間入りをしたと言っても、その企業文化は従来型企業とは大きく異なっていた（詳しくは、安部「アップルの企業文化とアメリカ文化の変容」参照）。

これに対して、経営者企業では、経営やイノベーションのスピードは遅く、ゆっくりとしていた。これは、時代についていけない「大企業病」の特徴の一つとも言われていたが、社員にとっては昇進の道筋（キャリアパス）がはっきり見えていたので、会社への忠誠心や長期勤続が普通であった。しかし、アップルなどのシリコンヴァレー企業では、週に八〇時間働くというように、普通のサラリーマンの感覚を超えた仕事ぶりが求められた。従来の勤続年数をベースにした昇進・昇給のメカニズムとは大きく異なる厳しい競争状況へと変貌した。もとより、アメリカの一九五〇年代でも、日本ほどのきっちりした年功昇進・年功昇給パターンを持っていたわけではなく、日本より成果主義的ではあったのだが、一九七〇年代から一九八〇年代にかけては、それまでの昇給・昇格パターンが年功制に見えるほど、大きく成果主義に変貌したのである。[*22]

また経営者企業では、人の企業間流動性は相対的に低く、従業員が長期勤続を続ける傾向にあるという主張がなされ、「内部労働市場論」が時代の方向性を示すものとして議論されていた。[*23] しかし一九七〇年代以降、現実には人の流動性は高まり、経営者企業論、内部労働市場論が想定していたような「企業特有性」(company specific) に基づいた技能の優位は下がり、「業界特有」(industry specific) あるいは「職務特有」(job specific) な技能の優位が言われるようになった。したがって、技術者は、また一般のホワイトカラー層も、転職・転社が増大し、労働市場は流動的な状況に変化していった。そうした状況では、スピードこそ最も重要な要素であった。こうした経営環境の変化を受けて、経営文化も、スピードが重視される、より短期的な性質へと変質していった。

こうした事態を象徴的に示すのが、アナリー・サクセニアンが対比したルート128とシリコンヴァレーの盛衰である。[*24] 一二八号線が走るボストン郊外の地区では、MIT、ハーヴァードをはじめとする大学群が第三次産業革命の後押しをし、また広く東海岸にはIBMやGE（どちらもニューヨーク州に本拠がある）などの大企業、ワング、DECなどの新興企業が存在し、一九六〇年代から一九七〇年代頃までは、西海岸のサンフランシスコ近傍のシリコンヴァレー企業と、ハイテク産業で競争していた。

しかし、シリコンヴァレーの企業間関係が大企業間の閉鎖的・秘密主義的な関係ではなく、全くの新興企業同士の関係から成り立っていたこともあり、技術者やビジネスエンジェル（新興企業への資金提供者）相互の自由な情報交換を可能にするオープンな経営文化が創り出された。地域的な特性を加味した経営文化を経営風土と呼ぶならば、西海岸は気軽な交流（laidback approach）に代表される雰囲気を持っており、毎週土曜の早朝に開かれる朝食会やランチの場で、最新の技術情報や経営情報が交換され、企業を目指すものにとっては最適な企業環境を形成していた。スタンフォード大学を中心とした技術ネットワーク、西海岸のカジュアルで肩ひじの張らない、率直かつオープンな雰囲気、こうした状況をシリコンヴァレーは活かし発展していった。服装でも、Ｔシャツ、ジーパン、カラーシャツが許される文化であり、ネクタイ、カフスボタン、白いシャツ、スーツが却って奇異な印象を与える経営風土であった。

　これに対し、ルート１２８のエリアでは、従来の閉鎖的な経営風土が支配的であり、ＩＢＭの企業文化として有名な、白いシャツ、地味なネクタイ、ダークスーツに代表される保守的な企業文化であった。そうした地域では、大企業の壁に阻まれて企業間の自由闊達な情報交換は行われようがなかった。ワング、ＤＥＣなどの新興企業ももちろん登場したのだが、そうした新興企業でも、地域の閉鎖的、分断された経営風土を転換させることはできなかった。こうした両海岸地域の経営風土の違いが、シリコンヴァレーの隆盛、ルート１２８の没落をもたらしたのであった。もちろん、ＩＢＭやＧＥも、時代の潮流に従って、服装のカジュアル化や組織のフラット化を行ったのであるが、ハイテクビジネスで主流に返り咲くことはできなかった。ハイテクビジネスでは、アップル、マイクロソフト、インテル、グーグル、フェイスブックなどのシリコンヴァレー新興企業が時代をリードしたのである。もっとも、ＩＢＭは新しいＣＥＯルイス・ガースナーの下で製品戦略を大胆に変え、ソリューションビジネスで生き残ったし、ＧＥはジャック・ウェルチの下で、選択と集中、スピード経営によって優良企業へと返り咲いた。むしろ東海岸の新興企業であったＤＥＣやワングは倒産したり、吸収されたりしたのである。

シリコンヴァレー企業ではなかったが、もう一つの技術革新の中心地であったテキサス州ヒューストンの企業であったコンパックは、ファブレスファウンドリーと呼ばれるビジネスモデルを創り出した。企業内部で生産するのではなく、アウトソーシング（外注）することによって、自らは工場を持たないファブレスとなり、ファウンドリーと呼ばれる外注先を指定し、実際の生産はそこで行うモデルであった。このファブレスファウンドリー方式によって、コストを著しく低下させることが可能になり、最初はアメリカ国内サプライアーがファウンドリーであったが、後にはシンガポール、韓国、台湾、中国などの企業がファウンドリー企業となり、社会的にマイナスの現象としてアメリカ国内の製造業の空洞化が促進された。

アップルなどのシリコンヴァレー企業も直ちに追随し、ハイテク企業はこのファブレスファウンドリー・モデルによって、コスト削減を果たすようになった。経営学的に言えば、脱統合化、すなわちそれまでの巨大企業への統合化の動きと逆行する大企業解体の流れである。[*25]

こうした大企業の解体、産業の空洞化は、アメリカの企業マインド、従業員（ブルーカラー、ホワイトカラーの双方）の文化に多大な影響を及ぼした。工場の海外移転によって、勤め先が無くなってしまうからである。ブルーカラーの職場では、それまでは、「ファーストカム、ラーストリーブ原則」（入社年次の早い者が最後に解雇される）という先任権制度によって、古参労働者の被解雇権は手厚く守られていたが、そうした先任権ルールも揺らぐことになった。これでは、労働者は長期的なキャリアパスを描きたくとも描けない状況に直面する。それゆえ、経営者企業に存在していた、従来の愛社精神的企業文化は失われることになった。

以上のように、東から西への重要産業地域の移動、それを惹き起こした地域風土の相違、これらが一九七〇年代以降のアメリカ経営文化の主要な流れである。だが同時に、北から南への産業重心の移動も起きた。ラストベルト（錆びついた地帯）といわれる北部から、サンベルトとよばれる南部への移動である。北部では、USスティールやベスレヘム・スティール、GM、フォード、クライスラーといった自動車企業が一九七〇年代までは好調であった。だが、主として日本企業の追いつけ、追い越せ攻勢に遭遇して、旧来のアメリカ企業は経営不振に陥った。

一九七〇年代以前、北部では、USW（アメリカ鉄鋼労働組合）、UAW（アメリカ自動車労働組合）などの産業別組合が強い力を誇り、硬直的な労使関係が確立していた。この硬直的な関係の下では、労働組合の既得権に阻まれて、新しい技術革新はスムーズには導入されず、日本企業の後塵を拝することがたびたびであった。GMは、労使関係を有利にするために、自由労働州（right to work を認め、クローズドユニオンを違法とする州）への工場建設を企図したが、UAWの強い反対に会って、南部での工場建設はなかなか進捗しなかった。日本の自動車企業は、南部のケンタッキー州やテネシー州に工場を建設するか、あるいは北部のオハイオ州に工場を建設する場合でも、UAWの影響力が強い都市は避けて、農村地域に工場を建設したりした。そこでは、いわゆる日本的生産方式（Japanese Production System）を導入し、従来のアメリカ型企業文化とはやや異なる経営文化を持ち込んだ。*26

他方で、北部の労働者は、海外への工場の移転、南部への産業重心のシフト（テキサスのハイテク、石油産業の活況）に翻弄されて、高い失業率から惹き起される「孤立した個人主義」――ボランティア活動をするゆとりもなくなった状況――に追い込まれたのである。*27 それゆえに、実現しそうもない希望を抱いて、ミシガン州、オハイオ州などのラストベルトの絶望した労働者がトランプに投票し、二〇一六年大統領選挙における勝敗の帰趨を決めたのである。

中産層の崩壊

アメリカ社会は、大企業が登場して以降、それに伴って新しく勃興した技師やホワイトカラーの中間層によって支えられてきた社会である。しかし、西海岸のシリコンヴァレーにしても、東海岸のルート128にしても、経営者資本主義が崩壊して、その結果、新しく生み出された経営文化はエリート大学・大学院教育などをうけた一部のホワイトカラー層には恵みであったが、大多数のブルーカラー労働者や高学歴でないホワイトカラー層には、所得の低下、頻繁な転職という下方への激変をもたらした。

また、北部の自動車、鉄鋼などの産業では、ブルーカラーと言えども、かなりの高給（職務手当などのフリンジベネフィットを含む）を得ていた。そうした産業が不振となり、工場閉鎖や失業が発生すると、勢い、スーパーマーケットやガソリンスタンドなどの流通サービス産業に勤めざるを得なくなる。だがそうした産業では給与が低く、労働者は中間層からロワークラスに転落していかざるをえなかった。GMの工場で働いていたのに、そこを解雇され、ウォルマートに勤めることになれば、給料は半減どころか、三分の一以下になってしまう。一九七〇年代に、GMはアメリカで最大の雇用企業として五〇万人を雇用していたが、現在は一〇万人を切っている。他方、ウォルマートは現時点での最大雇用企業として、アメリカで一五〇万人を雇用しているが、その賃金は最低賃金に近く、また健康保険、年金などの諸手当も不十分である。少なくともかつてのGMの手厚い健康保険、年金積立と比べれば、雲泥の差がある。こうして、アメリカのブルーカラー労働者の大部分が中産層からこぼれ落ちていくことになった。

十九世紀前半のトクヴィルが描いた時代、個人主義だけではなく団体主義が力を持っていた時代、二十世紀中葉の経営者資本主義のゆとりのあった時代、それに対して一九七〇年代以降は、経営者資本主義が崩壊し、中産層が解体し、ボランティアや団体活動を行うゆとりがなくなった時代となった。さらに悪いことに、家族の絆が弱くなり、宗教心も減退し、「孤独な群衆」、孤立した個人主義になった。かつての高信頼社会から低信頼社会へ、さらに家族への信頼も低下するという文字通りの低信頼社会へ、アメリカの経営文化は変貌したのである。

機関投資家資本主義あるいはファンド資本主義

経営者資本主義が崩壊した状況を、どのような言葉で表現すれば相応しいのだろうか。現在のところではぴったりした表現は見つかっていないが、機関投資家資本主義とか、ファンド資本主義とかが使われている。現在の状況は、年金基金、投資信託基金（ミューチュアルファンド）、投資ファンドを中心とする機関投資家が、アメリカ企業の重要な意思決定に大きな影響を与えている。それは、二十世紀初頭に、J・P・モルガンが産業界に大きな力を及ぼした状況と類似しているが、そこには大きな相違も認められる。年金基金、投資信託基金は、勤労大衆が老後の資金を蓄えるための基金であり、かつての大金持ちの資金を集めたモルガンなどの投資銀行とは異なっている。モルガンは、強欲金融資本として攻撃されたが、キャルパーズ（カリフォルニア州の最大級の年金基金）やミューチュアルファンド（投資信託の一種）が強い批判に晒されるということはない。しかし、そうした基金が、企業の短期的業績評価――経営者企業ではもっと長期的な業績評価が普通であった

――や、工場の海外移転や成果主義を求めているのである。勤労大衆は、自らの老後のパイを増やすために、自らの首を絞める結果となっている。機関投資家は、短期の業績を求め、その期待に応じて大企業の意思決定が行われ、それが企業文化の性質を決めるという構造になっている。「孤立した個人主義」の悪循環（vicious cycle）は、アメリカが本来持っていたボランタリズム、団体主義（協調主義）の良風をも失わせようとしている。

8 小　括

アメリカは単純な個人主義の国ではない。むしろ近隣コミュニティ、ゼクテ的教会組織など各種のボランティア活動が活発であり、また家族主義も比較的強固な社会であった。十九世紀末からは、経営者企業が誕生し、血縁に頼らない関係、すなわちゲゼルシャフト的関係が支配的になった。

十九世紀末に誕生した経営者企業は、十九世紀的な家族企業を凌駕し、アメリカ企業組織類型の主流の立場を得て、一九五〇年代には経営者資本主義が確立することになった。一九三〇年代の大恐慌を経験し、経済や経営活動への政府介入を是認したアメリカには、修正資本主義あるいはニューディール体制と呼ばれる社会的資本主義が成立した。これは、ドイツの社会的市場経済と程度は異なるが、同種の性質を持っていたと思う。

しかし、一九六〇年代にはヒッピー運動、ウーマンリブの波が高揚し、キリスト教のモラル、エートスが弛緩し、社会的・道徳的規範は変化し始めた。一九七〇年代には、それまでの経営者資本主義に代わり、十九世紀的な企業家資本主義が復興し、多くの新興企業家が誕生した。組織人（専門経営者）から企業家への再変化である。社会的・宗教的エートスの変質と資本主義体制の変化とがあいまって、一九八〇年代以降、アメリカ社会、企業は大きな変容を示した。家族主義の弱化、個人主義の一層の強まり、技術革新に促された企業構造の大変化、スピード重視、経済格差の十九世紀的拡大、移民の増大、これらの変化によってアメリカの経営文化は二十世紀中葉とは、似て非なるものになった。言い換えれば、中間組織への弱くなったコミットメント、希薄化した家族の絆、職場における個人主義の蔓延、こうした変化のゆえに、アメリカの経営文化は、誰でもが参加できるオープンさを維持しつつも、そこから落ちこぼれた者には『ヒルビリー・エレジー』が描く「つらい現実」が待ち受けている。

第10章 中国の経営文化

はじめに

中国文化の特徴が、その家族主義（familism）にあることは、誰しもが認めるところであろう。中国文化について、いまなお妥当性をもつと思われる一九三五年の林語堂の著作は次のように述べている。

「中国人はよく中国人自身を『盤の中の砂』に譬えるが、この一粒一粒の砂は決して一人一人の個人を指すものではなく、一つ一つの家族単位を指している。他方、日本人は一枚の花崗岩のように一つに団結した民族である」[*1]。

これを、フクヤマは「中国系社会は日本と著しく異なり、集団志向的では〈ない〉のである……日本の社会は一個の花崗岩にたとえられるのに対して、中国の伝統的社会は家族というバラバラの砂粒でできたもろい盆のようなもの」[*2]（傍点、引用者）と表現している。

だが、同時に林語堂もフクヤマも、「中国人は個人主義の民族であるといえよう」[*3]、「欧米から見て、ときに中国系社会が大変個人主義的に映るのは、このような事情があるからなのである」[*4]と、中国社会を個人主義の国としている。では、家族主義と個人主義を、どのように考えるべきであろうか。

両者とも、家族主義と個人主義を厳密には区別していない。しかし、経営文化論的には、中国人は家族主義であり、同時に個人主義であることを、どのように整合的に捉えたらよいのかという疑問が残る。私見では、家族主義と個人主義は決定的に違う。夏目漱石を思いだすまでもなく、個を確立し、「家」からの独立を為さんとすることが、ある意味で「近代日本」で最重要の課題であったからである。

中国人の家族主義が極めて強いのはよく理解できる。また中国人が個人主義的であることも実感できる。この両者を整合的に理解することが中国社会の、中国企業の経営文化を理解するキーになるのではなかろうか。また中国社会における「家族概念」と日本におけるそれとが同じものかどうかも問題になろう。さらには、血縁団体である家族と、地縁団体である「村」との関係や、「国家」との関係も問題になる。そこで、中国の経営文化を理解するために、まず宗教的バックグラウンドから見ていきたい。

1　中国の三大宗教――儒教、道教、仏教

中国文化の基礎となっている宗教は、儒教、道教、仏教である。このうち、儒教が「宗教」であるか否かに関しては議論が尽きないが、神観念を持たないが故に、宗教ではなく「儒学」であるとの判断も尤もである。ただし、宗教を守るべき倫理、生活を律する規範と考えるならば、宗教に入れても変ではないし、純粋宗教ではないとしても、神の存在しないタイプの「世俗宗教」であると考えれば、宗教と呼ぶことも可能であろう。もちろん一神教的な意味での神ではないが、「天」ないし「天道」は、ある意味で「神」に近い存在とも言える。

中国では、道教とともに、土着の倫理規範としての儒教がある。儒教は今でも中国人の行動の基本を成していると思われるし、最も重要な社会規範を提供している。その儒教の核には、家（ジア）がある。「家族に対する義務は他のいかなる義務をも打ち負かすとされ、皇帝や神に対する義務をも含め、いかなる現世の権威も天上の権威もその例外ではなかった。」[*5] 日本でも家（家族）が重要な基礎組織であることは同様だったが、中国の儒教と日本の儒教はいくつかの重要な点で異なっていることも明らかである。

孟子の五倫をとって、日中の儒教を比較してみよう。孟子の五倫は、親に対しては親義、君に対

しては道義、夫婦間では有別、兄弟には順序、朋友には信義である。日本では、孟子の五倫は、親には孝、君には忠、夫婦は相和、兄弟には長幼の序、朋友には信義である(表10-1参照)。

まず日中の相違点として、中国では親への親義が最重要の位置を占める。これに対して日本では、明治時代の初期に「君」への忠と、「親」への孝とどちらが優先されるべきかという議論があった。[*6] 有名な例としては、平清盛と平重盛の問題がある。清盛の息子重盛は、父である清盛が天皇に対して不忠であることに悩んだが、父である清盛に敵対するわけにもいかず、忠をとるべきか孝をとるべきかというジレンマに陥った。明治時代の議論では、天皇制国家であることからしても、忠を優先すべきであるということになった。しかし、中国では、皇帝に対する忠よりも親にたいする孝が優先されるのが当然であった。

表 10-1 孟子の五倫

	中国	日本
親	親義	孝
君	道義	忠
夫婦	有別	相和し
兄弟	順序	長幼の序
朋友	信義	信義

フクヤマの挙げる例を見てみよう。

「孔子と隣国の王にまつわる有名な話の中に、次のような一節がある。『王は孔子に向かって得々として言った。わが国の徳はこの上なく高い。父親が盗みを働けば、息子が父の罪を国に報告してくるほどだ。すると孔子はこう答えた。私の国の徳の方がはるかに高うございます。息子がそのような考えを心に抱くことすらありません』。」[*7]

親への孝は圧倒的に優先されるべきなのである。日本では君への忠が優先されるが、中国では親への孝が優先される。さらに親の絶対性が明らかになるのは、次のような例からも分かる。

乗っていた船が難破した時に、十分な救命ボートが無く、親か子供のどちらかを選ばなければならなくなった時にどうするか。日本では、ボートに乗せる人に、将来を考えて子供を選ぶであろう。しかし、中国では子供よりも親を選ぶのである。筆者のゼミに、中国から三人の女子留学生がいた。難破船の問いをしたときに、日本人学生はみな、子供は将来があるので、当然子供をボートに乗せるべきだとの答えであった。しかし、三人の留学生は、異口同音にきっぱりと親を乗せると断言した。*8 子供には掛替えがあるが、親には掛替えがないというのが答えであった。子供よりも親が絶対なのである。これは日本でも聞く格言だが、「親、親足らずとも、子、子たるべし」という親優位の格言がある。さらに日本では「君、君足らずとも、臣、臣たるべし」という君優位の格言もある。

第二に、教育勅語では「夫婦相和し」となっているが、本来の中国の五倫では「夫婦に別有り」となっている。これはなかなか理解しがたい点であるし、また明治時代の儒学者にとっても理解しがたかったようである。夫婦がなぜ仲良くしてはいけないのか、夫婦仲良くしないことの方がむしろ人倫に悖るのではないかとも思う。しかし、孟子の五倫では夫婦が仲良くしすぎることは嫁ぎ先の家に、特に兄弟間の争いの元となるので、仲良くし過ぎず、適度の距離を保つべきであるということらしい。元々、儒教では父系社会、男尊女卑なので、女性は同等とは認められていなかった。

女性は嫁に迎えられても、本当にはその家に入ることはできず、姓も実家のものをそのまま使っていた。夫婦別姓である。父系社会なので、子供の姓も父親の姓を名乗るのが普通であった。これも、父系社会の性質から来ている。このように、日中の五倫では、夫婦の関係が異なっていた。[9]

第三に、朋友の間の信義がある。これは日中両国で信義となっていて字面は同じであるが、その評価の高さが違うという意見が山崎正和・北岡伸一から出されている。[10] 日本ではたしかに、武士の間では「忠」が最重要の徳であったが、商人の間では「信」こそ最重要の徳であったというのである。日本の商人（角倉了以などが例として挙げられている）にとっては、同業者や取引先への「信義」こそ最優先されるべき徳であった。

山崎正和は、以下のように言う。

「『信』は、儒教の本来の教えではいくつかの徳目の中で下の方なのですが、〔藤原〕惺窩らはそれを一番上に持ってきました。互いに『信』さえ共有していれば、何事も起こるはずはない。商売をすれば、互いの国民を富ませることができて、それは『仁』にもつながるではないか、という論法なのです。このように『信』を拡大解釈したのが日本の儒教の特色で、少し後には鈴木正三という学者が『信』と『忠』を比較して——もちろん武士道は『忠』です——、『忠』より『信』の方が上だと公然と書いています。その論理がおもしろいのです。『忠』といってもそれは取引であり、主人が何かをくれるから、そのお返しに『忠』を尽くすのだ。その点『信』というのは、本来無償の行為であり、『信』を伴ってこそ『忠』も意味を持つのだから、『信』の方が上だ、というのです。[*11]」

さらに山崎は福嶋亮太と対談した論文でも、

「この律義さは両義的であって、忠誠心に向かうものもあれば、清潔、整頓、時間厳守、正直さに向かうもの［信］もある。後者は本人がそうしないと気持ちが悪いから従うという倫理です。江戸時代に鈴木正三《しょうさん》という人……が忠孝というのはいずれも見返りを期待しているが、信というのは内発的な美徳であると言っている。まるでマックス・ウェーバーのプロテスタンティズムみたいですが。……大事なのは、日本人は忠のほうに傾いていた律義さをやめて、内発的な信のほうへ戻して戦後復興をしたことです。[*12]」

とも主張する。言い換えれば、「律義さ」というものが根底にあり、それが武士の場合は「忠」になり、商人の場合は「信義」になるというのである。また戦後日本の発展は、忠から信に方向転換した結果、生じた現象だとする。

ただし、見返りという意味では、信義も後日の相手からの見返りを期待しているとも言えるので、信が忠よりも上とは言えないのではないか。「情けは人の為ならず」という諺もある。もちろん、商人にとっては信義が最重要であり、それが経済発展の原動力になったことは事実であろう。

また信義は、水平的な関係である。日本社会でも儒教倫理が一般的なので、五倫を見ても垂直的関係が重要であり、水平的関係はあまり重要でない、という理解がよくなされる。[*13] とりわけ欧米との比較においてそれは顕著であるとされる。

日本では、垂直的関係にある「君、親、長兄、夫」を優先することが徳とされ、この「信義」だけが水平的な関係であり、しかも五番目に位置している。日本社会が「縦社会」と言われる所以である。「友人、友達」より、「先輩、後輩」という言葉が頻繁であり、上司・部下関係が今でも重要である。たとえば、上下関係を示す言葉として、「先輩、後輩」という言葉が頻繁に使われるが、英語には通常はこのような言葉は存在しない。敢えて言えば、senior friend, junior friend であろうが、めったに使われない。「上司、部下」はさらに困難である。上司は boss あるいは supervisor、部下は subordinate だろうか。かつて私が助手であった時、ある人が威厳を示そうとして、私のことを英語で紹介するときに、“my subordinate” と呼んだことがあった。もう subordinate は英語では死語ではなかろうか。

言い換えれば、先輩を立て、上司を立てるのが、日本ではあるべき姿なのである。日本では、私もそうであるが、年齢の上下を気にする。このように、縦の関係が日本の基礎をなす関係であるという理解は妥当であるが、山崎・北岡によれば、商人においては水平的な「信義」が最重要の徳として存在していたというのである。この信義の強調には、日本の経済的発展にとって信義が重要であったということが含意される。以上、三点にわたって、日中の儒教には大きな相違点がある。

道教と仏教に関しても、簡単に触れておこう。儒教は「儒家礼教」という呼称があるように「礼」が重要な徳目である。ほかにも、仁、義、智などあるが、礼こそ最重要であろう。ただし、五常の「仁、義、礼、智、信」では、仁が先頭に来て、最重要の徳目とされる。他方、道教は「道家玄教」という言葉があるように、中国人の心の奥底にある妖術、迷信といったものに関わっている。人間は理詰めの合理主義だけでは収まらない感性、見えない世界に惹かれる好奇心がある。儒教は、「鬼神を敬してこれを遠ざく」「怪力乱神を語らず」という言葉が象徴するように、霊魂の世界は避けている。その満たしていない部分を、道教はカバーしているのである。林語堂は、次のように興味深いことを述べている[*14]。

林語堂によれば、儒教が完全に人々の心や欲望を満たすことができたならば、道教や仏教の出番はなかったのであるが、道教や仏教が中国において枢要な位置を占めることができたのは、儒教が人々の内面を捉えることができなかったからである。言い換えれば儒教があまりに正統的で、「人間の意識の深奥に隠れ潜む放蕩不羈な欲望」を満たせなかったからである。もちろん儒教は「政治的教養としての儒教」に留まるものではなく、いいかえれば治世の学に留まるものではなく、人々の「個人倫理」にも位置を占めた。しかし、さらにその底にある欲望、願望などには直接には触れることができなかったのであり、それを満たしたのが道教であり、仏教であった。道教は、自由な思考、あるいは「自然」を尊び、儒教は「人為」の倫理規範であった。いわば、「自然と人為」の相違、あるいは「田園と都市」の対照を両者の間に見出すことが許されよう。

道教と仏教の比較で言えば、どちらも内面的な心の拠りどころを満たすという点では、同じである。だが、仏教はやはり外来という点で、また中国では後発でもあったので、初めは浸透度合いは低かった。だが、道教が田舎臭い面があったのに対し、仏教の方が洗練された趣をもっていた。また仏教の宇宙観の基本である「輪廻転生」思想は中国庶民の心をとらえ、それゆえ、二十世紀前半では、仏教の「寺院」の方が道教の「道観」よりはるかに多くなっていた（一〇倍程度）。また、寺院の数は、「孔子廟」よりも多くなり、実際の結婚や葬式には仏教式が活用されている。[*15] このように、儒教、道教、仏教はそれぞれの役割分担をしながら、倫理、哲学、宗教として、中国文化の中に根づいているのである。[*16]

2 家（血縁関係）と村（地縁関係）

家族は言うまでもなく血縁関係を基礎にしている。その意味で、ゲマインシャフトである。これに対し、農業を行う場である「村」（ゲゼルシャフト）は、どのような場であり、歴史的に変化を見せたのであろうか。古来、農業が人間生活の基本となったことはどこでも同じである。しかし、村の有り様は国によって異なっている。日本と中国でもかなりの相違がある（以下の見解は、フクヤマ、飯尾秀幸、林語堂などに基づいている)。

中国では、家族を養うという家族への義務が最重要の義務であり、徳であった。同時に、地縁組織としての村では、農業特有の共同作業が必要であり(播種、収穫など)、村における他の家族との相互の関係も重要であった。日本では、「村八分」という言葉に象徴されるように、村の中で上手く関係を保っていくことが極めて重要であった。しかし、中国では、「家族以外の人間に対する義務感の弱さは、農家の自給自足性に現れている。農民は収穫の最盛期に共同で作業を行うことがあるほかは、何事によらず隣人に頼ろうとしないのが普通だった」[*17](傍点、引用者)。このように、日本と中国では、家族と比較した村組織の重要度が、顕著に異なるのである。

では、こうした相違はどのように発生したのであろうか。飯尾秀幸によると、中国では「秦代以降、貧富の差が徐々に拡大していた里内に、ついに田牛を所有する者が出現した。その前提には、牛を購入できる富の蓄積と、製鉄技術の向上による犂の軽量化にともなった牛耕における一頭一人挽きへの改良があった。田牛の所有を実現した者にとっては、牛の共同利用などに機能していた里内の共同体的な関係はもはや必要なくなった。こうして彼らは牛耕を利用しての個別開墾などで農耕地の拡大をはかった」。さらに「農耕地を広げた彼らは同族との結合を強化し、拡大した農耕地を同族結合によって経営し、自らの集団の経済力を拡大していった」。「こうして里内の血縁的な関係を核としつつも、地縁的に形成されていた共同体諸関係は、個別的な血縁関係にとって替わられた」のであった。[18]

この説明から、中国でなぜ村という地縁関係が弱体化し、家族、大家族、宗族（拡大家族）という血縁関係が強固になっていったのかが分かる。これに対して、おそらく日本では、牛耕がそれほど進展しなかったことが、気象条件や地形的問題などとも合わせ、村の地縁関係が強固に残った一因とも思われる（なおこの点に関して、森『中国文化と日本文化』二二一頁も参考になる）。

その結果、中国では、血縁を基とした親族ネットワークが重要となり、そこに属していること、相応の地位をそこで得ていることが必須の事柄になった。万が一、そこから排除された場合には、社会的にまともな地位を得ることができなくなる。仮に金を持っていたとしても、いわば「親戚八分」に遭っていればその金を使うことすらもできないのである。これに対して日本では、「村八分」が排除されることとの代名詞のようになっており、「遠くの親戚より、隣近所」という諺もある。このように、家族と村について言えば、その軽重に関して、大きな差異が日中間に存在するのである。[19]

ただし、中国では血縁関係を有さない団体も有力であった。「それらは、會館（同郷人会）と幇《ぱん》（主としてギャングの団体）である。[20]」両者は、地縁団体、あるいは宗教団体・職業団体であり、ある意味で中間組織であったが、とりわけ後者はアウトサイダー、アウトロー的な性格を帯びていた。太平道、五斗米道などの「白蓮教」と呼ばれる宗教団体、また「幇」とよばれる血縁関係に拠らない同業者、同業団体の互助組織であった。海に関わる団体は「青幇」、陸に関わる団体は「紅幇」

などと呼ばれ、また同業者によって組織される商業幇、手工業幇などがあった。これらは、「競争の激しい中国社会においては、多様な社会組織が発達しており、男系の血縁を媒介に結ばれる宗族結合は、その代表的なものである」が、「新開地に流れてきた労働者など、そうした血縁ネットワークをもたない人々にとって、宗教結社は、血縁に代わる相互扶助の機能をもち、また心のよりどころともなる」のである。[*21] 宗教結社や幇は、ある時には秘密結社として、社会から分離された人々の絆として機能した。

また血縁関係を超えた関係として、「義兄弟」の契りもある。実の兄弟や親よりも、重要な関係として存在する義兄弟は、劉備、関羽、張飛の義兄弟の誓からも分かるように、中国社会においてはめったに見られない関係として存在するがゆえに尊重されるのである。類似のものとして、「並の人間の枠を外れた『豪俠《はおしや》』と呼ばれる人間がいた。彼らは、盗賊とか、放浪者といった階層に属する人間であり、結婚する意思もなく、どこかに落ち着こうという気持ちもない独り者で、水に溺れた子供がいたら、たとえ見ず知らずの赤の他人の子供であっても、いつでも水中に飛び込んでこれを救おうという気概のある男たち」であった。[*22] 通常、中国人の倫理では、見ず知らずの者を犠牲を払ってまで助けるということはない。例外だから、こうした「豪俠」は愛されるのである。

3　家族企業と経営者企業

フクヤマの言うように、

「家族以外の人間を信用しないという慣行のもとでは、親族関係にない人々がともに企業などの集団や組織を形成することは難しくなる。[*23]」

本書の基本視点である「企業と社会」から見た場合、社会は家族、中間組織（企業、業界団体、ボランティア組織）、国家という三要素から成り、企業は中間組織に入る。

だが企業と言っても、家族の延長である家族企業と、所有と経営が分離し、赤の他人である専門経営者が経営する経営者企業とは異なる。家族企業は、家族と中間組織とのボーダーに位置するのである。

血縁関係に基づく家族を重視する中国では、市場経済の発展にともなって勃興してきた企業についても、その成長には限界があった。取引先に対する信頼や他人に経営を移譲することに対する信頼の弱さによって、中国の民間企業が大きく成長することには制約があったのである。とりわけ、長期にわたって、何世代も続いていく企業は登場しなかった。

企業が拡大していけば、当然、家族、親族だけでは経営の人材を質量ともに確保できない。また長期的には、息子や孫が経営能力を持っているとは限らず、企業が左前になる可能性も増大する。

家族主義では、第一に企業規模の拡大、第二に後継者の点で大きな制約があるのである。

これを回避するために、アメリカでは、また日本でも、経営者企業が登場してきた。ただし、第二次大戦前には、日本では独特の財閥形態が登場した。企業が多角化し、規模が巨大になるにつれて、また幕末の危機を乗り越えるという点からも、日本では、番頭の伝統を活かしながら、経営者企業一歩手前の準経営者企業（前掲、表4-1参照）が成立した。典型的には、三井と住友である。三井財閥、住友財閥にあっては、所有者は三井家、住友家であったが、経営は中上川彦次郎（三井）、益田孝（三井）、団琢磨（三井）、広瀬宰平（住友）、伊庭貞剛（住友）などの番頭が行っていた。このように日本では、江戸時代からの番頭経営の伝統を活かしながら、近代的巨大企業・財閥が誕生したのである。*24 これに対し、中国では番頭（ジャングイ）という言葉があることから、一部では他人である番頭が経営を行ったケースもあるが、それは所有者隠しなど、特殊な場合であった。*25 一般的には、赤の他人に経営を委ねるということはなかったのである。

以上のような伝統的な「番頭の存在」が日本にあったことが、日中の経営制度・文化における最初の相違点である。

第二に、養子制度の存在である。日本では、血縁を重視するというよりは、家の存続、商家であれば末永い「お家の繁盛」が最大の目的であった。それゆえ、血縁が繋がっていても無能な跡継ぎより、血縁関係はなくとも有能な婿養子が好まれるということもあった。経営史家の由井常彦によると、以下のような風潮もあったとされる。「血縁の上で、必ずしも当主の子供が高い能力と禁欲的な精神の持ち主とは限りません。……人材不足の場合には、有能な番頭が当主の娘婿になるなどして家業を継承することもみられました。大坂では、禁欲的で有能な手代と娘を結婚させる方がリスクが低いとして、娘の誕生を喜ぶ習慣」があったほどです。[*26] また、無能な君主や当主の場合、日本には「主君押し込め」の伝統があった。主人が無能で、藩やお家がつぶれる可能性がある場合には、家老や番頭が周囲の意見を聞いて、主君、主人を座敷牢に押し込め、時期が来てその息子が元服したのちに継がせることも決して珍しいことではなかった。養子制度、主君押し込めなどの伝統が、日本企業が長期にわたって存続し、規模が拡大しても持ち堪えてきた理由でもある。もっとも、家老や番頭が実際にお家を乗っ取り、主君の血筋に取って代わる場合には、悪家老、悪番頭として、儒教倫理に悖るものとして批判されることは当然であった。創業者から企業を奪ったとされる中途経営者・オーナーには、後ろめたい感覚が残るのである（たとえば、現代では、ある製薬会社の場合など）。

これに対し中国では、後継者が無能と思われた場合はもちろん、息子がいなかった場合でも、養子をとることには少なからぬ困難があった。養子縁組は、血縁を重視して可能な限り親族集団の中で行われた。娘と結婚させる婿養子も見られたが、全く外部からの、血のつながらない養子は極めて困難で、その場合は、背信の可能性の少ない「幼児の養子縁組」が好まれた。[*27] 日本の場合には、もちろん親族中に適当な候補者がいればそちらが優先されるが、直接血のつながらない養子縁組もそれほど大きな障害はなく行われた。養子縁組の有名な例で言えば、住友本家に婿養子で入った徳大寺隆麿（西園寺公望の弟で、住友友純となる）の例がある。[*28] 西園寺公望も徳大寺から西園寺家に二歳の時に養子で入った。このように、日本では、家を存続させることが最重要で、血縁は二の次だった。

この養子に関して、日本と中国・朝鮮とを比較すると、同姓から養子を選ぶという点が異なっていた。「中国人・朝鮮民族では、養子も同じ姓である一族から選ぶ。この点、血のつながりのない異なった姓の養子が、養家先の姓に改姓して同姓となる日本とは大いに異なる」のである。[*29] 夫婦別姓であるため、娘がいても婿養子を取らず、父親の兄弟の息子を養子にするのである。最近の例では、韓国第二位の財閥であるＬＧ財閥の具一族の例がある。娘が二人いたにもかかわらず婿養子ではなく、父親の弟の長男が養子に入り、後継者となった。

第三に、日本の「家」は、中国の「家」と異なり、「家業」として存在していた。日本の「家」では、家業を隆盛させることが第一義であった。中国史家の岸本美緒によれば、徳川時代の家は、家業の観念と結びついていて、「先祖から受け継いだ仕事を守り発展させてゆくことが『家』の目的で、家の成員はその目的を中心に結びついていた」。[*30] これに対して、中国では「父子一体」と言われるような、「男系血縁の強い一体感覚」が結束の紐帯であった。家は家業とは無関係であったのである。

さらに、日本と同じように、中国でも士農工商（士は武士ではなく、士大夫＝知識階級）という身分制度はあったが、それは緩やかで、科挙に合格すれば、だれでもが士大夫階級に上昇することもできた。商家が裕福になっても、それをさらに発展させるより、息子たちは科挙を受けて官吏となり、社会的上昇を遂げる方が望みであった。事業で得た利益を再投資せず、土地を購入し、地主となる方が社会的威信や栄光を手に入れることができたのである。[*31] イギリスの産業資本家の上昇願望と類似したところがある。日本では、商人から武士となり、官吏として栄達を求めることは不可能であった。科挙制度がなく世襲制であったこと、「士」が文官ではなく軍人（武士）であったことにより、事実上、「士」への上昇は不可能であった（武人社会と文人社会の相違）。そこで、自身の家業のますますの発展を望むことになったのである。そのために、番頭制度、養子制度を駆使し、家業としての「お家」の存続発展を図ろうとした。

第四に、相続の仕方の違いである。日本では農家でも商家でも、一子相続（ほとんどは長子相続）であり、家の財産は分割されなかった。それゆえ、大店も相続に際して分割されず、その規模を維持していくことが可能であった。「たわけ」という言葉は、田分けから来ている。相続に際して、田を分割するなどということは、愚かしい馬鹿げたことだったのである――ただし、この解釈は誤りという説もある。[*32] 日本では、二男、三男以下が若干の土地をもらったりした場合には、「本家と分家」という関係ができ、あくまでも本家中心の体制ができあがった。

これに対して、中国では均分相続が原則であり、財産が一代で顕著に増加しないならば、分割されるので、土地などの財産は時と共に細分化されていった。言うまでもなく、父系社会であるので、男子にしか相続権はない。したがって相続に際しては、兄弟間で争いが起きることが珍しくはなく、また本家、分家という関係は発生しなかった。中国で、ヨーロッパのような豪壮な貴族の邸宅や私有地が見られないのは、こうした均分相続が一つの理由になっている（前掲、表2-1参照）。また、企業の場合でも、創業者型企業（初代の企業家が健在である企業）では問題がないが、創業者が亡くなり、二代目が継ぐ場合には問題が不可避的に発生する。兄弟が複数いた場合には、財産を分割しなければならないので企業自体を分割するか、あるいは誰を経営トップにするかで争いが起きる可能性があった。中国において、長期にわたって私企業が継続・発展していかない理由の一つである。

日本やイギリスでは一子相続が普通であり（たいていは長子相続だが末子相続もある）、財産の分散を避け、家の存続が図られている。日本は第二次大戦後、均分相続になったが、イギリスではなお一子相続が可能であり、さらに特徴的な限嗣相続もある。限嗣相続とは、一子相続をさらに強めたもので、息子がいない場合、娘がいたとしても、男系親族がすべてを相続できる方法である。最近では、イギリスで最富のウェストミンスター公爵が亡くなった時、娘（複数）もいたが、二五歳の息子がすべてを相続した事例がある。*33

以上を国際比較の観点から考察するために、表5-2をもう一度見ておこう。中国のように家族主義が強い国では、家族企業では、所有者一族にとって企業は家庭の延長になるが、血縁関係がない従業員にとっては、一時の仮の宿に過ぎず、離職は日常茶飯事となる（高いジョブホップ率）。他人のために、汗水流して働こうという気にはならないのである。したがって家族企業では、所有者にとっては家族主義、従業員にとっては個人主義が優勢となり、家族企業としての一体感や、経営者企業への発展は望めないことになる。

国際比較の観点から見れば、日本では、経営者企業の発展により、職場においては全員を包摂する集団主義であり、家庭においては、家族主義の後退によって「弱家族主義」となる。英米では、職場では日本と同じように経営者企業の発達により家族主義はなくなるが、集団主義ではなく個人主義が一般的となる。家庭では家族主義の衰退により「最弱家族主義」となる。このように、職場と家庭において、家族主義、個人主義、集団主義という組み合わせを理解することが重要である。

企業の継続、世代交代に関して、特徴的なブッデンブロック現象という言葉がある。トーマス・マンの小説、『ブッデンブロック家』にその名を由来するブッデンブロック現象は、初代が刻苦精励して起業し大規模な事業を確立し、二代目はさらに発展させたり、何とか持ちこたえるものの、三代目で零落するという、ビジネスの「盛衰の法則」を表現したものである。

日本では、「売家と唐様で書く三代目」という諺がある。三代目はビジネスのセンスはないが、教養があるので、立派な字で「売家」と書くことができるという話である。イギリスのランカシャーの古い諺では、“once boots, twice clogs”（一度は革靴、二度は木靴）というのがある。アイルランドでも「一代目はシャツ一枚、三代目のシャツも一枚」という諺があって、初代は貧しい環境から立ち上がり、二代目は裕福になるが、三代目で元の木阿弥に戻るという意味である。

このように、洋の東西を問わず、三代目で没落する可能性が非常に高いことを表現している。三代目になっても、家族企業が創業者の隆盛を維持するのは困難であり、それを回避するためには、有能な他人に任せるほかなく、経営者企業や準経営者企業とならなければ衰退するしかないという「法則」である。中国では均分相続もあり、ブッデンブロック現象が一般的であると、フクヤマは述べる。もちろん世界中を見渡せば、「法則」には例外があり、イギリスのマーチャントバンクであるロスチャイルドなどは何代も続いている。

4 ビジネスの位置――国家との関係で

すでに見たように、中国の「士農工商」制度は、日本と比べ緩やかであった。しかし、儒教においては、日本でもそうであったが、当然のごとく商人は最下位に置かれ、社会的威信は低かった。中国文化学者の加藤徹の『貝と羊の中国人』が示唆するように、儒教においては、商人は尊敬されなかったのである。「貝」の民族は、貨幣である貝を使用することによって、「商」＝殷と呼ばれる王朝を作った。商人、商業、商才などの商である。だが、「羊」つまり牧畜を生業とする西方系の民族に滅ぼされた。殷に代わって建てられたその国家が「周」である。周こそ、儒教の開祖である孔子が理想とした統治体制であった。以来、中国を考える際に、貝の民族であるか、羊の民族であるかが一つの視点として重要になる。現在では、かつての中原（黄河中流域の河南省およびその周辺地域）から大幅に中国が拡大したことにより、東の貝と西の羊というよりも、北の羊（北京）と南の貝（上海、広州）、言い換えれば、「政治の北」と「経済の南」というような、北と南の差異に変化した。ちなみに、孔子は、自身が羊の出身ではなく、貝の出身であることを知り、慨嘆したとされている。[*34] 儒教では、商は最下位に置かれているからである。

そこで、中国の商家は、ある程度事業に成功すると、土地を買い求め地主となり、息子を科挙受験に向かわせて社会的上昇のチャンスを摑もうとした。うまく行けば科挙に合格し、官僚になることができた。官僚になり、社会的地位と富を手中に収めることができたのである。しかし、中国は中央集権的であったので、[*35] 官僚としては出身地の長官になることはできず、必ずそれ以外の地にて勤務することになっていた。地方に強力な勢力ができることを阻止する意図からである（科挙が導入された隋時代の貴族政治から官僚政治への転換）。したがって地方では、中央政府は徴税を行う人に過ぎず、中央政府官僚が土着化することはなかった。また徴兵制度もなかったので、基礎単位である

図 10-1　中国の社会構成

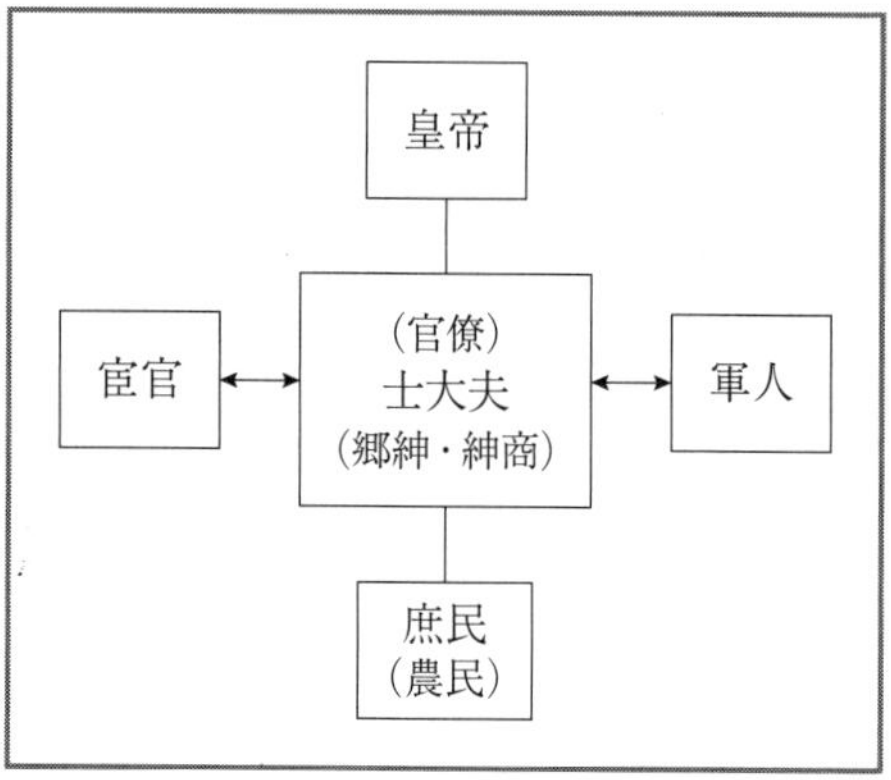

村落共同体の農民にとっては、中央政府は雲の上の存在であり、「天高く、皇帝遠し」との諺が示すように、無縁に近い存在であった。中国の民衆にとって、国家、皇帝はほとんど無関係の象徴的存在だったのである。国の出先機関である役所にも、できる限り近づきたくないというのが一般感情であった。役所は、できるだけ避けられるべきものであり、争い事が起きた場合でも役所を頼らず、村人の中で、長老や郷紳の差配で解決すべきものであった[*36]。ただし、徴税は苛斂誅求を極めることがあり、しかも見返りに、国家は社会的サービスをほとんど提供しなかった。皇帝よりも親が大事な文化では、国家や帝国という観念が尊敬されるべき、かつ枢要な存在として立ち現れることはなかったのである。

ただし、息子が科挙に合格し官僚となれば、その家族にとって国家は身近なものとなる。科挙に合格し、進士あるいはその前段の挙人になれば、知識階級の仲間入りを果たしたことになる。彼らは別格の人間として扱われ、生涯その資格は続く。任官できれば、出身地以外のところで勤務するが、任期の間の休みには、あるいは退官してからは郷里に戻り、そこでは士大夫（知識階級）という特別な地位を得ることになる（図10-1参照）。ただし、科挙に合格することは至難であり例外的であったので、大多数の人々にとって、国家は無縁の存在であった。

国家という存在が遠いものであった中国では、国が直接経営する国有企業は、社会主義中国になってから初めて、中国庶民にとって身近な存在となった。大規模工業はすべて国有化され、一部の零細手工業だけが家族経営として存続を許されたが、大多数の労働者は国有企業の労働者となった。また商業でも、小売自営業だけが許され、百貨店などの大型商業施設はすべて国有化された。農業においても、集団化が実施され（人民公社の設立）、国有ではないが集団所有として存在した。だが、人民公社は実際には共産党によって「指導」されたので、「共産党という公的存在」が身近なものとなり、中間組織には属さなかった。人民公社は、家族と国家の中間の組織ではなく、国家、すなわち公的存在の区分に入る（イタリアのカトリック教会も中間組織ではなく、公的存在に入る）。

こうした国有企業は、一九四九年の新中国の誕生以降に登場したが、例外的に、それ以前にも若干の国有企業があった。磁器で有名な景徳鎮には国有工場があり、数十万の住民がいたと言われるが、広大な中国では国有か民有かはほとんど認識されず、意味を持たなかった。

5　毛沢東の挑戦――孔子批判

国共内戦に勝利した毛沢東率いる中国共産党は、一九四九年、中華人民共和国を建国した。そして工業の国有化（国有企業の設立）、農業の集団化（人民公社の創出）に舵を切り、社会主義建設に向かった。最初の頃こそ、共産党一党政治ではなく、友好諸勢力との協調政策を打ち出していたが、一九五〇年代の反右派闘争（資本主義打倒）を皮切りに、一九六〇年代には文化大革命を発動し、社会主義建設、すなわち国有化、集団化の徹底を図った（中国では「連続革命」と呼ばれた）。同時に、女性の権利の保護を目指し、一夫多妻の禁止、女性の社会進出の一環として、女性も職業に従事する政策を進めた[*37]。ただし、近年まで男性の退職年齢は五五歳であったが、女性は五〇歳と極めて退職年齢が早く、また不平等であった（現在では、それぞれ六〇歳、五五歳）。

文化大革命の中では、批林批孔運動を展開し、従来の家族制度・家族主義に対する攻撃を加え、批孔、すなわち孔子批判を徹底した。儒教を支配階級の思想とし、被支配階級の思想として韓非子の法家を支持した。中国では、申不害、李悝《りかい》、商鞅《しょうおう》、李斯《りし》、韓非子へと続く法家の思想は、秦の始皇帝などに採用され、中国社会の底流においては有力であったが、ライバルであった儒教の隆盛に押され、また庶民の間では法治ではなく、人治・徳治の思想の方が人気があった。

だが、毛沢東は儒家思想を攻撃し、父親の権威に代って、中国共産党、すなわち毛沢東自身への忠誠心を筆頭に置こうとした。それまで、連綿と続く中国三〇〇〇年の歴史で、家族は「自己の生命の継続、延長」であり、その頂点に父親がいた。先に紹介した孔子の事例はそのことを物語っている。その父親を超える権威の位置を占めるなどということは奇想天外のことであったが、毛沢東は批孔運動を通じて、共産党優位の思想を実現しようとしたのである。その基礎には法家思想を置いた。だが、その「法治」とは、西欧型の民主主義に基づいた法治ではなく中国独特の「民主主義」、あるいはマルクス主義流の三権分立を否定した「パリ・コミューン型」や「ソヴィエト型」の「民主主義」を範としていた。コミューンやソヴィエト（評議会）において、行政・立法・司法を一元的に統治するのである。今でも中国では、憲法には書かれているものの、実質的な三権分立は実現されておらず、共産党による一党支配が続いている。文化大革命においては、夥しい犠牲者が生まれ、結局、文革が終息するとともに、毛沢東の儒教一掃の挑戦は終わりをつげ、家族主義は強靭な生命を保ち続け復活した。近年では、共産党内の権力闘争で失脚した薄熙来が、文革中に父親を殴りつけたことが嘘のように思い出される。また孔子学院の積極的設置に見られるように、孔子の地位は目覚ましく回復している。儒教の復活と同時に、仏教、キリスト教も信者数を伸ばし、特にキリスト教の信者数は一億人を超えていると言われている。ただし近年、キリスト教に対する弾圧は強まっている。

6 改革開放以降——鄧小平の改革

毛沢東が亡くなると、四人組、華国鋒などの残党勢力は速やかに一掃された。文化的には、二十世紀前半の軍閥の跋扈、共産中国における共産党優先、毛沢東への個人崇拝などを経て、中国人は、やはり家族こそ頼るべき存在として再認識し、以後の経営文化の基礎として復活させた。「老後のことを考えるなら、法律や不安定な政治的権威をあてにするよりも、息子に頼るほうがずっと確実だった。[*38]」

改革開放を推し進めた鄧小平の下で、中国式の経済発展が達成された。この過程で、二つの形態の企業が並立した。毛沢東政権の下で誕生した国有企業に対しては、根本的な改革が叫ばれ、同時に、新しい形態として郷鎮企業や民間企業が勃興してきた。郷鎮企業や民間企業ではそれぞれ、地縁主義、家族主義が有力であった。しかし、郷と鎮（村と町）を基礎としつつ、集団所有的な色彩を帯びていた郷鎮企業はしだいに失速し、家族を基盤とする民間企業、あるいは企業家精神あふれる新興企業家によって設立され、急速に発展した巨大な創業者型企業が目覚ましい発展を遂げた。

これらの企業は押しなべて、家族の強い結びつきを特徴としていた。強力な閨閥資本主義（nepotism capitalism）、仲間資本主義（crony capitalism）の誕生である。市場経済の下ではあるが、家族主義、同族主義を基礎として、家族以外のものを極力排除しようとする閨閥資本主義こそ、現代中国の鮮明な特徴である。

同時に、「社会主義的市場経済」を標榜する中国では、国有企業への後押しも活発であった。一九九〇年代までは、こうした国有企業の改革が叫ばれていたが、出資制限などの外資系企業に対する差別をはじめ、国家の優遇措置もあり、こうした国有企業が力をつけてくる中で、二〇〇〇年代には、それまでの「民進国退」（民間企業を発展させ、国有企業の役割を減少させる政策）から、「国進民退」（国有企業を優遇し、民間企業の役割を制限する政策）へと転換していった。こうした国有企業では、新たに形成された党貴族（紅二代）が国有企業に介入し、人治によって統治を行い、人的コネクションや党の権威を笠にきた法治（党や国家の安定を守る限りでの、言論の自由や結社の自由の容認）によって、党貴族は権益を確保している。それゆえ、国有企業においても、人的コネクション（その中心は親族の紐帯である）が枢要な地位を占めているのである。[*39]

さらにはファーウェイのような民間大企業においても、政府や共産党との関係は密接であり、政府の影響力は強い。ファーウェイの創業者である任正非は元人民解放軍にいたことがあり、他の主要メンバーも同様である。このように、民間企業でも、政府・党・軍との人的コネクションは必須である。またカナダで逮捕され話題となったファーウェイ副会長の孟晩舟は任の娘であり、家族主義も温存されている。

以上のように、現在では、共産党の「指導」によって、「国進民退」の傾向が顕著である。同時に、民間企業は、何代も続く家族企業・同族企業ではなく、初代の創業者型企業が多数なので、中国資本主義において国有企業と拮抗しながら、あるいは融合しながら、中国伝統の家族・閨閥を活かした資本主義を維持している（国家資本主義と家族資本主義の共存）。

7　独自の地位を占める温州商人

「貝と羊の中国人」という視点から、中国商人の活発型の典型である温州商人を考察することは意義深い。（以下の分析は、主に西口敏宏・辻田素子『中国・温州企業家ネットワーク』に負っている。）

温州商人は、旺盛な企業家精神と郷土意識の強さで有名である。南宋時代に、温州出身の儒学者によって確立された「永嘉学派」（Yongjia School＝貝）は、後に主流派になる朱子学（＝羊）と対立していたが、その底流は現代の温州商人にも受け継がれているようである。功利学派とも呼ばれる永嘉学派は、葉適《イエ・シイ》（Ye Shi）などによって形成された。朱子学が「利」よりも「義」を優位に置いたのに対し、永嘉学派は、「利」を「義」よりも優位に置いた。「忠」と「信」の関係を想起させる。

温州は、浙江省の南にあり、彼らは中国国内（一七五万人）はもとより、海外、特に欧米にも広く進出している。とりわけ次章でくわしく取り上げるイタリアには多くの温州人が進出している。

二〇〇〇年代初頭の海外在住温州人四十数万人のうち、アメリカに十数万人、フランス、イタリアにそれぞれ一〇万人が居住している。隣接地域の青田人を含むと、イタリアには約一四万人、フランスには約一一万人が住んでいる。彼らの活動は、同郷から「連鎖移民」によって、次々に家族、同郷人を呼びこみ、また起業に際しては、無尽の仕組みを利用して、援助する。同郷人の結束は固く、起業するに際しては便利だが、約束を違えて、「仲間内の信用や面子」[*40]を失えば、信頼を失い、二度と仲間内には戻れなくなる。

アジアのユダヤ人とも呼ばれる彼らの活動はユニークだが、二〇〇八年のリーマンショックによって、また二〇一一年の金融危機によって大きな打撃を受け、当時の温家宝首相などによる中央政府の監督を受ける事態に立ち至った。中央政府とは一線を画していた温州商人であるが、中央政府の監督は強まっている。

8 小　括

中国の経営文化では、血縁に基づく家族主義の重要性が鮮明である。ディンクス（子を敢えて持たない夫婦）などは、伝統に反するものとして論外である。こうした家族の尊重は、大家族制度への志向を高める。五世代家族（曾祖父、祖父、父、子、孫）のような儒教の理想は無理としても、理念的には三世代家族（祖父〔＋祖父の兄弟〕、父〔＋父の兄弟〕、子）のような大家族が現実的な理想とされ、そうした大家族を収容する「四合院建築」も各所にあった。だが、実際にはこうした三世代家族は農村でも、かなり裕福でなければ実現できず、都会にあってはほぼ不可能である。したがって、中国でも核家族が大多数を占める。

だが家庭ではもとより、家族企業においても、家族、親族の紐帯はなお強固で、逆に非血縁の従業員は企業に忠誠心を抱くことはできず、離職、転職が頻繁である。自分の家族ではなく、他人のために働くことが無意味に思われるのである。すなわち家庭では家族主義、他人の企業である職場では個人主義、これが中国の家族主義と個人主義の併存なのである。

市場経済の純粋型とも言われる香港では、ジョブホップが世界で最も頻繁と言われている。何世代も続いてきた伝統的家族企業ではない創業者型企業でも、初代であるので家族の結びつきは強い。これらの創業者型企業が世代的に二代、三代と続く場合にどのようになっていくかは興味深い問題である。[*41] そのまま家族企業であり続けるか、あるいは経営者企業に転換していくかは今後を見なければわからないが、その可能性は低いだろう。アリババの馬氏は、二代目、三代目と続くだろうか。

国有企業においても、党貴族の親族的コネクションは強固で、そうしたネットワークなしには中国の国有企業を理解することはできない。つまるところ、中国では家族企業、国有企業の双方において、毛沢東時代に克服しようとした家族主義は、なお強靭な生命力を保っているのである。[*42]

第11章 イタリアの経営文化

はじめに

一九八〇年代からの三〇年、世界の動向はイタリアの時代といってもよいほど、イタリアの生活スタイル、モノづくりの仕組み、ひいては文化への注目は目覚ましく、世界中に影響を与えた。食文化（コーヒー）では、従来のエスプレッソに加えて、カプチーノが世界的に有名になった。スターバックスはアメリカ・シアトルの企業であるが、そのテイストはイタリアンコーヒーである。パスタ、ピザはそれまでも気軽に食べられる料理として世界中に広まっていたが、さらに人気を博することになり、ピザ専門店の数は世界中で増加した。フランス料理は敷居が高く気軽に入れる店は少ないが、イタリアンレストランは、「イタ飯」という言葉がしばしば使われるようになったことからも分かるように、日本で、否、世界中でよく目につくようになった。

温かいサンドイッチとしては、これまではアメリカ風のクラブサンドイッチがあった。ちょうど二〇〇〇年ごろ、ケンブリッジの図書館にあるカフェテリアで、パニーニなるものに初めてお目にかかった。このカフェテリアは、一〇年前にも利用していたのだが、パニーニは、かつてはなかった。パニーニとは、オーブンで温められたサンドイッチである。これもイタリア発である。全体的に、味付けに工夫を凝らすフランス料理より、素材の味を生かすイタリア料理に人気が移ってきている。ワインでも、フランスワインの人気はいまもなお根強いが、トスカーナのキアンティのように、イタリアワインも、フランスワインにほぼ匹敵するほどの人気を得ている。

同様のことは、ファッションでも起きていて、この数十年、パリ・コレクションからミラノ・コレクションに人気が移ってきた。ミラノ・コレクションは、特に若者に人気がある。企業としても、イタリアンファッションには、アルマーニ、グッチ、サルヴァトーレ・フェラガモ、ベネトン、ヴェルサーチ、マックス・マーラ、ディーゼル、ザーニャ、ヴァレンティノ、ドルチェ&ガッバーナ、プラダ、ウンガロ、ミッソーニ、ミラ・ショーン、セルッティ、クリツィア、フェンディなど、数多くのブランドや企業が輩出している。もっとも、イタリアのファッション企業がパリとは異なる独自の存在を主張し始めたのは、第二次大戦後のことである。それまでは、イタリアのアパレル企業は、生地を作ったりなどのパリの下請けに甘んじていた。

さらに、靴、バッグなどの革製品、金銀細工、宝飾品、スキー用具、キッチン用品などでも、イタリア製品の人気は急上昇した。家具でも、北欧風のシンプルな家具も人気だが、伝統を感じさせるイタリア製家具も人気がある。建築の世界でも、フレスコ画を利用したイタリア人デザイナーによる家づくりも評価が高い。工業製品の典型である自動車産業においても、イタリア人デザイナーを使った車作りが活発である。このように、イタリアンデザイン、イタリアンテイストは様々な分野で人気を博している。

イタリアのこうした企業は、押しなべて中小企業であり、あるいは大企業でも零細企業から出発して大企業へと上り詰めた企業がほとんどである（アパレルのベネトンが好例）。十九世紀末からのフィアット（自動車）のような大企業、またオリヴェッティ（タイプライター）、ピレリ（タイヤ、現在は中国企業の傘下）などの大企業でも、イタリア企業は総じてデザインを売り物にしている傾向がある。

では、なぜイタリア企業やイタリアンデザインが象徴するイタリア文化は、第二次大戦後、世界の注目を浴びるようになったのであろうか。

一九七九年に、筆者が初めてイギリスに行った時、あるフィンランド人が述べていたことが記憶に残っている。ヨーロッパに差別があるとすれば、イタリアやイタリア人がヨーロッパの後進国として低く見られている。イタリアの典型的なエスニックイメージは、貧しく、子だくさん、家父長的なイメージで、北ヨーロッパと比べると、百年くらい遅れているといった認識であった。政治的にも、一九七〇年代、イタリアでは極左のテロ組織である「赤い旅団」がモーロ首相暗殺などを起こして大きな社会問題となり、また議会も小党分立しているので政治的に安定しない国として軽んじられていた。また経済的にも地下経済が盛んで、GDP統計に現れる、正規の「表《オモテ》の経済」とは別に、税申告をしないアングラ経済の割合が高かった。アングラ経済の規模は、GDPの三分の一程度という推測もあった。普通の人々でも脱税、節税を日常的に行うのが珍しくはなかった。さらには、イタリアと言えば、公の秩序を脅かすマフィアが暗躍する国として悪名を轟かせていた。あるイタリア女性が、日本のテレビで、「イタリアは酷い国になってしまった」と、当時発言していたことを記憶している。

このような状態であった一九七〇年代と打って変わって、二〇〇〇年代にはスローライフ、スローフード、スローシティに代表されるように、イタリアが豊かな国に成りえたのはなぜなのだろうか。このことが一つの疑問である。

だが、イタリアを採りあげる理由はもう一つある。それは、フクヤマによって提起された家族主義において、中国とイタリアが共通点を持っているという指摘である。中国とイタリアが類似しているというのは、フクヤマも述べているように、やや意外な感じがするが、たしかに両国は強靭な家族主義という点で極めて似ているのである。個人主義対集団主義ではなく、その間に家族主義を差し込むことによって、現実により接近するという本書の視角からは、両国を採りあげることには大いなる意味がある。さらに、本章で触れるように、中国の温州商人が大挙してイタリアに進出し、言わば中国とイタリアが直接接触している状況が生まれている。その意味でも、前章の中国とイタリアは接点を持っているのである。

以下では、まずイタリアモデル（サードイタリー）に触れ、家族主義、カンパニリズモ（同郷主義）、アソチアツィオニズモ（団体主義）を明らかにしていきたい。

1　需要の性質が変わった

十八世紀のイギリス産業革命において、生活に必要な製品を生産するべく機械が発明され、工場制が誕生した。その後アメリカにおいてビッグビジネスが登場し、大衆社会の必要を満たすべく「量産・量販体制」が成立した。量産・量販体制によって産み出された製品は、概して汎用品的、画一的な製品である。だが同時に、社会にはごく一部の上流階級向けに、特注品の世界が中世以来、存続していた。だが第二次大戦後、人々の全般的な所得の上昇により、中流以下の層にも、特注品とまでいかなくても、一般的な商品とは異なる「差異化商品」が求められるようになった。単純な白のシーツではなくカラフルなシーツであり、他人と異なるファッション、あるいは独自の家の内装・外装である。一九八〇年代以降は、食べ物も有機野菜などの健康志向が重要なポイントとなった。衣食住の分野すべてにおいて、個性的であることが求められるようになった。経営学の用語で言えば、市場の細分化、多様化であり、様々な差異化商品を好む層の出現である（本書では、差別化商品、差別化戦略という用語は使わず、差異化（differentiation）としている。なぜなら、差別は日本語でも英語（discrimination）でも、ネガティブ表現だからである）。個性的な消費者・生活者の出現である。もちろん他方には、所得の制約や嗜好の無頓着さから、低価格で機能的であれば汎用品で良しとする需要層もある。ウォルマートはこのような層をターゲットにしている。

もちろん、こうした市場の細分化は第二次大戦後に急に始まったわけではなく、両大戦間期にも、たとえば自動車市場において、フォードのT型単一車種戦略に対して、GMのフルライン戦略のように、需要の細分化・多様化に対応した事例もある。また、一部の上流層には、ロールズ・ロイスなどのラグジュアリーブランドも存在していた。だが、市場の細分化・多様化が市場動向の明瞭な現象として登場し、言い換えれば、中流やそれ以下の層にも需要の細分化・多様化がダイナミックに起こったのは、第二次大戦後であった。ドイツ、イタリア、日本、イギリス、フランスなどの国々で起きた、一九五〇年代から一九九〇年代にかけての「奇跡の経済成長」や「高度成長」以後である。さらに一九八〇年代以降は、需要の細分化が加速し、また中国やインド、東南アジアなどが豊かになるにつれて、その動きは世界に波及したのである。

イタリアでは、一九五〇年代の第一次成長期、一九八〇年代以降の第二次成長期と、二度の高度成長が起きた。その結果、一人当たり所得の増大により、イタリア国内市場に元々存在していた差異化商品への需要がいっそう増加し、また他の国でも、市場の細分化・多様化が顕著になった。この市場の細分化・多様化が、イタリア企業にとって絶好の市場環境をもたらすことになった。「大衆市場」ではなく、いわば「分衆市場」として、市場の細分化・多様化は、デザイン、使い勝手の良さなどにおいて競争優位を持っていたイタリア企業に有利に働いた。選択の幅の大きさ、すなわち多品種が求められ、そこでは色彩やデザインの良さが必須とされる市場の変化に、イタリア企業、イタリア文化の性質は好適だったのである。中世以来の潜在的な力、すなわちデザインにこだわる気質が一挙に開花した感がある。

ただし、こうした需要の細分化・多様化に対応していくと、当然コスト増となり、価格は跳ね上がらざるを得ない。その場合には、それまでもそうであったように、有効需要層は上流階級か、せいぜい中流階級の上層に留まらざるを得ない。しかし、幸いなことに供給側でも、コンピュータなどのエレクトロニクス技術によって、多品種少量生産を創り出すイノベーションが起きたのである。

2 イノベーション「柔軟な専門化」の出現

第二次世界大戦後の最大の技術革新はコンピュータの発明と普及であろう。一九五〇年代の大型コンピュータ（メインフレーム）の普及は、大企業にとって大きなベネフィットをもたらしたが、高額のメインフレームを購入する余裕のなかった中小企業にとっては、高嶺の花であった。その後、性能的には劣らないが、スケールダウンしたミニコン、ワークステーションが徐々に中小企業に利用されるようになり、さらに一九七〇年代から一九八〇年代にかけて、パソコンが普及したことによって、一〇人以下の零細企業でも、コンピュータ化の恩恵に与ることができるようになった。このエレクトロニクス革命は、多品種少量生産を可能にし、先の市場細分化に対応できる供給環境を創り出した。このイノベーションによって、多品種生産に対応できるだけではなく、ソフトウェアを組み替えることによって、需要が変化しても直ちにそれに対応していくことが可能になったのである。

マイケル・ピオーリ&チャールズ・セイブルは、この変化を「柔軟な専門化」(flexible specialization)と呼んでいる。

「変化の激しい消費者市場の到来とともに、小さな組織のみが持つ柔軟性や適応力を保持している点において、[小さな組織が]高く評価される状況が生まれた。[*1]」

小企業にとって、需要の変化に追随していくことは、エレクトロニクス革命の恩恵によって大企業よりも容易だった。市場の細分化・多様化によって、売れ筋の製品は目まぐるしく変わるが、小回りのきく小企業こそ、需要の細分化に適合的な組織形態であった。

一九八〇年代には、ベンチャー企業が経済活動の主役とまで考えられ、従来の大企業は市場環境の変化に付いていくことが困難な恐竜にたとえられた。"Small is beautiful"(エルンスト・F・シューマッハー)、"Small is powerful" の世界である。

イタリアには、国有企業を別にすれば、民間大企業は数が少なかった。フィアット、オリヴェッティ、ピレリ、モンティカチーニ(化学、後のモンティジッソン)など、十指に満たない。イタリア経済がそれまで民間大企業の少なさを批判されていたことが嘘のように、時代は革新的な、個性のある中小企業(一〇人から五〇〇人くらいまでは、SME〔Small- and medium-sized firm〕と呼ばれる)や、さらにはマイクロファーム(一〇人以下の零細企業で、職人企業とも呼ばれる)が称賛されるようになった。

そうした中小企業や零細企業を結び付ける「地域の結びつき」や「地域経済」の存在が、企業や地域が革新的であり個性的であるためには不可欠だが、イタリアには中世以来のコムーネ(市・町・村を含めた総称)が八、〇〇〇以上もあり、そうしたコムーネの伝統が中間組織の一形態として、ベンチャーの格好の孵化器となったのである。

このように、イタリアは、供給面におけるエレクトロニクス革命による小規模企業の優位、およびコムーネの文化的伝統によって、需要面における市場細分化・多様化の進展という時代の風をキャッチすることに成功したのである。

3　サードイタリーの出現

一九八〇年代、世界は、産業集積（industrial agglomeration）された地域経済を「発見」した。中部イタリア（「第三のイタリア」）がその一つであり、日本の大田区や東大阪市（旧布施市）の中小企業密集地帯もそれにあたる。先に触れたシリコンヴァレーやルート128も、地域経済の一種であり、工業を支える重要な地域として「発見」されたのである。一部の中小企業の専門家を除き、私を含め多くの日本人は、大田区が単品・特注品の生産地域としてきわめて重要であることを認識していなかった。その意味で日本人の間でも、大田区は「発見」されたのである。イタリアでも、サードイタリーは突然現れたように見えた。

イタリアでは民間大企業の比率は低く、国有企業のウェイトが高い。雇用者数で見ると、イタリアは一九八二年ごろ、総雇用に対する国有企業従業員比率は一五・〇%であった。社会主義経済を除く市場経済国では、これは最大の数値である。他は、フランスの一四・六%、イギリスの八・二%、西ドイツの七・八%、アメリカの一・八%であり、フランスと並んで国有企業比率が高かったのである。[*2] 公務員などを含めると、イタリアでは公的雇用関係にある比率は労働総人口の三〇%に達していたという説もある。言い換えると、イタリアでは中小企業の数は多く、民間大企業は少なく、国有企業は多いという、中国に近い構造を持っていたことが分かる（中小企業―民間大企業―国有企業）。ただし、中国では、国有企業は「民進国退」を経て、「国進民退」となり、国有企業は今でも重要であるが、イタリアでは一九九〇年代の民営化を経て、国有企業はかなり解体された。IRIもENIも解体され、イタリア商業銀行、ローマ銀行、クレディット・イタリアーノ、アリタリア航空も民営化された。[*3] またイタリアの中小企業はブランド力を持っているが、中国の中小企業はブランド力がなく、低賃金を主な武器にしているので、中小企業の競争力の質は異なっている。

ところで、サードイタリーとは何だろうか。第一のイタリアは、トリノ、ジェノヴァ、ミラノで囲まれたピエモンテ州、ロンバルディア州、リグリア州などの北西部を指している。この地域には、ピエモンテ州トリノのフィアットや、同州イヴレーアのオリヴェッティ、ロンバルディア州ミラノのピレリなどの大企業が大工場を有していた。労使対立も厳しく、左翼と右翼のイタリア的な激突が見られた地域である。

これに対して、第二のイタリアとは南部地域を指し、ナポリなどを有するカンパーニャ州、カラーブリア州、シチリアなどの地方である。北部（第一地域プラス第三地域のイタリア）と南部を比べると、南部は一人当たり所得で北部の半分以下であり、大企業も少なく、SMEなどを含めても工業化や経済開発で遅れた地域である。政府は重点政策として、長年にわたって南部の開発を推進しようとしてきたが未だかつて成功したためしがない。

サードイタリー（第三地域）は、ヴェネスがあるヴェネト州などの北東地域、ボローニャがあるエミリア・ロマーニャ州、フィレンツェ、プラートなどがあるトスカーナ州などの中部地域を合わせた地方で、北東・中部地域を指す。簡単に中部地域ということもある。以下では、北東部も含んで中部地域と呼ぶ。さらに、南北問題のような場合、中部と北部を合わせて、北部という場合もある。

サードイタリーと呼ばれるこの地域こそ、中小企業を擁し、地域経済の密接な連携をベースに、一九八〇年代以降飛躍的に発展を遂げた地域である。もっとも、突如として一九八〇年代に浮上したのではなく、その萌芽は一九五〇年代に、さらに遡れば、中世のルネッサンスにまで遡ることができる。

イタリアでは、一九七〇年代に地方分権化が進展し、中部地方はこの分権化を利用して、経済発展を促進した。トスカーナやエミリア・ロマーニャ、ヴェネトは、イタリアらしい産品、すなわち毛織物、絹織物、アパレル、家具、靴、宝飾品、メガネフレーム、セラミックタイルなどの産地を抱えている。さらに、中部地方では機械工業が盛んで、農業機械、NC工作機械、自動包装機械、単品注文設計機械などの機械工業は、ヨーロッパではドイツに次ぐ存在である。世界の眼鏡業界では、三大産地の競争優位の特徴として、イタリアのデザイン、日本の品質、中国の価格のような特徴づけが行われている。工作機械でも、日本の汎用品の品質、イタリアの特別仕様品の品質、ドイツの品質（ただし、NC工作機械などでは遅れていると言われている）、アメリカのスーパーハイエンド品などの特徴づけが行われている。イタリアがデザインで優れているのは理解できるが、特別仕様の工作機械、自動包装機で競争優位を持っていることは興味深い。イタリアの貿易品目で最大の外貨を稼いでいるのは、繊維・アパレル産業ではなく、機械工業という点も注目すべき事柄である。*4

以上をまとめると、大企業・大工場の北西地域、中小企業の中部地域（サードイタリー）、農業や観光（例えばカプリ島やアマルフィ、ポタジーノ）に依存している南部地域という構造になる。

4　サードイタリーにおける中間組織と信頼

イタリアでは、いったいに国家、カトリック教会の力が強い。したがって、宗教的には信仰心に篤く、敬虔と思われるカトリックが一般的である。しかし、イタリア南部を分析したロバート・パットナムによると、次のような特徴がある。「イタリアのカトリック信仰は市民精神が低いという事実と関係」があり、「ミサへの出席、宗教儀式にのっとった結婚、離婚の忌避などを指標にした場合、南に下るに従ってこの傾向が強まり、反対に市民精神は弱まってゆく」。*5 この場合、市民精神とは、自発的な団体、中間組織における信頼である。

南部では、北部や中部と歴史が異なり、十二世紀にノルマン人による征服を受けた結果、シチリア王国やナポリ王国に見られるように、ラティフォンド（大農場）を基礎とした農業形態と、中央集権的な専制政治が行われてきた。農民は自らの土地を持たず、領主の所領に働きに出かける農業労働者であった。その内実は、農奴や日雇いに近く、またしばしば農場は遠く、通勤することが大仕事であった。このような状態では、村における連帯・信頼は育たず、さらにまた家族も核家族が中心であった。三世代にわたる大家族化は進展しなかったのである。[*6]

ある統計によれば、核家族は中部で五〇％、北部は六四％、南部は七四％であった。逆に、大家族（＝複合家族）の比率は、それぞれ五〇％、三六％、二六％であった。中部では、核家族と大家族が拮抗しているのに対し、南部では核家族が圧倒的であった。時代が進むと核家族が増えるような印象を持ちがちであるが、所得、労働条件などの状況によっては、逆に核家族が支配的家族形態になることがあるのである。こうした場合は、家族間、個人間、村における連帯・信頼は育たず、各家族はライバルとして存在することになる。こうした南部の状況は、千年にわたって継続してきたのであり、頼るものがない場合は、ローマカトリック教会、およびマフィア（シチリア）、カモッラ（ナポリ、カンパーニア州）、ンドランゲダ（カラブリア州）などの犯罪組織の力が強くなり、南イタリア特有の治安の悪さと信頼の欠如が特徴となる。[*7]

南イタリアにおける信頼の欠如を示す諺に、次のようなものがある。「正直者がばかを見る」「他人を信じる者は地獄行き」「借金をするな。贈物するな。善行するな。周り回ってわが身の不幸」

「わが身が可愛く、連れをだます」「隣家の火事は、我が家の得」。日本にも「庇を貸して母屋を取られる」といった諺もあり、宋代に書かれたという『金瓶梅』を読むと、宋代の中国は、勧善懲悪ならぬ、勧悪懲善の時代であったのかという感覚を持つ。だが、南イタリアではそれ以上に他人不信が激しく、わが身と家族だけが信じられるのである。パットナムは辛辣に、「農民は、ラティフォンドで一番ましな小地片やごくわずかの資源を奪い合った。垂直的な恩顧＝庇護主義的関係や地主のご機嫌取りが、水平的な連帯よりも重視された」と説明している。*8

これに対し、中部は分益小作制で農民の自発性がある程度担保され、またフィレンツェなどの都市国家が市民的自由を保障し、市民間の信頼の醸成が行われた。さらに経済的にも、十四世紀から十五世紀の毛織物工業の隆盛、それに伴った西ヨーロッパ全域に及ぶような金融業の勃興（メディチ家など）により、南部との差は開いていった。手工業では、ギルドが発達し、アソチアツィオニズモ（団体主義）が成長し、ローマ教皇の支配をはねのけ、市民的精神が確立した。

北部地域では、アルプス山脈はあるものの、中央ヨーロッパ（オーストリア、スイス、ドイツ）からの影響が強く、中央ヨーロッパ的な勤勉と信頼が顕著であった。ただし、オーストリアのハプスブルク帝国やスペイン、フランスなどによる政治的征服、圧迫もあったが、ラテンのイタリア的特徴と、ゲルマン的な特徴とを併せ持つ融合型のイタリア文化が出来上がった。また農業は分益小作や自営農民で、南部のラティフォンドとは異なる。これも、水平的な関係に基づく市民的精神を醸成した。

再びパットナムの表現を借りれば、「私的隷属の絆は北では弱まり、南では逆に強まった。北イタリアにおいては人々は市民であったが、南部では臣民にすぎなかった」[*9]。

一〇年ほど前に、研究会で北部のコモ湖に行ったことがあるが、その会場はイタリアで活動していたドイツ商人の館であった。その商人だけではなく、ドイツ商人が広く北イタリアで活動していたことを知り、北イタリアにはドイツの影響が強いことが伺えた。またアルプスに近いことから、気候も九月だというのに、雪がちらついたりし、南イタリアの地中海性気候とはかなりの違いがあることにも驚いた。三つの地域（北部、中部、南部）、あるいは二つの地域（北と南）の差は、イタリアの深刻な南北問題を引き起こしており、千年の歴史の違いは容易には埋められず、（北部）同盟のように、北部の独立を叫ぶ政党が出現するのも故なしとしない。

5 家族主義と信頼

本書では、中間組織への信頼と家族の関係を軸に議論を展開しているが、家族主義にも、「閉ざされた家族主義」と、「開かれた家族主義」があるように思われる。イタリア南部の家族主義は、大家族ではなく核家族であり、子供が成人し結婚すれば、元々の家族の紐帯は弱くなり、新しい親子関係を中心に動いていくことになる。成人した息子は、親の扶養を義務とはあまり感じない。そうした家族間では、家族同士の連帯が弱まり、中間組織はあまり形成されない。イタリア南部では、スポーツクラブ、音楽クラブ、労働組合などの団体が少ない。したがって、市民コミュニティが弱く、また貧しさからくる競争的風土があり、家族間の交際、相互扶助が希薄で不信感が蔓延する。家族以外の者は信頼せず、慈善活動は弱い。家父長主義に基づく父親の唯一の道徳的義務は、核家族メンバーである配偶者と子供に対するもので、自身の兄弟、親への義務は弱い。縋るものといえば、自発的活動の結果としてできあがった教会（ゼクテ）ではなく、外部の権威としての教会（キルヘ）であり、また学校、病院などの建設は国家が主導すべきものであると考える。以上は、エドワード・バンフィールドの『遅れた社会の道徳基礎』で指摘される「道徳意識のない家族主義」に他ならない。このようなイタリア南部の人間関係、家族関係、コミュニティの有り様の描き方は、あまりに偏っているようにも思えるが、フクヤマによれば今日でもある程度の正確性はあるのだろう。*10

これに対し、北部（中部も含む）では、市民の間に各種のクラブ活動、たとえば子供のサッカークラブの活動は活発であり、コミュニティにおける活動は、かつての都市ギルドからの歴史的伝統もあり、職業的・職務的関係、そこにおける協力によって盛んである。もちろん、家族主義は強く、毎日曜には、あるいは毎月、三世代家族や父親、母親の兄弟家族など、多数の者が集まってランチを取ることが通例で、大家族主義が維持されている。しかし、その家族主義によって、コミュニティやクラブなどの中間組織への活動が疎かになることはなく、言わば「開かれた家族主義」とも呼べるものが存在している。フクヤマの言葉を借りれば、「強い家族と強い自発的団体の間には、必ずしも負の相関関係が存在しないということを意味している」のである。[*11]

イタリアの家族が家父長制的であることがよく指摘されている。家族にあっては、父親の権威が尊重されているのである。「イタリアの家族主義は地中海世界の家父長制に深く根ざして」いて、「家の中での権威の象徴は父親であり、家として重要な意思決定は父親が行う風習が今も根強く（特に南部では）残っている」。[*12]しかし、マンミズモ（母親崇拝主義）と呼ばれる母親の存在の大きさも指摘されている。特に母親と息子の関係は密接である。結婚するまでは、家にいて、母親の世話になり、結婚してからも毎週、あるいは毎月、食事を共にし、さらに離婚したりすれば、実家に戻ってくることは普通である。アングロサクソンの世界では、考えられないことである。アングロサクソンでは、結婚していようがいまいが、成人に達したら家を出ていくのが普通であり、離婚して実家に戻るなどということもない。イタリアの家族で家父長制とマンミズモが共存していることは、イタリア家族主義の一つの特徴であろう。この共存が南部でも見られるのか否かは不明だが、家父長主義そのものが大家族を前提にしているので、おそらくそうではないのだろう。[*13]

6　家族企業と大企業

イタリアでは、民間大企業が少なく、家族企業である中小企業と相対的に多い国有企業がある。国有企業は戦前から存在していたが、第二次大戦後に増加し、一九七〇年代まで拡張を続けていた。IRI（産業復興公社）、ENI（炭化水素公社）などの傘下に、フィンシデルなどの持株子会社、さらにその下に、イタルシデルなどの事業会社を持つ三層構造を採り、複雑で厖大な機構を持っていた。しかし、こうした公企業の業績は振るわず、一九九〇年代に民営化政策が採られて、IRI、ENIなどの活動領域は狭められ、公企業の比重は低下することになった。このような民営化は、時期の若干の違いはあるが、イギリス、フランス、日本などでも実行された。それでも、イタリアでは、一九九五年時点で製造大企業二〇社のうち、一〇社が国有であり、一九九七年の『フォーチュン』五〇〇社ランキングに入った大企業一三社のうちに、IRI、ENI、ENEL（電力公社）といった国有企業が入り、さらに金融関係七社のうち過半は国有なので、一三社の過半も国有企業となる。このように、なおイタリアの大企業の中には、多くの国有企業がある。ただし、その後、IRIやENIは解体され、航空会社や国有銀行も民営化されたので、現在の国有企業比率はずっと低くなっている。*14

もう一つのイタリア大企業の特徴は、公企業の比重が下がったにもかかわらず、経営者企業が増えず、大企業も家族企業として運営されていることである。ほとんどすべての中小企業が家族企業であるのは当然だが、大企業の中にも家族企業が多いのである。イタリアを代表する大企業であるフィアット（ランク三二位）はアニェッリ家が、ベネトンはベネトン家が、オリヴェッテイは昔日の力を失ったが、かつてはオリヴェッティ家が所有していた。以上のように、大企業が経営者企業になっていないというのが大きな特徴である。イタリア家族主義の強さが伺われる。二〇〇〇年ごろの米独と比較すると、最大一〇〇社のうち、アメリカ、ドイツのそれぞれ一七社に対し、イタリアは四二社もが家族経営の企業だったのである。*15 その状況には今も大きな変化はない。そして、大企業の相対的不振と裏腹に、中小企業がサードイタリーに叢生し、また北部でもミラノを中心に、ファッション関係企業が独自のプレゼンスを獲得するというように、中小企業の活躍が目立っている。ただし、同じ北部のトリノでも繊維産業が盛んであったが（一九五〇年代）、ローエンドの量産品、主に生地を生産していたために衰退し、一九七〇年代以降、ハイエンドの特注品を生産していたミラノと明暗を分けた。したがってすべての地域がうまくいっているわけではない。

先述したように、イタリアでは、ファッション・アパレル関係だけではなく、ＮＣ旋盤、自動包装機械のような独特の機械工業も盛んである。これは、第三次産業革命（エレクトロニクス革命）の結果、家族企業でもハイテク技術を使った分野に参入できることが可能になったからである。このような参入バリアーの低下は、ＳＭＥの参入を容易にし、したがって家族企業の形態でも十分対応できるようになった。こうして、各種の機械工業、とりわけ工作機械、繊維機械、農業機械、さらにはスポーツタイプの高級車であるフェラーリ（現在はフィアット傘下）、オートバイのドゥカッティ（現在は、ドイツのVW傘下）などの独特の製品を生み出すことが可能になった。

ここで零細家族企業から大企業へと雄飛したベネトンの事例を紹介しておく。[*16] 同社の歴史は、イタリアの零細企業が世界的な企業に成長していく様を示し、戦後に発展したイタリア企業の縮図を見るようなものである。今でこそ、従業員三万人を擁しているベネトンも、ヴェニス近郊のトレヴィーゾから、兄弟二人で（後に弟も加わり兄弟四人で）始めたアパレル（セーター）企業であった。自宅を作業場にして、ようやく工面した資金でミシンを購入し、できた製品をアパレルショップに置かせてもらうという状況からスタートした。だがその後、生産技術、生産方法、マーケティング面でいくつかのイノベーションを行った。その特徴は、イタリアのアパレル企業の強さを示すものとして特筆に値する。

一九五五年にトレヴィーゾで始まったこの企業は、まずその色彩で有名になった。従来、セーターというと地味な色合いが多かったが、赤、黄色など奇抜な色使いで、特に若い世代の好評を博した。このように、アパレル業界ではとりわけ色彩の流行の変化についてゆくのが最も重要であり、その課題を克服するために「後染め」の技法を開発した。糸から染色する先染めと異なり、すでに製品が出来上がっている後染めであれば、今シーズンの流行色をすばやく判断し、流行に即座に対応できるのである。この技法の採用によって、ベネトンは最先端の流行色を機敏に大量に市場に送り込むことが可能になった。

生産体制の面でも、大工場の管理の困難、労使関係の複雑さを考慮し、若干の工場は持っているものの、大部分の製品は近隣の家族経営の小工場に委託し、ネットワークを組むことによって量の変化にも機動的に対応できるようになった[*17]。国内販売は、地域エージェント＝セールズ・レプリゼンタティブ（イタリア語ではラプレゼンタンテ）やフランチャイズ方式を用いて、既存の商人層ともウィンウィンの関係を築いた。ベネトンの販売を手掛ければ、富裕になれるとの評判も流通業者の口の端にのぼった。海外展開も一九八〇年代前半に、イタリア・ファッションが世界の耳目を集めたそのときに、アメリカ進出を果たし、国内販売と同じようにセールズレップ、フランチャイズ方式を使って、世界的な企業となった。しかし、規模が巨大化しても、経営の中軸は兄弟四人であった。兄弟四人が、デザイン、生産、財務、経営全般というように、分担して当たっていた。このように、兄弟が大勢いると仲間割れが起こりそうだが、イタリアの家族主義では、日ごろから一緒にランチを取るなど意思疎通が頻繁なためか、トラブルが発生することが少ないと言われている。

同族所有（経営）の代表的企業であるフィアットも、十九世紀末に設立された企業ながら、依然としてアニェッリ家がその支配を維持している。経営機能には、立案、承認、人事の三要素があり、なかでも人事、言い換えればＣＥＯ（最高経営責任者）やＣＯＯ（最高執行責任者）を選ぶ機能はある

図 11-1　企業規模でみたイタリアの企業形態

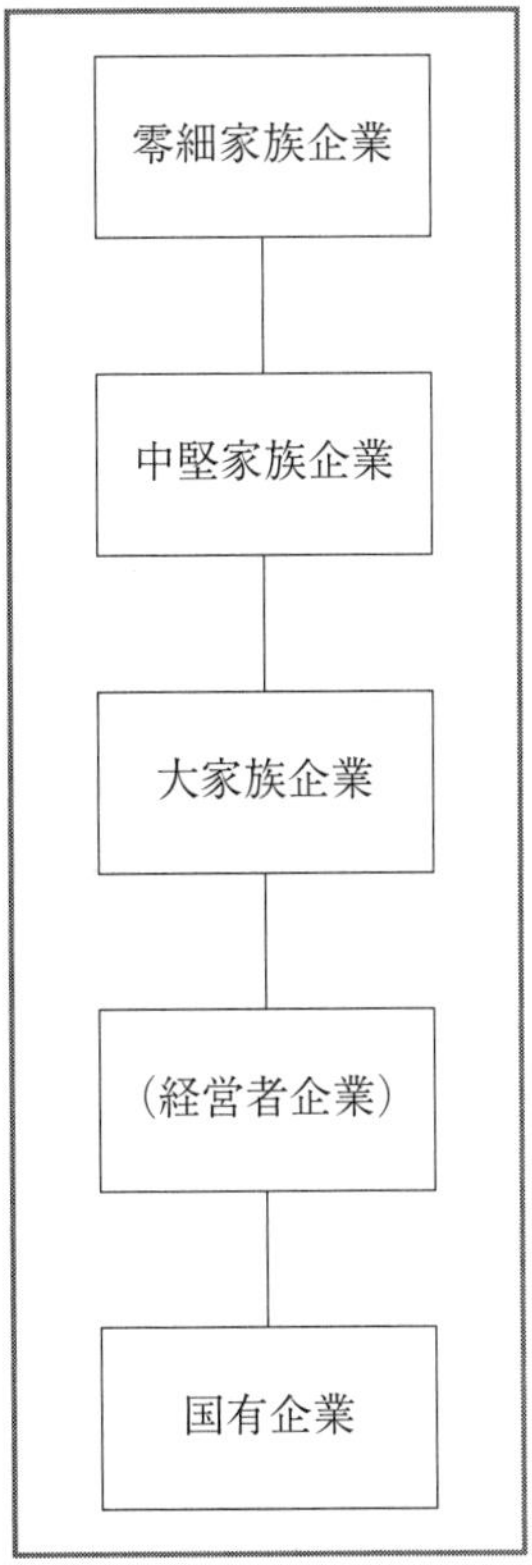

（注）10人以下の零細企業は，イタリアではアルティナジャート（職人企業）と呼ばれている。また，366万社ある企業の平均雇用者数は8人であり，従業員の80％以上は中小企業・職人企業に雇用されている
（出所）岡本義行「イタリア」138頁）。

意味で最重要であり（支配権の維持）、その機能をアニェッリ家は手放していない。もっとも、アメリカのフォードもフォード家が議決権を確保し、支配を継続している。

以上を図示すると、イタリアの企業形態は図11-1のようになる。

7　地域経済の構造

イタリアには強力な家族主義とともに、カンパニリズモ（同郷主義）がある。血縁は最重要だが、地縁も重要である。特に、コムーネ（村・町・市などの自治体）の伝統を持つ中部・北部では、どこのパエゼ（里）出身かが、ビジネスを進めるうえでも重要であり、同郷の者に親しみを感じる傾向が

表 11-1　プラート産地の発展（繊維関連）

	1951 年	1961 年	1971 年	1981 年	1988 年
企業数（社）	724	7,000	10,600	14,400	14,000
就業者（人）	21,500	41,000	49,500	61,000	56,000
紡毛用紡錘（錘）	280,000	430,000	600,000	770,000	700,000
梳毛用紡錘（錘）	26,000	58,000	180,000	400,000	450,000
織機（台）	5,000	9,000	12,000	14,000	15,000
輸出（10 億リラ）	495	781	1,260	2,700	3,000
輸入（10 億リラ）	184	310	332	400	1,600

（出所）　岡本『イタリアの中小企業戦略』110 頁。

強い。イタリアでは「初対面の人がどこの出身かをさぐり出すのがビジネスの成功のポイントの一つ」とまで言われている。*18 日本でも、同郷出身者、同県出身者には親しみを感じるが、その感情がより強いのである。パエザーノ（同郷人）であることは、様々な点で有利である。

イタリアで最大の繊維産地であるプラート（トスカーナ州）を取り上げ、典型的なサードイタリーの生産取引構造を見ておこう。プラートは、中小企業や、職人企業のネットワークを構築して、分業と協業によって多品種少量生産の体制を実現したことにより、「プラートモデル」と呼ばれており、機械のボローニャ、絹産業のコモ、ニットのカルピなどと並び、「第三のイタリア」の典型的な都市である。以下の叙述は、主に、岡本『イタリアの中小企業戦略』に基づいている。

プラートでは、中世以来、毛織物工業の一種である紡毛工業の生産が有名であった。もう一つの分野は高級品の梳毛工業であり、紡毛工業は中低級品であった。ピークの一九七九年には、紡毛機はイタリアの七〇％、世界の四〇％を占めていた。また毛織物用織機では、イタリアの五〇％を保有していた。

表11-1が示すように、プラートでは一九五一年から一九八〇年代にかけて、繊維関連企業は大きく成長した。一九八〇年代に入ってから、企業数、就業者数とも若干減少傾向が見られるが、中低級品の紡毛製品から、高級品の梳毛製品への高級化を見て取ることができる。輸出比率は、概ね五〇％から六〇％であり、輸出依存の経済である。

プラートを成功に導いた一つの要因は、製品企画、生産の組織化、販売先の確保など、全般にわたってのコーディネイトを行うインパナトーレと呼ばれる人々の活躍であった。他地域では、こうした人々はコンヴァーターと呼ばれていた。繊維製品では、流行をキャッチすることが重要であり、流行を読み、製品企画を立て、生産者を組織し、流通・販売先を確保するという全体の過程をコーディネイトするインパナトーレの役割は重要であり、そのためにはプラートの生産者、販売業者、流通業者をよく知っていることが必要であった。こうした取引やコーディネイトには、仲間意識に基づいた信頼が不可欠であった。プラート地域は、プラート市というコムーネと、それ以外の八つのコムーネから成り立っていたが、それらの地域住民との信頼なしには、ビジネスは進めようがない。プラートには、古くから同業団体を基盤にした「アソチアアツィオニズモ」（団体主義）と呼ばれる人間関係があり、また生産する側には、マエストロ（巨匠）やアルティジアーノ（匠）と呼ばれる職人がいた。インパナトーレには、こうした職人を一つのネットワークにまとめ上げる才覚が必要であった。しかも、インパナトーレになるには、たいした資本もいらず、才覚があれば可能であった。当然のことながら、人間関係がないプラート外の者には参入は不可能であった。

一九八〇年代には、販売先はハイエンドのプレタポルテ向けは一五％、ブティックやデパート向けは五〇％、ローエンド向けは三五％という構成を持っており、ファッション性を高め、いかにハイエンドに売り込むかが重要であった。

このように、一九五〇年代から成長を続けてきたプラートであったが、サードイタリーが脚光を浴びたまさにその一九八〇年代に、プラートは下降を始める。これは、後段でも触れるが、モデルの典型としてプラートを称賛したピオーリ＆セイブルのＳＭＥモデルの限界を告げるものであろう。実際、プラートはその後、危機を迎えることになるのである。

プラートは一九八〇年代に、中国などの新興国の攻勢に押され、また内部で始まっていた過度の多角化によって危機の兆候が見え始めた。一九八六年には、二五～三〇％の企業が閉鎖に追い込まれ、工場稼働率は六〇％にまで落ち込んだ[*19]。これに対処しようとして、過度の多角化や過度の小ロットを労働時間の延長で対応した。その他の問題点としては、品質管理という発想の欠如、納期の保証が十分でなかったこと、在庫圧縮・製品開発投資・情報ネットワーク投資の不足、家族経営への過剰な拘り、ラプレゼンタンテ（エージェント）への過度の依存などの問題が指摘された。こうした問題点は十分克服されることなく、二〇〇〇年代には一層の危機状態が訪れ、その時に幸か不幸か、大量の中国人移民および中国人企業の成長があり、その力で盛り返すという信じ難い状況が出現した。

西口・辻田の最近の研究によれば、プラート県の商工会議所に登録された中国系企業は、一九九二年二一二社、二〇〇〇年に一、二八八社、二〇〇四年に二、〇一三社、二〇〇六年に三、〇一一社、二〇一〇年には四、八四〇社と激増した。[*20] 二〇〇五年のプラート県の繊維関連企業は七、三〇〇社、就業者数は約四万人であり、[*21] プラート県のかなりの数の企業（約三分の一）が中国系企業に占められていることが分かる。またプラート県は二〇一〇年ごろ、EUに一、一〇〇億円輸出したが、そのうち相当分を、中国系企業が担っていた。著者の一人、西口が一九九〇年にプラートを訪れたときは、プラートの経済人は「第三イタリア・モデルの国際競争力に対する、強い確信を表明していた」が、一六年後の二〇〇六年には事態は一変し、伸縮的専業化だけでは、「国際競争力の維持は難しくなり、合併・買収による企業規模の拡大、さらに染色・デザイン・品質の高度化といった戦略転換が、不可欠」と指摘した。[*22]

実際、プラートの主力商品であった紡毛製品製造企業は、一九九六年に約四〇〇社あったのが、一〇年後には約一九〇社まで減少した。この衰退を別な形で逆転させたのが在プラートの中国企業であった。中国企業といっても、プラートに進出した企業はほとんどが温州企業であり、彼らはプラートの「地元企業と直接競合しない産業と市場に参入する傾向が強い」[*23]。したがって、イタリア人企業と激しい摩擦を起こすことは少ない。また、移民としてプラートに来た中国人は、低賃金で種々の仕事に就いたが、やがて企業を立ち上げると、そうした中国系企業は、イタリア人企業によって低コストで柔軟な労働力を有する下請け企業として活用されることになった。さらに中国系企業は伝統的な毛織物分野よりもむしろニットやアパレルなどの製品に携わり、二〇〇六年頃には、アパレル工場二、三〇〇社の五〇%以上、ニット工場七〇〇社の八〇%以上を占めるまでになっている。プラートはもはや中国人や中国系企業なしには成り立っていかないほどである。プラート市の人口二〇万人のうち、合法的に居住している中国人は一万人、非合法の者は四万人もいると言われ、合計五万人を数え、プラートの五人に一人は中国人なのである。イタリア全体では二〇万人をはるかに超えると言われている。中国系企業は、「ファーストファッション」の代表格であるH&MやZARAの製品を作っている。さらにはフェラガモやグッチなどの一流製品を作っている可能性もある[*24]。

直接的な摩擦こそないが、こうした状況に対してイタリア国内の反発も強まり、「イタリア資本（経営）によって、イタリア人によって製造された、イタリア製品」の意味である「100% Made in Italy」なる言葉も登場した。イタリアで製造されたという単純な「メイド・イン・イタリー」ではなく、資本、経営、労働がすべてイタリア人によって担われたという意味である。プラートほどではないが、ミラノ、トリノ、ボローニャなど、中国人の進出は他の都市でも見られ、スペインなどでも類似の現象が起きている。イタリア製品の声望は、今後どのようになっていくのだろうか。

8 小　括

サードイタリーに代表される、SMEを軸にしたイタリアの企業システムは、どのように評価されるべきなのだろうか。ピオーリ&セイブルが絶賛した「サードイタリー・モデル」は、普遍性を持ちうるのだろうか。フクヤマは、『信頼』の中で、マルケ州を研究したマイケル・ブリムやリチャード・ウィットリーの見解を引き、やや否定的に考えている。ブリムは、第二世代への引き継ぎが困難であることを示し、ウィットリーは中部イタリアでSMEが成功を収めているのは、北部と異なり、従業員が労働組合に組織されておらず、賃金が低めに抑えられているからであると主張する。確かにサードイタリーで、保守的な政治風潮のあるヴェネト州（白い州といわれる）などでは、組合はあまり無く、「自己搾取」といわれるほど、家族企業は身を粉にして働くのが通例である。赤い州と言われるエミリア・ロマーナ州でも、共産党政権が長らく続いたこともあり、組合加入率はヴェネト州よりは高いであろうが、中小企業のゆえに、同州においても組合加入率は北部ほど高くはないと推測される。

ただし、北部でも一九八〇年、フィアットにおける労働組合のストライキが、フィアットの管理職やトリノ市民のデモンストレーションによって挫折した有名な「トリノ事件」以降、労働組合が勢いを失ったことから、北部と中部の賃金格差はそれほど大きくはない。一人当たり所得を比べれば、北部と中部にほとんど差異はないのである（一九八九年で北部を一〇〇とすれば、中部は九二、南部は五五）[*25]。

イタリアモデルは、繊維、ファッション（アパレル）、食品、宝飾品、特別仕様の機械、生活用品（タイル、キッチン用品）などの衣食住に密接に関連した分野で有効であった。だが半導体、コンピュータなどのハイテク分野では有効ではなかった。もっとも、ハイテク消費財のパソコン、スマートフォンなどでは、デザインも重要であり、アップルのデザイン力が高く評価され、製品差異化に成功したこともある。だが総じて、生産財の分野ではイタリアモデルは成功を収めにくいのではなかろうか。イタリアモデルは、消費財セクターで力を発揮できると思われる。また消費財でも、プラートの事例が示すように、ブランド力は保持できるが、生産それ自体はコスト競争力をもつ企業（この場合は中国企業）にかなわないだろう。プラートの苦境は、毛織物の中でも紡毛製品（例えば、毛布）のような中・低価格品にウェイトがあって、高価格帯の梳毛製品（例えば、スーツ）に、競争優位を持っていなかったことも一因である。高価格帯で、高いブランド力を持っている企業・地域であれば、イタリアモデルはなお競争優位を発揮できると考えられる。

家族企業の有効性について述べれば、イタリアの北と南では、同じ家族企業と言っても大きな違いがある。というよりも、南では、家族で営む個人商店、個人営業の企業しかほとんど存在していない。それは、核家族形態を基盤にする南部と、大家族を基盤にする北部・中部で、家族主義の内実が違うからである。その意味で、中国の家族主義（大家族主義）とイタリア北部・中部の家族主義は類似性を持ち、イタリア南部の家族主義は異なっている。また共同体に開かれた家族主義と、閉ざされた家族主義の違いと言ってもよい。

ただし、イタリア、中国の両者とも、家族主義の限界は等しく抱えている。一番の成功例とされるベネトンでも、今後世代交代が進むにつれて、どのように変化していくかは見通せないところがある。また中国の創業者企業が巧みに世代交代を切り抜けられるかについても疑問なしとしない。結局、最終的にはチャンドラーの経営者企業論が生き残るかもしれない。

しかし、サードイタリーが提起したスローフード、スローライフ、スローシティの社会生活の方向性は今後も意味を持ちうるであろう。豊かな生活こそ、生産活動、サービス活動の目標であり、人生の究極目標であることは、誰しもが認めるところだからである。ちなみに、あるイタリア人の説明では、キリスト教では「自然を支配し、服従させよ」との考えが強かったが、聖書（アラム語）の解釈においても「自然を守り、いたわりなさい」というように変化してきているそうである。

第12章 ドイツの経営文化

はじめに

ドイツは、「社会的市場経済」として、独特の資本主義体制を持ち、それはまた「ライン型資本主義」と言われることもある。第二次大戦後の「奇跡の経済成長」、東西ドイツ統一に伴う停滞、そして二十世紀末からのヨーロッパ経済（EU）の盟主としての復活、これらの時期を通して、ドイツ資本主義、ドイツの経営体制、ドイツの経営文化は強靭な継続性を示してきた。

中国とイタリアが家族資本主義として、かなりの類似性があるのと同様に、ドイツと日本は、共同体資本主義という言葉で括ることもできる。

「世界に冠たる」経済体制を持つドイツは、その独特の制度でよく知られている。二元的トップマネジメント組織、労使協議制、労働者代表委員会（Betriebsrat）、強力な産業別組合（I・G・メタル）、マイスター制度、職業学校、サンドイッチ教育、少ない労働時間にもかかわらず高い生活水準、手厚い福利厚生、同族企業の執拗な存続、強靭な中堅企業（Mittelstand）の存在などである。

ドイツは、ヨーロッパの中でも、イタリアとはまた別種の強さを誇っているのである。以下では、こうしたパフォーマンス、制度をもつドイツが、どのような経営文化を持ち、維持してきたかを明らかにしたい。

1　ドイツの経営制度・文化の歴史的起源

ドイツは、一八七一年のドイツ帝国の誕生まで、三〇〇にも及ぶ領邦国家の集合体にすぎなかった。神聖ローマ帝国という外皮はあったが、実質的なものではなく、各領邦国家が自治権を持ち、イタリアと同じように、分立した状況にあった。しかし、「民主主義の封建制に対する最終的勝利」という、世界史的画期を成す一八〇六年のイエナの敗戦によって（フクヤマ『歴史の終わり』）、換言すれば、ナポレオン率いるフランス国民国家にプロイセンが敗北した後、ドイツにも近代化の機運が高まっていった。シュタイン＝ハルデンベルクの改革、その後の関税同盟の成立、そしてプロイセン主導のドイツ帝国の成立という歴史の流れの中で、今日にも続く大企業が誕生してきた。一八一一年創業のクルップ、一八四七年創業のジーメンスは、色濃くドイツ企業の特質を帯びていた。産業家父長制（ヘル・イム・ハウゼ）に象徴される家父長的・人格的管理、専制的経営体制、かつてのツンフト（Zunft、同職組合）から工業マイスター制への転換、これらの特徴は今なおドイツの経営システムに刻印されている。

ドイツの社会構成は、一八七一年のドイツ帝国の誕生以降、プロイセン王をドイツ皇帝とし、その下にバイエルン王、ザクセン王、ヴュルテンベルク王、バーデン大公などの有力諸侯を従え、その下には、封建的・権威主義的プロイセン・ユンカーに象徴される貴族が存在した（図12-1参照）。さらにその下には、ラインラントなどのブルジョアジー（新興企業家層）が存在していた。「ライ麦と鉄の同盟」とも呼ばれるユンカー貴族とブルジョアジーの関係は、前者が国政を担うという点で支配的なイデオロギーとなり、さらにクルップ（ラインラントのエッセン）などの企業も、保守的家族共同体の性格を帯びていた。さらにその下には、中産層として、伝統的な手工業者あるいはツンフト親方の変形としてのマイスターがいて、ドイツ的熟練の維持に貢献していた。マイスターの中には、保守的、言い換えれば堅実な共同体意識が残っていた。このように、ドイツ帝国の頂点から下層まで、共同体的・団体主義的な文化が横溢していたのである。

他方で、企業組織として、プロイセンの株式会社法（一八四三年）を起点に、英米の取締役会制度とは異なり、監査役会（Aufsichtsrat）と執行役会（Vorstand）の二元的トップマネジメント体制の誕生（一八七〇年改正株式法）、ドイツにおいて企業の多数を占める「有限会社」を可能とした一八九二年の有限会社法、さらに一九二〇年には労働者代表委員会法によって、労働者代表委員会（経営協議会と直訳されたり、従業員代表委員会と訳されることもある）が誕生した。ワイマール期には、

図 12-1　ドイツ帝国時代の社会構成

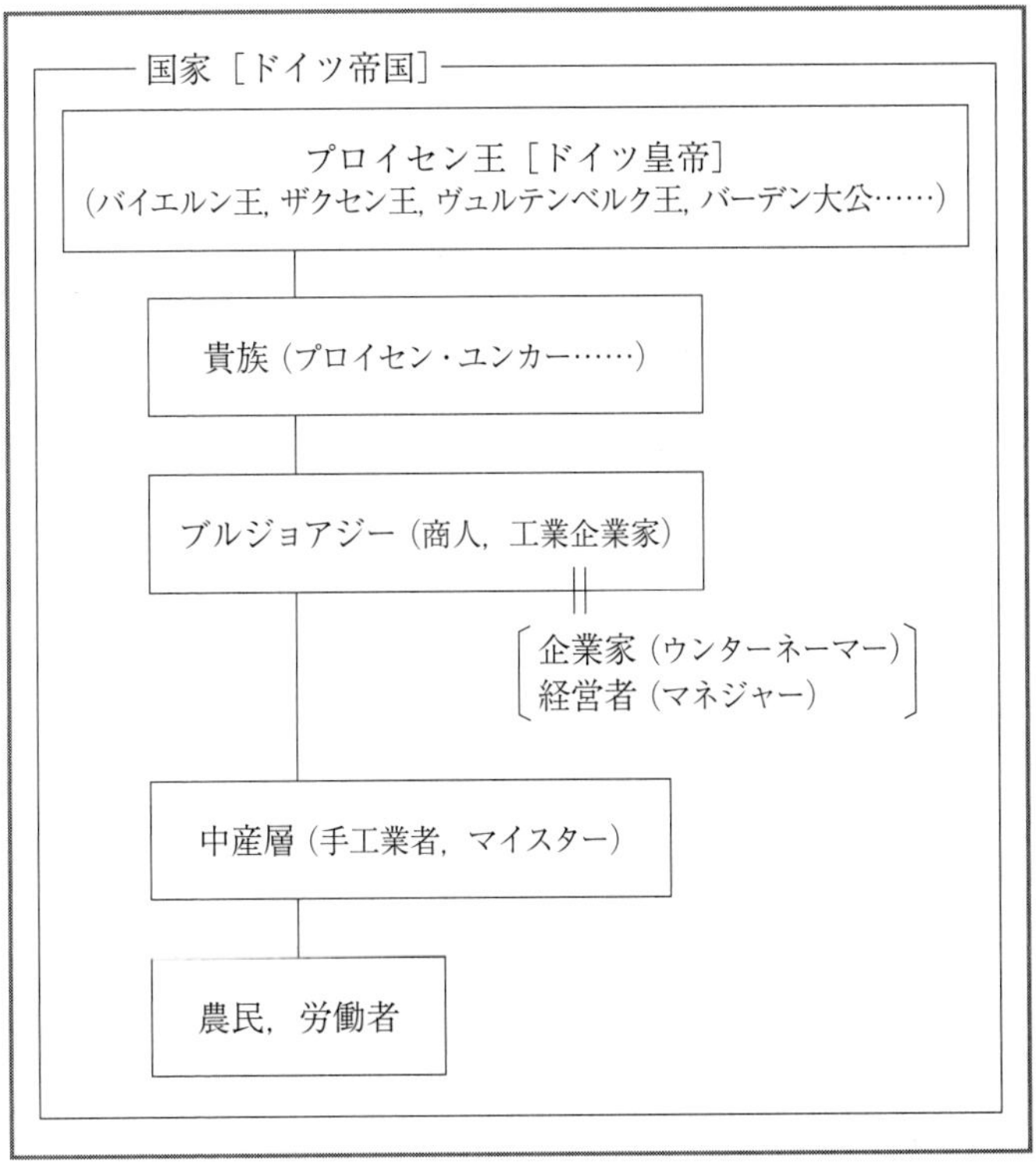

（注）　バイエルン王以下，約 300 の領邦国家があり，官憲国家，官僚制国家の異名もあった。
（出所）　福應ほか『エレメンタル経営史』のドイツの諸章などより作成。

こうした制度が機能したが、ナチス期に入って労働運動の抑圧が始まると、労使協議の機運は頓挫した。だが第二次大戦後、ドイツの労使関係は本来の労使協議・労使協調の軌道に復帰した。

それどころか、第二次大戦後、労使協議のこの傾向はさらに深化し、共同決定制にまで発展した。一九五一年のモンタン共同決定法（炭鉱・鉄鋼企業に適用）、一九五二年の経営組織法、一九七六年の共同決定法が成立した。経営組織法は、五〇〇人以上の企業に適用され、経営・労働の監査役比率は二対一であったが、共同決定法では、二、〇〇〇人以上の従業員を有する企業は、監査役会において経営側と労働側が同数の監査役を持つことが義務となった。[*1]

さらに一八八〇年代、ビスマルクの下で、社会主義鎮圧のためのカウンターバランスの側面もあったが、疾病保険法（一八八三年）、労災保険法（一八八九年）、老齢廃疾保険法（一八八九年）が制定され、従業員保護を目的とする、後の手厚い福利厚生に繋がることになった。

以上の制度的変遷は、ドイツが共同体的・団体的主義的、言い換えれば中間組織を重視する文化的背景から生まれたものであった。ただし、中間組織だけではなく、同時に国家を重視する国家主義的傾向も帯びていた。各種の社会保険がクルップなどの民間企業から始まりながら、国家によって主導されていくという国家主導的な傾向である。これは、一九世紀前半の領邦国家の体制から、ナポレオンの攻勢に対して、急速に国民国家を造り上げようとした歴史的事情による。

ところで、エマニュエル・トッドによれば、ドイツは長子相続・大家族制であり（本書第Ⅰ部、

表2-1参照)、強い家族共同体の伝統があった。イギリスやアメリカの長子相続・核家族と異なり、共同体のウェイトが大きかったのである。もちろん他の歴史的要因もあるが、産業家父長制や専制的経営体制が誕生する背景は、こうした家族と相続の在り方が大きく影響していたことは明らかであろう。先にあげた、クルップやジーメンスもその典型である。*2

今一つの要因としては、宗教の要因がある。ルターによる宗教改革の発祥の地であるドイツでは、ルター派などのプロテスタントが強かったが、南ドイツでは、概してカトリックが強力であった。だが、北西部のラインラント(ルール重工業地帯)と並んで、企業家を輩出する地域であったシュヴァーベン地方(南ドイツのヴュルテンベルク東部やバイエルン西部)では、プロテスタントが優勢であった。以上からわかるように、ドイツでは、歴史的にも北部がプロテスタント、南部がカトリックというようにすっきりとは分けられない、むしろ両者の混在が特徴だったのである。

さらに、「ドイツにおいて教会は非常に大きな役割を担っている。古くはプロテスタントの北部、カトリックの南部と色分けされてきたが、第二次世界大戦後何百万という難民が北部や東部から西部、南部へと流入してきて、その単純な色分けができないほど両者は混在している。村や町のはずれには道標が立ち、その地区のプロテスタントとカトリックの割合が一目で分かる仕組みになっている。信者の数が分かるのは、教会税[年に一二万円くらい]というドイツ独特の税制があるからである」*3。このように、第二次大戦後は、ますますプロテスタントとカトリック両者の混在が特徴となったのである。

プロテスタントとカトリックの信者数は拮抗しており（およそ三〇％ずつ）、教会税とも相まって、宗教心は、イギリス、フランスと比較すれば強い。ドイツでは、プロテスタント、カトリック、両者とも仕事に励み、自らの職業を天職として、「神を喜ばすために」富を蓄積し、成功することを自らの義務と考える思考が一般的であった。英語で天職を意味するcallingは、ドイツ語の職業Berufと一脈通じている。Rufenは、「呼ぶ」（call）という意味だからである。

以上のように、カトリック、プロテスタントを問わず、仕事に邁進することが、ドイツの一般的エートス（生活態度、生活感覚、生活倫理）となった。

この傾向は、南ドイツからアルプスを越えれば、すぐに北イタリアに行けるので、北イタリアと南ドイツは文化的に近いとも言える。イタリアの章で述べたように、北イタリアでは、ローマ教会の影響は直接的ではなかったので、南イタリアの「強いカトリック」（教会の権威・権限が強い）とは異なる、「弱いカトリック」（世俗化が進行した状態）が主流であった。ドイツでは、南部も北部も、「弱いカトリック」「弱いプロテスタント」であった。これに対して、イギリスやネーデルランドでは、カルヴィニズムやピューリタンに代表されるように、「強いプロテスタント」が一般的だったのである（図12-2参照）。

個人の信仰、ゼクテ的結合を特徴とする「強いプロテスタント」が、資本主義勃興の引き金を引

図 12-2　地域と宗教

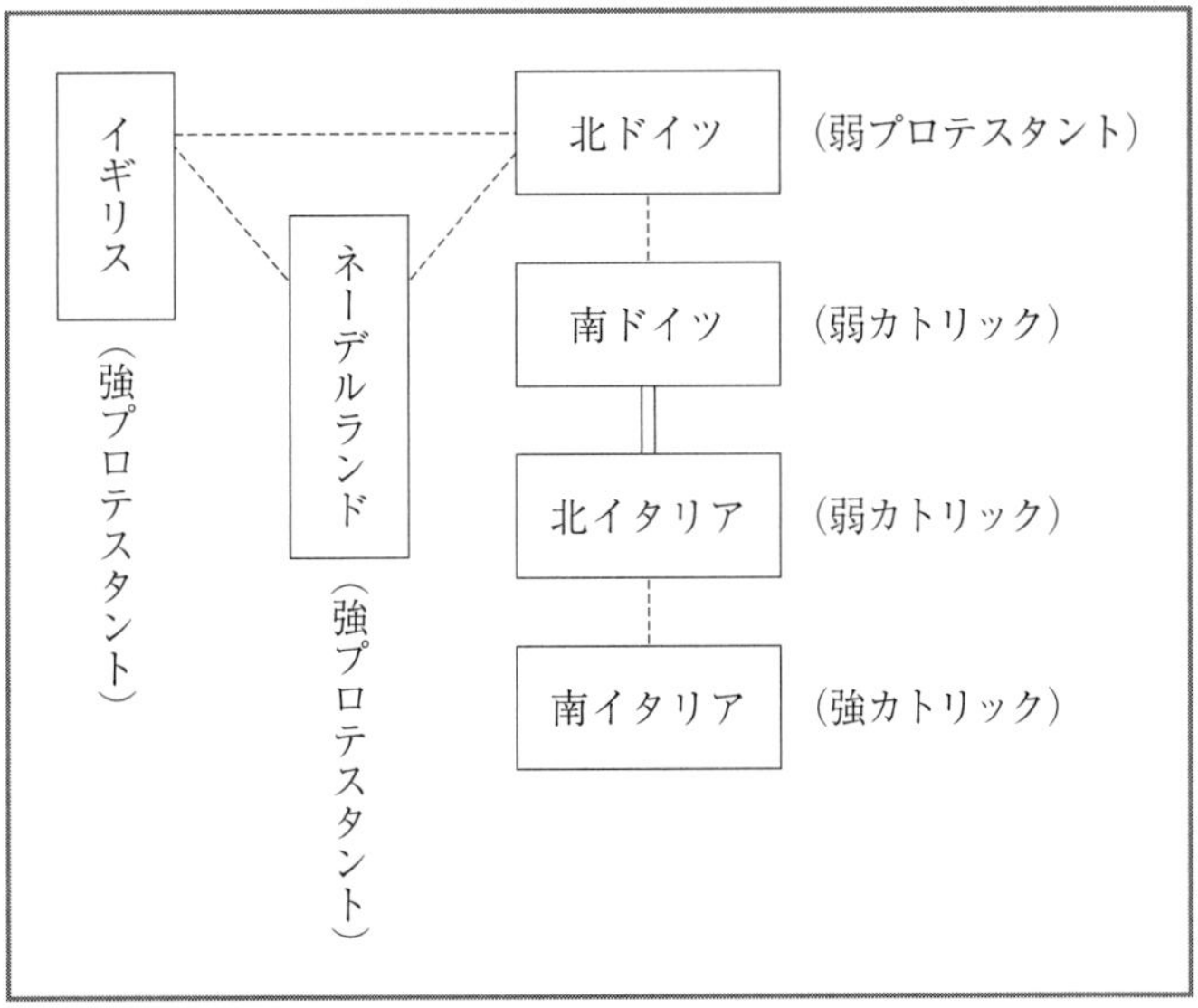

(注)　南ドイツは，シュヴァーベン地方のプロテスタントなど，カトリックとプロテスタントが混在している。
(出所)　ヒルシュマイヤー『工業化と企業家精神』など。

いたとすれば、「弱いプロテスタント」や「弱いカトリック」は資本主義化の開始こそ遅れはしたが、その後の資本主義発展にとってイギリス、オランダを凌駕して主導的立場を築いたのである。これに対して、「強いカトリック」は、南イタリアに見られるように、今なお資本主義発展の波から取り残されている。

2　ドイツで支配的なのは、経営者企業か、家族企業か

本書では、企業の類型として、経営者企業と家族企業の差異に注目している。中国、イタリアでは家族企業が圧倒的であり、アメリカ、日本では経営者企業が制覇した。ドイツでは、どちらの類型が支配的なのだろうか。

ドイツには、ダイムラー、ドイツ銀行、バイエル、バスフ、ヘクスト（この化学三社はかつてはＩＧファルベンとして一社であった）、フォルクスワーゲン、ボッシュ（自動車部品）、ジーメンス（電機）、ＢＭＷ（自動車）などの世界的大企業がある。だが、こうした世界的大企業の中にも、家族企業が多数含まれている。最初の五社を除くと、フォルクスワーゲン以下、すべて家族企業である。

チャンドラーの企業発展論では、最終的に経営者企業に収斂していくのであるが、ドイツでは家族企業が今でも根強く残っている。またカルテルなどの企業間の協調行動も歴史的に活発であった。だが、チャンドラーはドイツにおけるこの家族企業の強固な残存という事実を重視せず、カルテルなどの協調的体質に着眼し、ドイツ資本主義を「協調的経営者資本主義」と呼び、アメリカの「競争的経営者資本主義」と対比している。[*4] たしかに、ドイツを協調的とし、アメリカを競争的とすることには根拠がある。ドイツが共同体的・団体主義的であることから、業界の中でカルテルなどの

協調的行動をしばしば取ることは歴史的に事実であった。特に、両大戦間期およびそれ以前にも、カルテルは法的裏付けを持っていたので（カルテル裁判所の存在）、協調的行動、業界団体の存在は、当時も今もドイツ資本主義の特徴といえるであろう。

しかし、ドイツで経営者資本主義（経営者企業が支配的存在となっている状態）が確立されたと言えるのだろうか。中小企業が家族企業であることはどの国でも大同小異であるが、大企業の中にも数多くの家族企業が存在していることが、アメリカや日本と比べ、ドイツの大きな特徴である。もちろん、イタリアやフランスでも事情はドイツに似ている。だが、イギリスはかつてはそうであったが、今では経営者企業が支配的であるようにみえる。[*5] ドイツではすでに挙げた企業に加えて、以下の例が示すように、多くの有力企業が家族企業である。ティッセン・クルップ（鉄鋼）、ベーリンガー（医薬）、ヘンケル（日用品）、メルク（医薬）、ツァイス（レンズ）、フォイト（産業機械）、フロイデンベルク（総合部品）、ミーレ（家電）、ヘラー（自動車部品）など、多産業にわたって、家族企業がある（二〇一二年）。[*6]

この中の企業では、筆者は一九九〇年代にフロイデンベルク社を訪問したことがある。同社は、各種の部品を製造しており、日本企業と合弁でオイルシールを製造していた。その関係で同社工場を訪問したのであるが、規模ではドイツで二〇番以内に入る大企業の同社が家族企業であることを知って驚いた記憶がある。同社役員の話では、ドイツでも一九九〇年代に入ってから、専門経営者

（Manager）が経営する企業が徐々に増えているとのことであったが、なおドイツでは家族企業が多いとの印象を持った。

これは、企業家ならびに経営者を意味する言葉の重要性にも関係している。ドイツ語で企業家はウンターネーマー（Unternehmer）という。企業家は程度に差はあれ、資本を所有していると考えられ、企業経営に自らの財産を賭しているとの意味合いがある。これに対して、経営者は、英語と同じ言葉で、マネジャー（Manager）と言う。ウンターネーマーと異なり、雇われ経営者というニュアンスがあり、自身の財産は投じていないという否定的意味合いを持つ。当然、ドイツ社会ではウンターネーマーの方が評価が高く、マネジャーの社会的地位は低い。ドイツでは、その意味からも、家族企業のオーナー経営者は高い評価を得ることができるのである。ちなみに、マネジャーという言葉は、ドイツでは十九世紀末から使われ始めた比較的新しい言葉である。俸給経営者、専門経営者を意味する言葉としては、他に beauftragter Unternehmer や angestellter Unternehmer という言葉がある。*7

また、「経営」という言葉にどのような用語が使われているかと言えば、経営指導は Betriebsführung であり、経営管理は Betriebsverwaltung や Betriebsleitung である。Führer は leader を意味し、Verwalter や Leiter は administrator, manager を意味する。したがって、Führung は、Verwaltung、Leitung より、Führer は Verwalter、Leiter より、はるかに社会的地位が高いので

ある。ヒトラーが、大統領職と首相職を統合して「総統」(Führer) と称したことはよく知られている。有限会社の社長はGeschäftsführer と呼ばれる。こうした社会の雰囲気では、家族企業のオーナー経営者が高い地位を持つことは想像に難くない。ちなみに、株式会社の会長は、Vorsitzender des Aufsichtsrates、社長は、Vorsitzender des Vorstandes と言われる。

ドイツ語では、経営者企業はManagerunternehmung、家族企業はFamilieunternehmung と呼ばれ、Manager という言葉が使われていることから、経営者企業、経営者資本主義 (Managerkapitalismus) の地位の低さが伺われる。その意味で、チャンドラーの「協調的経営者資本主義」という表現は、家族企業が多いこと、専門経営者の地位が低いことから、正確には「協調的 (経営者) 資本主義」というように表現されるべきであろう。ただし、チャンドラーの説を首肯している研究者もいて、福應健、工藤章などは、ドイツにおける経営者企業の成立に肯定的である。これに対し、家族企業の重要性を強調する研究者としては、吉森賢がいる。

しかし、マネジャーの社会的評価が上がってきていることを指摘する見解もある。『ドイツの経営文化』という本を書いたコリン・ランドルサムは、マネジャーという言葉が、企業家ボス (entrepreneurial boss) という言葉と全く異なる意味合いを持つことを認めつつも、現代のドイツ社会では「企業家」よりも「マネジャー」にしばしば高い評価を与えることがあると述べる。さらに、中規模企業のオーナーよりも、大企業の執行役会に席を占めていることが、社会的により威信の高いことがありうるとまで主張する。[*8]

ここで、ドイツの代表的家族企業として、自動車用電装部品のボッシュの事例について見ておこう。[*9]

ボッシュは、一八八六年にシュトゥットガルト（シュヴァーベン地方）で創業した。二〇一七年時点では、売上七八〇億ユーロ（一〇兆円）、利子・税引き前利益（EBIT: Earnings before Interest and Tax）で五〇億ユーロ、従業員数は四〇万人、うちドイツには約一〇万人である。ボッシュは世界屈指の自動車用電装部品メーカーであり、他に電動工具、白物家電メーカーとしても有名である。

創業者のロベルト・ボッシュは、「企業活動の永続」と「社会貢献の永続」という二つの経営理念を持っていた。ドイツでは、家族名を残した企業が永続することが重要なのである。この点で成長よりも存続を重視する日本企業と類似している。これらの経営理念を実現するために、一九二一年にはボッシュ財団の前身を設立し、独特の企業統治体制を築きあげた。そのガヴァナンス体制は、経営理念を貫くために同社を非上場とし、株式はボッシュ財団が九二％、ボッシュ工業信託（役員、役員OB、外部の者によって構成された共同監査役会）が一％、ボッシュ家が七％という所有構成をもっている。だが、議決権は異なった構成を持ち、財団はゼロで、工業信託が九三％、ボッシュ家は七％である。ボッシュ家が七％の議決権株式を持っているので、同社は家族企業でもあるが、特異なのは、工業信託（共同監査役会）が一％の保有で議決権の九三％を持っていることである。このような議決権構成にすると、外部からの経営に対する干渉を遮断し、経営陣で自由に意思決定できる。だが、野放図にならないように、共同監査役会が経営陣を監視し、またボッシュ家も監視する体制である。

ボッシュは、一九〇六年に一日八時間労働制を取り入れ、一九一〇年には週休二日制を取り入れるなど、先進的な企業福利を実施している。また二〇一六年には利益の三分の一以上（一三億ユーロ）を財団に回していて、社会活動に貢献している（ただし、二〇〇八年ごろは毎年七、〇〇〇万ユーロの配当を財団に支払っているとされている）。

もとより先進的な企業福利の実施の裏には、「ボッシュテンポ」と呼ばれるような厳しい標準作業時間の設定があった時期もある。この厳しい労働体制は労働者の反感を買い、一九一二年には激しい労働争議が勃発した。そのこともあったのだろうか、現在のボッシュでは、育児休暇取得者の四割は男性であり、また二五年勤続すれば、「ボッシュパーソン」として表彰される制度がある。長期勤続、良質の企業内福利を実施していて、ボッシュで働くことは従業員にとって誇りであるとされる。稼いだ利益が社会貢献に回り、また企業内福利も充実していることが、働き甲斐をもたらしている。ただし、給与は他社、他産業と比べて特に良いというわけではない。しかし、会社と従業員の信頼関係は強固で、研究開発にも毎年一兆円近く投資し、激しい市場競争にも巧みに対応するなど、ボッシュの評価は高い。こうした高い評価を生み出したのも、創業理念の「企業発展の永続」と「社会貢献の永続」による独特のガヴァナンス体制が大きく影響していると考えられる。ボッシュが、独特の体制を持った家族企業として存続・成長している事実は、ドイツ大企業の一つの典型と言ってよい。

もとより、十九世紀末からの大企業の発展にともなって、ドイツでは従来の企業組織は大規模化し、階層化された。それゆえ、経営者企業化が徐々に進展していることは疑いがない。ただし、その進捗度合いは、ボッシュの事例に見られるように、想像以上に緩慢であり、到達した水準も低いのである。あるいは、ボッシュは既に単純な家族企業ではなく、所有は特定家族が持つが、経営は専門経営者が戦略的意思決定も行う「準経営者企業」と言えるのかもしれない。

一九七〇年ごろの西ドイツと日本の家族企業の比較をすれば、日本の最大三〇〇社のうち家族企業（創業家などが株を三％以上持っている企業）は一〇・六％、西ドイツ（最大一五〇社）では四八・〇％と、かなりの差がある。創業家などによる三〇％以上の株式保有率で比べれば、日本の二・七％に対し、西ドイツは四一・三％とさらに著しい差がある。この数値から見ても、ドイツ大企業では、家族企業が大きなウェイトを持っていることが分かる。[*10] ただ、ボッシュの例にみられるように、その内実は「準経営者企業」に接近していたことが分かる。

ここで、ドイツ企業の階層構造を見ておこう。

製造企業では、図12-3のような構造を持つのが普通である。また、銀行では、図12-4のような構造を持っていることが多い。

　これら二つの図からは、他の国と格段異なった特徴は見られない。したがって、階層構造は各国とも共通と言ってよいが、最上位の監査役会、執行役会における家族メンバーのウェイトが問題に

図 12-3　製造企業の階層構造

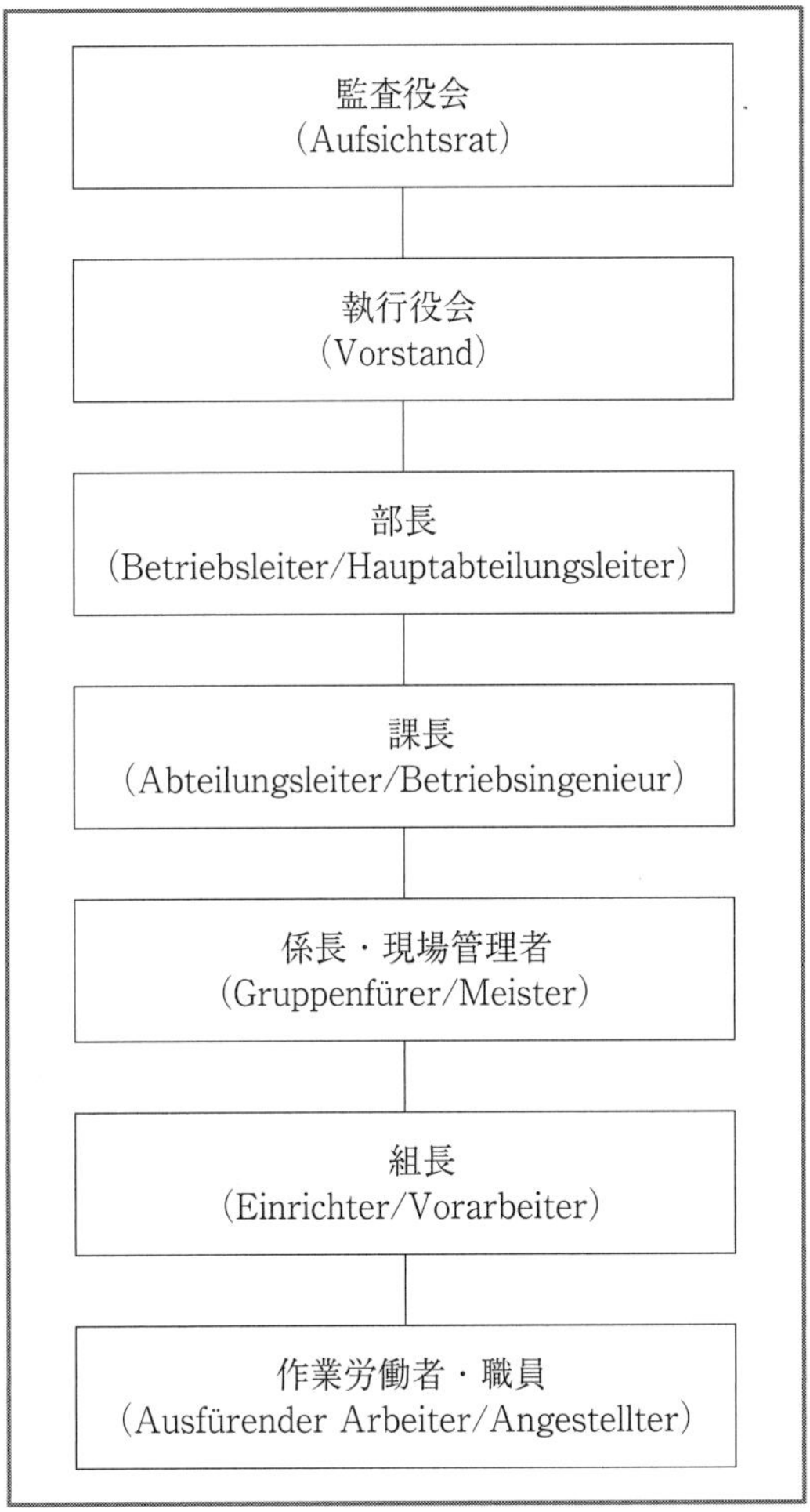

(出所)　大西『ドイツの経済』129 頁など。

図 12-4　銀行の階層構造

（注）　stellvertretend＝deputy，acting。Abteilung＝department。Prokurist はかつては代表権を持つ者として地位が高かったが（例えば支配人），現在は課長クラスを指す。
（出所）　吉越『ドイツのビジネスマン』90–91 頁。

なろう。単なる資本の所有構造だけではなく、家族メンバーの比重、企業への関わり方こそが、経営者企業か、家族企業かの分かれ目になる。

興味深い例として、ジーメンス家が六％の株を持っているジーメンス社のペーター・フォン・ジーメンスのケースを紹介しておこう。

「ペーター・フォン・ジーメンスはジーメンス社の執行役員である。彼は自分が組織の下から努力によって昇進してきたと確信しており、またほかの従業員と同様に徒弟から始めたことを大きな誇りとしている。『私［ジーメンス］は家長としての先輩である父や祖父などと同じく、二五年間会社で働いた。初めは徒弟としてだったが、現在の会社における非常に高い位の人間でも、同様に徒弟から始めた人々はたくさんいる』[*11]。

3 労使協議制と共同決定制

ドイツの特徴的な制度の一つが、労使協議制と共同決定制であることはよく知られている。一九二〇年に立法化された労働者代表委員会制度は、組合や他の労働側代表によって、経営側と交渉を行う組織であって、その先駆は、一八八〇年代に広がった労働者委員会である。第二次大戦後、この労働者代表委員会は、労働組合とともに、労働側の重要な団体交渉の当事者になった。

ところで、最初にドイツの労働組合について述べておくと、ドイツでは、産業ごとの産別組合が結成されている。主要なものは一六あり、最大の組織が金属産業を基盤にするIGメタルである（ドイツ労働総同盟〔DGB〕傘下）。ドイツの全労働組合員の約三分の一を占める巨大な組合であり、自動車、電機、鉄鋼などの金属に関わる労働者を組織しており、一九九〇年には二七〇万人の組合員を誇っていた。ドイツの労働組合組織率は約七〇％で、イギリス、アメリカ、日本などよりもはるかに高く、その力は強力である。だが、最強のIGメタルでさえも、二〇〇〇年代には労使関係でやや受け身に回っている。その理由は、経営側からちらつかされる統一後の東ドイツ、東欧への工場移転問題であり、それが労働運動に重く圧し掛かっている。

ところで、労使協議はこのような産別組合と、各産業の業界団体が団体交渉をおこない、各職種、等級の基本賃率を決定する。業界団体に入っていない企業とは、産別組合が個別に交渉する。だが基本賃率以外の労働条件、危険手当などの各工場、職場の実際的取り決めは、各職場の労働者代表委員会が企業と交渉して決定する。また配置転換などの人事的事項については、この委員会が同意権を持ち、同意が得られないならば配置転換も行えないなど、強力な労働者保護の権能を有している。ただし、争議権はない。この委員会は、五人以上の事業所では設置の義務がある（一九五二年経営組織法[*12]）。

さらに、二、〇〇〇人以上の企業では、監査役会に経営と同数の労働側監査役を送ることができる。例えば、一九九五年のフォルクスワーゲンでは、株主総会によって選出された出資側代表委員一〇名、労働側からは、IGメタル三名、労働者代表員会から六名、その他管理職代表一名の合計一〇人を監査役会に送り込んでいる。このように、共同決定制度は経営の行動に大きなチェック機能を果たしている。もっとも、労使の間で意見が割れ、一〇対一〇になった時には、経営側の一人が監査役会の議長となっており、議長がもう一票を行使できるので、経営側が割れない限り、必ず経営側の意思が通る構造にはなっている。[*13]

こうした民主的な経営参加、労使交渉の制度は、十九世紀後半から歴史的に形成されてきたものであり、第二次大戦後、飛躍的に強化された制度である。これらの制度を通じて、ドイツの経営システムは、世界でもユニークなものになった。ダイムラーの本社はドイツのシュトゥットガルトにあるが、ダイムラーとアメリカのクライスラーが合併した二〇〇〇年、クライスラーの労働組合代表者が同地の監査役会に出かけたというテレビニュースを目にしたことがある。アメリカでは労使対立が厳しく、クライスラー労組（全米自動車産業労働組合＝ＵＡＷに属す）の代表が、経営意思決定の最高機関である監査役会（アメリカでは取締役会）に出席することなど夢想もできず、上機嫌であったことを記憶している。ただし、ドイツのＢＤＡ（ドイツ経営者団体連合会）などは、一九七六年の共同決定法が経営権を侵害しているとして、今日でも強く反発している。[*14]

こうした世界で類を見ない労使協議・共同決定制度は、共同体重視の感覚（労使の「一体感」の重視）から生じたものと言えよう。ドイツの領邦国家制、ひいてはコミュニティ重視のエートスは、巨大な「ソサエティ」と異なり、互いに知っている間柄という「コミュニティ」本来の感覚に基づいていると言える。コミュニティとソサエティの違いが、互いに知っている範囲と、数が多すぎて互いに知らない範囲との相違にあるとするならば、ドイツでの地域コミュニティの多さが中間組織重視の文化を醸成したと思われる。[*15] これは、歴史的にも解釈できる。日本でも、幕藩体制の下での数百と言われる藩が分拠していたのと同様に、ドイツでも、数百と言われる領邦国家が存在していた。こうしたコミュニティの多さが、日独の共通点をもたらした一因である。こうした要因から、日本と同じように、ドイツでも労使の「一体感」が強いのである。[*16]

福應健は、次のように共同決定制度の歴史的意義をまとめている。

「『産業家父長制』は次第に Herr-im-House の観念……から脱却して『共同決定制』へ編成替えされた、と見ることができる。ともあれボンは、共同決定制をかかげて、ワイマールでは失敗した経済的意思形成の枠組みに労働者を統合し得たのであった。[*17]」

4 ツンフト、マイスター制度、職業教育制度

もう一つの共同体重視のエートスは、中世以来のツンフト（同職組合）の伝統に由来する。

ドイツにおける有名な制度は、ツンフトに由来するマイスター制である。イギリスではギルドと呼ばれた同職組合制度であり、親方（Meister, master）、職人（Geselle, journeyman）、徒弟（Lehrling, apprentice）という徒弟訓練の仕組みはほぼ同一である。だが、ギルドが自発的な組織であり、公的な承認を経たものではないのに対して、ツンフトは公的な存在として認知されていた点が異なる。[*18]この相違が、ギルドの没落、ツンフトの復活再生をもたらした一つの理由である。

イギリスのギルドは、十八世紀に産業革命がはじまるとしだいに衰微していった。だが、ドイツのツンフトは一面では十九世紀に始まった産業革命の進行と共に衰退していったが、十九世紀後半には、従来の手工業マイスター制から近代的工場マイスター制へと、巧みな変換を遂げた。共同体主義の強さ、すなわち職業コミュニティの強靭さ、さらには国家の公的な承認、すなわち国家資格の重要性という事実が、イギリスなどと比べて、ツンフトゆかりのマイスター制としての甦りをもたらした。また、「マイスターの意志は神の意志」とまで言われるほどの再興された「マイスター帝国」は、イギリスやアメリカの「フォアマン帝国」が解体して行ったのと対照的に、その地位や権力を曲がりなりにも維持することができた。

マイスター制は、質、量ともに、現在のドイツでも、他の国を圧倒してその存在意義を保っている。名称は、「徒弟制」ではなく「見習い制度」として存続しており、認定されていない熟練労働者の比率はドイツではわずか一〇％程度である。このことは、ドイツではほとんどの人が何かしらの資格を持っていることを意味する。ちなみに、フランスでは、同じ比率が五〇％であり、約半数の人が無資格者である。ドイツでは若年層の七〇％が見習いとして職歴を始め、大学などの高等教育を含めれば、九〇％が何かしらの資格を持っていることになる。

アメリカや他のヨーロッパ諸国では、製造業は別だが、小売業、銀行業、事務職などのサービス業には「見習い制度」がないのに対して、ドイツでは、デパートの店員は三年間（！）の見習い訓練を受ける。アメリカには、三日間の職場研修があるだけである。また別の文献では、「全ドイツ人労働者の約七〇パーセントは職業訓練や資格を受けている。これはイギリスの二倍を超える」[*19]。

この見習い教育と並行して、勤務しながら職業学校に通うサンドイッチ制度（二元教育制度）がある。最近は、かなり変化してきているが、ドイツでは四年間の初等教育をうけたのち、一〇歳で振り分けが行われる。したがって、イギリスの「イレヴン・プラス」よりも一歳早い。生徒は、志望と能力に応じて、基幹学校、実科学校、ギムナジウム（高等学校：進学コース）のいずれかを選ぶ。基幹学校は一五歳まで、実科学校は一六歳、ギムナジウムは一八歳まで全日制で通う。基幹学校、実科学校の生徒はそのあと職を得て、仕事を始めるのだが、三年程度の職業学校に通うのが普通である。週に一日か二日、職業学校に通い、残りの三日か四日は会社で仕事をする。その仕事は、基本的にOJT（オン・ザ・ジョブ・トレーニング）であるが、座学も取り入れられ、最終的には国家資格を取ることができるようなシステムである。職場においてさらに研鑽を積めば、国家資格のマイスター資格を取得できる。このようなサンドイッチ教育は、一九六九年の職業教育訓練法で具体化された[*20]。

こうした振り分けは、通常、職業教育コースに進んだ者に劣等感をもたらすが、ドイツでは、公的資格であることや、それを利用してジョブホップ（転社）が容易になることから、大卒者に比べて感じる屈辱感が比較的少ないと言われている。ただし、いずれの国でもそうだが、ドイツでも大学進学率は近年上昇している。
技術訓練学校（ポリテヒニクム）や、その後それらが昇格してホッホシューレ（工科大学、商科大学）になった十九世紀末から二十世紀初頭のドイツでは、技師（Ingenieur）になるためには、工科大学や総合大学の工学部を修了するか（ディプロマ・エンジニア）、中間職業訓練プログラム（職業学校）を修了するかの二つのコースがあるが、これに対してアメリカでは、大学院レベルの教育（graduate engineering school）が必須であり、MIT、ジョージアテック、カルテックなどの大学院を卒業して、一流のエンジニアになろうとすると、莫大な費用が必要となる。[*21]
ドイツでは、上記の教育・熟練形成制度によって、ハイレベルの技術者（エンジニア）と、中程度の技術者（テヒニカー）の厚い層が形成されており、このことがドイツの技術力の基盤を形成している。
日本とドイツの共通の要素をあげると、どちらも現場主義と呼ばれるロワーマネジメントの強さが浮かび上がる。日本では、三現主義（現物・現場・現実）、あるいは二現主義（現物・現地）という言葉がよく使われる。トップではなく、ミドル、あるいはロワーのマネジメントが重要だとの信条である。あるいは、意思決定でもボトムアップが強調される。ドイツでも、軍隊においては将校ではなく下士官が重要だとの雰囲気があり、産業においては、マイスター（職長）に権限を与えた方が、組織に親密性を与え、一体感を醸成し、結局、課題達成に効果的であるとの考えがある。日本の現場主義、すなわち現場力を信頼する考えと、ドイツのマイスター制による一体感の醸成には共通したところがある。これに対して、英米やフランスでは、ミドルやロワーではなく、トップの判断が重視される傾向がある。

また現場主義という意味では、大卒エンジニアにも現場を知ることの重要性が叩き込まれ、上級エンジニアと現場従業員層との乖離が少ない。ドイツでは、技師が誕生するに及び、「マイスター経済」から「技師経済」への移行が十九世紀後半に起きたが、現場主義を強調することによって、技師層と熟練工層との分断はあまり大きくはならなかった。ドイツでは現在も、「工科大学では企業・工場での実習が必修化されて」[*22]おり、この点も、現場主義を強調する日本と類似している。また「産学連携」も伝統的に盛んであり、航空機生産で有名なユンカースの創業者フーゴ・ユンカースはアーヘン工科大学教授を務めたのち、実業界に入り、同社を立ち上げた。[*23]

表 12-1　日独英米の経営文化の比較

	形式知（マニュアル）	暗黙知（非言語）
集団主義	ドイツ	日本
個人主義	アメリカ	イギリス（?）

相違点としては、ドイツでは、マックス・ウェーバーが説く依法的支配（合法的支配）が尊重される。職場のあらゆる局面で、「法の支配」、「規則の順守」が重視されるが、この点はフレキシブルさを好む日本とは異なっている。日本では、杓子定規として、規則一辺倒は嫌われる。

この「書かれた規則重視」という点で、フォルクスワーゲン社やホンダで勤務し、両国の企業文化に通じた上野国久が、興味深い視点を提示している。彼によれば、日本とドイツの経営文化は類似性が強いが、際立って異なっている点として、形式知に基づくか、暗黙知に基づくかということがある。上野は、エドワード・ホールの「高コンテクスト社会」「低コンテクスト社会」という概念を使って、ドイツは形式知に基づく、相互理解や情報が言葉・書面によって伝達される「低コンテクスト社会」であるのに対して、日本は言葉で表現される内容以上の相互理解が可能となる「高コンテクスト社会」であるとする。[*24] いわゆる「阿吽の呼吸」である。日独比較に加えて、アメリカとイギリスを加えれば、表12-1のようになろう。

5　官僚制と大企業の職員――あるいは官民一体

ドイツが産業革命を経て、大企業が登場してくるにつれて、また、それまでの手工業経済から近代的な機械制工業への変転にともなって、官僚組織を伴った大企業が出現することは必然だった。職長経済から技師経済への変化も起きたが、大企業の幹部職員階層（Fürungskrächte）が登場した。職員というのは通常 Anstellte と表現されるが、十九世紀後半に職員層が登場し始めたころは、Prokurist（支配人）とか、Abteilungsleiter（部長・課長）など、役職名によって把握されていた。あるいは obere Beamte（上層企業内官吏）とか、leitende Beamte（指導的企業内官吏）などと呼ばれていた。ここで注目されるのは、Beamte＝官吏と呼ばれていたことである。プロイセンの伝統を受けて、官吏は社会的評価が高かったのである。「身分上は民間企業の職員なのにもかかわらず官吏と呼ばれたのは、ドイツの職員が、官公庁の官吏に擬されて企業内に形成されたためである。実際に、企業の職員を官吏と呼び習わす慣習はその後も長く続いた」[*25]。このように、大企業では、公的存在に擬して幹部を扱っていた。官吏という言葉を使わない「Angestellte in leitende Stellung」（指導的役職にある職員）という言葉が出てきたのは、第一次大戦の直前だった。

経営史家ヨハネス・ヒルシュマイヤーは、このドイツの状況を巧みに描いている。

「官僚主義化が商業全般の状況を特徴づけた。会社内では、労働者は、昔の職人の伝統に従って順位づけられた。従業員は官僚を、企業家は貴族を模倣した。」（傍点、引用者）[*26]

十九世紀末にはすでに工科大学、商科大学が誕生していたが、その卒業生の理想は「自ら起業して自営となるか官公庁の官吏となること」であった。このように、ドイツでは、英米と異なって、官僚＝官吏の地位が極めて高く、大企業においても、官庁と同様の用語 Beamte が好まれ、自ら官吏と呼ばれることに誇りを見出したのである。

イギリスでは、十九世紀末にポリテクニークが誕生し、そこの卒業生も大企業に職を得たが、ドイツのホッホシューレ卒業生ほどの評価は得られず、また官吏に擬されることもなかった。ドイツにおいて官庁を一段高く見る風潮は、日本の「官と民」あるいは「官尊民卑」の関係に酷似している。

また、官と民をつなぐ商業会議所（Handelskammer）についても触れておくと、会議所は民間企業の利害を集約し代弁して、政府および社会に対して働きかける団体である。ナポレオン占領下のラインラントにおいて、商業会議所は自由主義の橋頭保であったが、プロイセンの影響がしだいに増すにつれて、「再封建化」（ユルゲン・ハーバーマス）と呼びうるような事態が起きた。各商業会議所の中央組織として、ドイツ商業会議所ができ、公法団体には許されていなかった政治的意思表明を、私法団体である商業会議所が担うことになった。政府は、卓越した官僚機構に支えられて、威圧と服従ではなく、恩恵と依存によって、その政策を進めることができた。その手足になったのが、商業会議所とその中央組織であったが、半面で、民間企業の利害を代弁することにより、ドイツの経営文化の特質である官民一体の顕著な現象となったのである。*27

6　中堅企業（ミッテルシュタント）

ドイツは、巨大企業を生み出してきたが、そうした巨大企業は経営者企業だけではなく、多くの家族企業も大企業の中に含まれていることが、ドイツの特徴である（家族主義の強靭さ）。

今ひとつのドイツの特徴は、旺盛な中堅企業（ミッテルシュタント）の活躍である。この言葉は、二〇〇〇年代に入るころから頻繁に使われるようになった。Hartmut Berghoff, ハーマン・サイモン、熊谷徹などの著作により、中堅企業の機能、活動に注目が注がれるようになった。ただし、注目される時期は一九八〇年代イタリアのSMEより、一〇年程度遅れている。

ここで、ミッテルシュタントの定義を大まかではあるが述べておく。中堅企業というからには、普通のSME（中小企業）ではなく、ある程度の規模を持っていることが強調されねばならない。他の定義もあるが、大企業は五〇〇人以上の従業員、中企業（medium firm）は一〇〇人から五〇〇人、小企業（small firm）は一〇人から一〇〇人、零細企業（micro firm）が一〇人未満というのが通常の定義であろう。だが、しばしばミッテルシュタントはSMEと同義であると理解されることも多い。したがって、ミッテルシュタントには明確な定義が与えられていないが、SMEと同義では、ことさらミッテルシュタントを強調する意味も無くなる。サイモンなどの著作でも、必ずしも明瞭ではないのだが、おおよそ二〇〇人から五、〇〇〇人程度の従業員を擁する企業がミッテルシュタントと理解できる。つまり単なる中小企業ではなく、輸出志向的で、海外工場やオフィスを持ち、だが大企業のようなフルライン製品ではなく、ニッチ市場、あるいは限定的な製品ラインを持っているような中堅企業をミッテルシュタントと見做すことができる。以下では、ミッテルシュタント＝中堅企業＝グローバル・ニッチ・トップとして考えていくことにする。

イタリアのSMEに対して、ドイツのミッテルシュタントは、規模の点からしても別物とも言える。だが、北イタリアではＳＭＥの活動が活発であり、また南ドイツ、とりわけ西南ドイツ（バーデン・ヴュルテンベルク地域）ではミッテルシュタントの活動が目覚ましい。先に述べた南ドイツと北イタリアの地理的近接性、文化的親密性から推量して、両地域は同種の源泉を持っているとも言える。

ドイツの中堅企業の名前は、業界では有名だが、その規模が小さいことから、一般的には知られることが少ない。中堅企業は別名「隠れたチャンピオン」（hidden champions）と呼ばれる。もちろん両者は完全に一致するのではなく、数十万の従業員を持つ台湾の大企業ホンハイも、「隠れたチャンピオン」に分類されている。しかし、中堅企業と「隠れたチャンピオン」企業は同種であるとここでは考える。『隠れたチャンピオン企業』の著者であるサイモンによると、世界には二、〇〇〇社以上の「隠れたチャンピオン企業」があり、そのうちドイツ企業は最多の一、二〇〇社以上あるが、日本は二〇〇社程度である。このように、「隠れたチャンピオン企業」にはドイツの中堅企業が圧倒的に多いのである。「隠れたチャンピオン企業」は、ヨーロッパでは、北欧、ベネルクス、北イタリアに多く、フランスやイベリア半島には少ない。[*28] ドイツと同じく、北イタリアに多いという事実は、北イタリアと南ドイツの関連からして興味深い。

ところで、サイモンは彼の著書の冒頭で、中堅企業を約四〇社例示しているが、その中で、筆者が知っていたのは、エンブラエル（ブラジルの中型航空機製造メーカー）と浜松ホトニクス、そして最終章で出てくるスペインの「チュッパチャプス」（棒付キャンディで有名）だけであり、他は知らない企業であった。このように、世間的には知られていない企業がほとんどであるが、その活動は輸出の面でも、企業活動・企業家精神の面でも極めて重要であり、多品種少量生産という世界の趨勢の中で、今後の企業進化の中枢を担う存在になるであろう。

例えば、ドイツが得意とする工作機械分野で、世界最大の売上高を誇るトルンプ（TRUMPF）という企業がある。工作機械という性質上、量産品ではなく、特注、単品生産、試作品という分野で強いことが求められるが、「同一品質を多く作る能力は日本の方が高いが、加工精度等はドイツが上回るものも多く[*29]」、トルンプ社はその点で世界最先端を行っている。

このような中堅企業の企業文化は、「企業の良し悪しにおける本当の違いは、機械でも、設備でも、プロセスでも、組織でもなく、企業文化の中に見ることができる[*30]」との視点からすれば、中堅企業こそ、全従業員が一丸となって、目標や価値観を共有し、意義や楽しさを見出すことができる企業形態である。実際、病欠率や「従業員転換率」（入退社により従業員が入れ替わった比率）は「隠れたチャンピオン企業」では、きわめて低い。病欠率は、ドイツ企業全体の四・二％に対し、「隠れたチャンピオン企業」は三・二％であり、従業員転換率はアメリカの平均三〇・六％、ドイツの平均七・三％、ダイムラーの五・三％に対し、「隠れたチャンピオン企業」はわずか二・七％であった[*31]。種々の意味で、企業へのロイアルティが強いと言える。高業績を上げ、地方に拠点（オフィス、工場）を設けて生活の質を上げ、マイクロマネジメント（細かく指示を出し、部下に裁量権を与えない方法）を避け、企業活動を活性化する方法を中堅企業は取りうる。もちろん、大企業もこの方向に進んできているので、ミッテルシュタント＝隠れたチャンピオン企業の方向性が二十一世紀のマネジメント手法の主流とも言えるのである。

ドイツは、この種のミッテルシュタント、「隠れたチャンピオン企業」を数多く輩出しているのが特徴であるが、それはどのような文化的背景に基づくのだろうか。

7 ドイツ経営文化の特徴

フクヤマによると、日独の共通点は、共同社会的連帯感に基づいたコミュニティ主義に帰着する。歴史的に、領邦国家体制や幕藩体制に基づいた分権的な国制、その後、外的な圧力による急速な集権的体制の建設、すなわちドイツの場合はナポレオンによる侵攻と、その後のシュタイン＝ハルデンベルク改革、さらには第二帝政の確立による、共同社会的感覚である。日本の場合は、黒船の出現とその後の明治維新による集権的国家の誕生であり、その意味で両国は極めて似通った歴史的経験を通じて、家父長的・一体的・運命共同体的経営文化を醸成することになった。このように急激な民族意識の覚醒、集権的国家の成立は、コミュニティ共同体主義を超え、国家レベルでの共同体意識、すなわち国家主義、経営ナショナリズムを生み出すことになった。
秩序と規律の尊重、几帳面な仕事への取り組み方、逆に陽気さやユーモアセンスの乏しさ、これらの文化環境の中で、仕事への取り組み方として、完璧主義（完全主義）の存在が挙げられる。欠陥製品を出すことを恥とし、一〇〇％、否一二〇％の完璧さを追求する姿勢は日独に共通している。一〇〇％ではなく、九五％の良品率でOKとする英米の品質に対する姿勢とは大きな違いがある。この完璧主義と関連して、「細部へのこだわり」が挙げられよう。技を極めるという精神の下、細部をもゆるがせにしないという取り組み方は、製品の完成度を上げ、不良品を出さないという精神に繫がっている。言い換えれば、「効率の追求と質の誇り」という言葉は、ドイツのものづくり、経営文化の真髄を表現したものと言えよう。[*32]
以上の取り組み方はよく知られているが、ドイツ在住のジャーナリスト熊谷徹によると、ドイツでは、新しいものを創り出すという意味で、テュフトラー（緻密で忍耐強い革新者）という存在が重要である。テュフトラー（Tüftler）は、tüftelnという動詞から来ているが、日本語には適当な訳語がなく、「細かい手作業や試行錯誤、実験、色々と考えることによって、なにか新しい物を生み出したり、難しい課題についての解決方法を見つけようとしたりすること」である。例えば、「一つのモデルについて何日もあれこれ手作業を行なって〈製品を改善しようとするのは〉珍しいことではなかった」[*33]。一九八〇年代に世界的に有名になった日本の「カイゼン」に近い姿勢と思われるが、この姿勢こそが、ドイツのものづくりやミッテルシュタントの創造的活動を支えているというのである。しかも、たんなる改良に留まるのではなく、新しいものを創り出そうとする革新者でもあった。

こうしたテュフトラーは、西南ドイツ（バーデン・ヴュルテンベルク州など）に多く、それはシュヴァーベン人が多く居住している地域である。企業としても、ポルシェ、ダイムラー、ボッシュなどのドイツを代表する企業があり、現在のドイツの隆盛の源泉となっている。これに対して、かつてドイツを支えたラインラント（ルール工業地帯）はその勢いを失い、炭鉄企業として有名であったクルップなどには昔日の面影はない。ドイツの経済的中軸は西北ドイツから西南ドイツに移ったのである（ドイツ経営史家の幸田亮一も同様の指摘をしている）。これを支えたのが、機械工業・自動車工業で重要な役割を果たした西南ドイツのテュフトラーであった。

もとより、カイゼンに類似したモノづくりでは、エレクトロニクスのダイナミックな動向に対応できないのと意見もある。エレクトロニクス分野で、ドイツでは、アメリカと比べ、ダイナミックな動きが少ないのは、マイスター制度やテュフトラーでは、エレクトロニクスの急激な進展に対応できないからであるという見解にも一理ある。ドイツが近年リーダーシップを取って主張している「インドゥストリー4.0」は、こうしたエレクトロニクス分野における劣勢を立て直そうとする動きとも言える。

マイスター制度やテュフトラーの存在、工科大学、職業学校、サンドイッチ教育などが相まって、ドイツ資本主義の強さを支えている。その根底には、広い意味でのコミュニティ主義と、品質へのこだわりを是とする仕事への取り組み方、企業の永続性を希求する経営文化の存在が根底にある。[*34]

8 小括

中国とイタリアが、家族主義という点で類似しているというのはフクヤマの卓見であるが、ドイツと日本が相似しているというのは従来からも言われてきた。組織重視、共同体重視の側面から、両国は、共同体資本主義とも言われてきた。英米流の市場資本主義と一線を画するものとして認識されてきたのである。[*35] 大企業や中小企業における労使の「一体感」も、日独に共通である。また存続・永続重視の考え方も類似している。

国家の歴史的な成り立ち方（領邦国家とその後のプロイセン主導の国民国家の勃興）、マイスター制度の衰微と復活、共同決定制度や労働者代表委員会制度のような一体感の伝統、これらの特徴によってドイツの経営文化は彩られる。こうしたドイツと日本は、労使の一体感、組織重視、現場主義、工科大学・商科大学の伝統、実業教育重視、産学連携、経営ナショナリズムなど、共通する点が多い。重要な相違としては、おそらくドイツの形式知（マニュアル）に基づいた経営スタイルに対して、日本の暗黙知に基づいた経営スタイルが挙げられる。

さらに歴史的な視点として、十九世紀のドイツは個人主義の国だったのに対して、イギリスは集団主義の国であったとする見解がある。今日の理解とすれば、イギリスの個人主義に対して、ドイツの集団主義・組織主義というのが普通の理解であろう。だが十九世紀には、イギリスがサッカーやラグビーなどの集団主義スポーツを「発明」したのに対し、ドイツは、ゲーテ、ベートーベンなどの大作家、大作曲家を輩出したが、集団主義的なまとまりはなかった。[*36] おそらくそれを引っ繰り返したのが、プロイセンを中心とする政治的・経済的・文化的統合だったのであろう。文化は、何世紀にもわたって形成され持続するものと考えられており、その文化の結晶ともいえる国民性が一世紀ほどで簡単に変わるものかどうかに関しては議論がある。だが、文化というものも意外に急速に変わりうるものなのではなかろうか。

第13章 日本の経営文化

はじめに

　文化が制度を規定し、制度が成果（パフォーマンス）を規定する、というのが本書の基本視角である。[*1] そうすると、パックス・ジャポニカ（日本主導の平和）と呼ばれるほどであった一九八〇年代の日本の好業績はどのように考えるべきなのだろうか。

　一九八〇年代の日本は、年功制、終身雇用、企業別組合、ケイレツ、カイゼン、ジョブローテーション、QCサークル、現場主義などの様々な制度的工夫によって、欧米と比べて高い生産性、高品質、好業績、強い国際競争力を達成したと考えられていた。そうした工夫は、日本的経営システム（JMS）、日本的生産方式（JPS）と総称され、欧米各国が日本を模倣する、いわゆる「ジャパナイゼーションの十年」とも言われた。

　そうした日本の経済力に刺激されて、欧米では、日本の国際競争力の秘密がその制度にあるのではないか、さらにはそうした制度は日本独特の文化に基づいているのではないかとして、日本文化の研究が盛んになった。

『セオリーZ』（ウィリアム・オオウチ）、『エクセレント・カンパニー』（トム・ピーターズ&ロバート・ウォーターマン）、『シンボリック・マネジャー』（テレンス・ディール&アラン・ケネディ）、『曖昧の構造』（ドミニク・チュルク）などの「日本文化もの」が陸続と出版された時代である。日本経済の好業績は、日本的経営制度が支え、その根底には日本文化があるというのが、大方の解釈であった。

しかし、時代は変わり、外部環境（市場と技術）は大きく変貌し、日本の経営制度は時代環境にフィットしなくなり、したがってその制度を支えていた文化も時代にそぐわなくなった。[*2] バブル崩壊以後、日本経済は世界でお荷物的存在となり、そのプレゼンスは著しく低下した。かつて学習するべきものとされた日本的経営は、むしろその非効率性・問題点が指摘されるようになった。

そのような時代の変化に晒されている日本の経営制度、文化であるが、ここではその特質を、歴史的に、また一九八〇年代絶頂期の基本から見直していくことにしたい。

1　日本的経営制度の歴史的形成

年功制（年功賃金と年功昇進）と終身雇用

日本的経営の三種の神器の一つと言われる年功制であるが、正確には年功賃金と年功昇進とは異なる。年齢あるいは勤続年数に応じて、賃金が上がっていくのが年功賃金であるが、年功昇進は、どの企業でも三〇歳程度で打ち止めになり、そのあとは実力と運で昇進していくしかない。皆が社長になるなどということはありえないからである。[*3] 他方、賃金は定年まであまり上下の差が広がらず、極端な場合は、昇進した人と万年ヒラの人とに一・五倍程度しか差がつかないこともある。かつては、民間大企業の社長と万年ヒラの人とに五倍程度しか差が付かないこともあった。現在は、民間大企業の社長年棒は日本でもかなり上がってきているので、数十倍の差が付くことも稀ではなくなったが、[*4] それでもアメリカと比べれば、その差ははるかに少ない。

以上のように、日本企業では年功賃金により賃金格差は小さかった。だが昇進に関しては、社長、副社長、専務取締役、常務取締役、取締役、部長、課長、係長、主任、ヒラという職階を上っていくこと自体がサラリーマンにとって主たる目標であった。かつて同窓の友人は都市銀行に入ったが、支店長になることが一番の目標であると言っていた。サラリーマンにとって、給与もさることながら、昇進が大きな目標だったのである。イギリス人の友人に、「なぜ日本のサラリーマンはサービス残業をするのか」と、問われたことがある。「欧米では給料も払われない残業など、想像もつかない」と疑問を呈されたが、私は、それは昇進を考えているからであると答えた。将来の昇進を考えれば、サービス残業も決して無駄にはならない合理的な選択なのである。サービス残業を行うことは、会社への忠誠心、「やる気」を示すものとして、高い評価を得られる。件の友人は、四〇歳までに支店長になれなければ、その後は、定年まで適当に仕事をするつもりだと言っていた。

このように、昇進は日本のサラリーマンの大きな目標であるが、年功昇進という言葉があるように、係長までは勤続年数に応じて自動的に昇進していくが、管理職である課長以上は、「実力と運」次第なのである。したがって、年功賃金は概ね事実だが、年功昇進はかなり限定されている。

終身雇用に関しても、日本には定年制があるので、通常は六〇歳か六五歳で会社を辞めなければならないが、多くの人は再就職せざるを得ず、その意味で「終身」ではないという批判が一九八〇年代でもよく聞かれた。終身雇用ではなく「長期安定雇用」という言葉が適切であるとされた。さらに、終身雇用がカバーしているのは三割程度の大企業の従業員だけで、その他の中小企業では、終身雇用の慣行はあまりなかった。それゆえ、終身雇用を日本企業の特徴とするのはおかしいという意見も有力であった。だが、この大企業の三割が日本経済のコアを成しているということもまた事実であろう。さらに中小企業でも、終身雇用が一九七〇年代から八〇年代にかけては拡大していたことから考えて、限定付きではあるが、終身雇用、正確には長期安定雇用が、日本企業の特徴と言って差し支えない。だが、再就職が必至とされ、さらにアメリカで、一九七〇年代から定年制が年齢差別であるとの判断から違法とされ廃止されると、改めて日本の定年付終身雇用の問題点が浮かび上がってきた。*5 ちなみに、イギリスでも数年前から、部分的に定年制を廃止し始めている。

このような特徴を持つ年功制・終身雇用の源流をたどってみよう。

年功制・終身雇用の歴史的形成

① 江戸時代——日本的経営の源流

江戸時代の年功制・終身雇用については多くの研究があるが、ここでは粕谷誠の研究に基づき、その構造を紹介しておく。

日本的経営の源流は、江戸期の商家経営にあると言われており、その典型として三井越後屋呉服店の事例がしばしば取り上げられる。その京都本店の事情を見ると、幕末（一八六四年）の同店には八四人の奉公人がおり、丁稚二四人、手代三五人、番頭（役付手代）は二四人、そのうち別宅を許された者（別家）は五人であった（番頭までは住み込み）。「中途採用は極めて例外的」であり、丁稚から入って順々に昇進・昇給して行くが、丁稚・手代・番頭・別家番頭がそれぞれ二四人、三五人、一九人、五人という構成から分かるように、ピラミッド型の構成であった。重要な点は、昇進

図 13-1　長期勤続と昇進

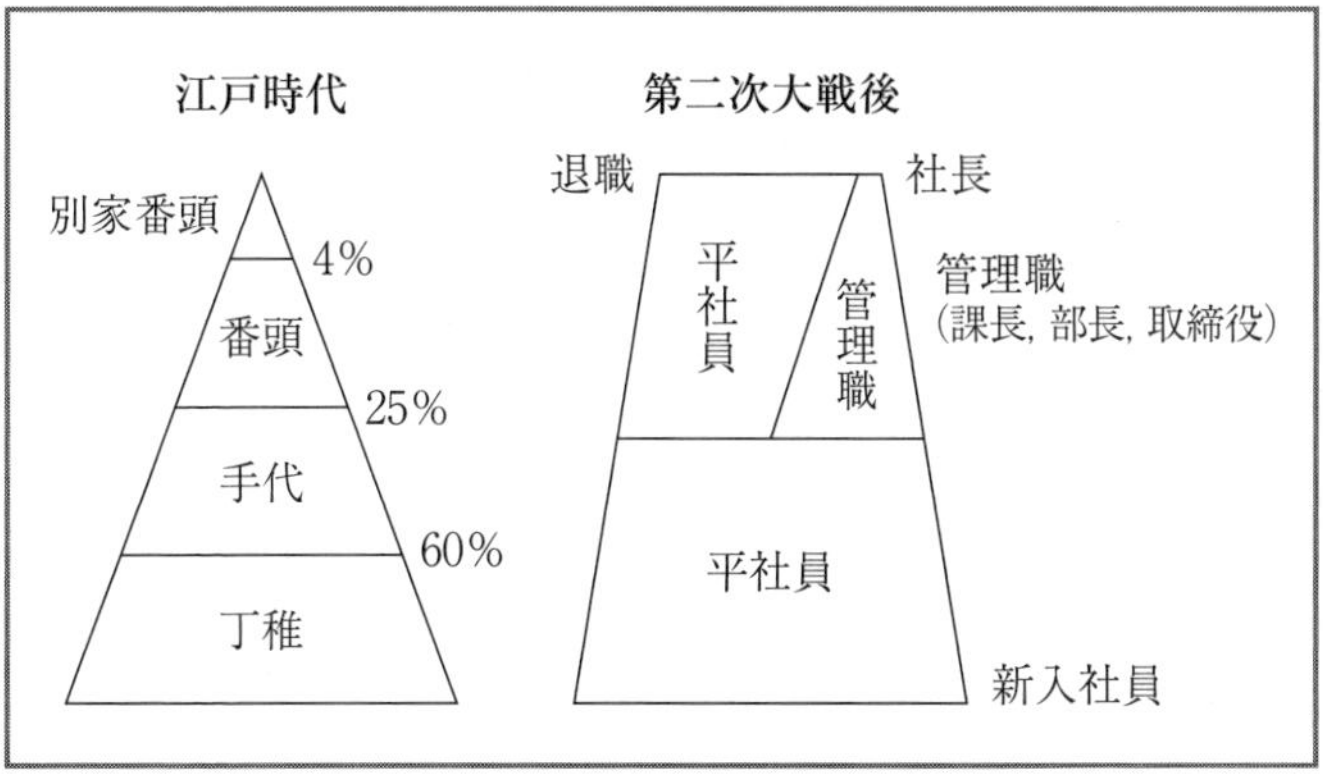

（出所）　粕谷『ものづくり日本経営史』など。

できない者は「アップ・オア・アウト」という原則から、店を辞めざるを得ず、ヒラのままでずっと勤めるというようなことはできなかった。その意味でピラミッド型であり、丁稚から手代に昇進できる者は六〇%、役付手代に昇進できる者は二五%、別宅を許される者はわずか四%であった。それ以外の者は暇を出されたのである。また昇進スピードは均一で、特定の者がスピード出世をするということはなかった。

このように、越後屋呉服店の選別は極めて厳しいものであり、こうした選抜制度をピラミッド型と呼ぶならば、管理職にならずにヒラのまま定年まで勤められる制度は、いわば「台形型」と呼ぶことができよう（図13-1参照）。現代の年功昇進・終身雇用の原型は、江戸期の商家経営にあると言われるが、現代と比べてその内実ははるかに厳しいものだったのである。ただし給与の面では、二〇年以上勤めれば、初期の給与の数十倍の給与がもらえたのであり、昇進と給与が合致していた。また退職金（元手銀）も、年功を積めば、「生涯所得の半分ほど」の巨額の元手銀を受け取ることができた。言い換えれば、年功と競争による昇進システムが江戸時代の商家経営の特徴であった。[*6]

② 明治時代——日本的経営の発生

明治時代には、近代技術が西洋から輸入され、また江戸時代に培われた地場の工業力と相俟って、日本にも近代工業が誕生した。それに対応して、日本的経営の特徴とされる「学卒定期一括採用」、それに伴っての長期勤続、年功賃金、年功昇進が不完全な形ながら始まった。

こうした制度的変化は短期間に成立するものではなく、徐々に進行した。まず、一部の先進的大企業である三井銀行や三井物産（金融・流通業）において新卒の採用が開始され、さらには製造業の鐘淵紡績、三菱長崎造船所、芝浦製作所などの進取に富む製造大企業においても、ホワイトカラーの新卒採用が始まった。このホワイトカラーの中には、工学部系のエンジニアも含まれる。新卒を採用した企業では、その採用に伴い、付随して年功制、終身雇用的な制度（長期勤続）が導入され始めた。しかし、製造企業のブルーカラー層の採用では、紡績、製糸、機械などの近代産業でも、専門学校などからの新卒は本格的には採用できず、企業間の労働移動が激しい状況が続いた。したがって、今日の日本的特徴（新卒採用、長期勤続、年功賃金、年功昇進など）は未だ現れなかった。

先進的企業の事例を見ると、帝国大学、私立大学、高等専門学校（商業、工業）、あるいは初等・

中等教育の充実から、その卒業生を確保するために、一八九〇年代ごろから新卒採用が始まった。三井銀行の事例では、一九〇〇年代後半から新卒採用が支配的となり、彼らは「一九〇〇年代前半以前入行者に比べて勤続が長期化しており、約半数が二〇年以上勤続していた」。新卒採用を実施し始めると、三井銀行の事例から分かるように長期勤続が普通になり、それに伴って年功昇進や年功賃金が制度化されていった。

他方で、ブルーカラー（工員＝作業者）の面では、長期勤続、年功制はあまり進展しなかった。明治以降の近代工業と、江戸時代の職人的熟練とのギャップに関して、技術的に大きな断絶があったと判断され、またギルドやツンフト的な入職規制も欧米と比べ日本では強固ではなかった。[*7] そこで、会社主導の技術導入、会社主導のブルーカラーコントロールが主流となった。しかし、学卒の技師は会社のコントロールが効いたが、「渡り職工」とよばれるロワーマネジメント、あるいは作業工のレベルでは、労働移動が頻繁で、長期勤続は実現できなかった。したがって、年功賃金、年功昇進もありえなかった（ホワイトカラーとブルーカラーの乖離）。

たしかに、親方と起居を共にする「職人徒弟制」から、通勤を原則とする「工場徒弟制」に変化し、一部の大企業で「養成工制度」が始められ、企業の中にブルーカラーを包摂する動きもあったが、全体的にはなお微弱であった。

企業の中に、従業員（ホワイトカラー、ブルーカラーの双方）を一体化する政策は、「経営家族主義」

と呼ばれ、温情主義的・家父長主義的政策の表れと解され、鐘紡の武藤山治などが代表的経営者とされる。こうした経営家族主義は欧米を範として導入されたので、それが日本の伝統とどのくらい結びついているかに関しては疑問もある。[*8] だが、欧米ではパターナリズムが主流となることはなく、日本ではそれが少なくとも主流風になったという相違が重要であろう。経営家族主義を標榜しない企業は、日本では冷たい目で見られたのである。経営パターナリズムが比較的強かったドイツと、儒教的な経営家族主義の日本は、共同体資本主義として一つに括られることも多い。これに対して、経営パターナリズムが少数派にとどまった英米は市場資本主義として、共同体（経営家族主義的企業）軽視の傾向が強かったのである。

また「三種の神器」の一つである企業別労働組合は、戦時期まで形成されなかった。一九〇〇年の治安警察法が労働組合を厳しく取り締まったために、労働組合運動は明治末から戦間期にかけて強い弾圧に晒され、全体的に低調であった。だがそれでも、大企業、大工場では労働組合が浸透し、最盛期には三％の組織率を誇ったこともある。

③ 戦間期

明治時代に、長期勤続、年功制への契機となった新卒採用は、戦間期にはさらに進み、大日本紡績や日立製作所などの大製造企業でも進展し、広がりを見せていった。

三井銀行では、「一九一〇年から一九二一年に採用された者について、採用後一〇年間勤続した者の比率が、どのランクでもおおむね八割程度、一九一〇年から一九二二年に採用された者については、採用後二〇年間勤続した者の比率が、ランクにかかわらず五割程度であり、終身雇用とまではいえないが、かなりの長期勤続」となっていた。このことからも分かるように、新卒採用、長期勤続、年功賃金、年功昇進という制度が確かなものとなっていったのである。ただし興味深いことに、先進的な三井銀行でも不況期には「雇用を何とかして守ろうという意図はなく……勤続が長く役職者に昇進していない者が高い割合で整理されていた」のであり、[*9]「できるだけ解雇しない」という日本的雇用の慣行は確立されていなかった（アメリカ流のファースト・イン・ラースト・アウトの原則も守られていなかった）。

④ 戦時期——日本的経営の原型

以前、『一九四〇年体制』（野口悠紀雄）という本がベストセラーになったことがあった。その要旨は、戦時経済体制が戦後の日本的経営制度の原型となったというものである。その舞台は、戦時期に作られた産業報国会であった。日本では、労働組合は産業別組織で一時期有力であったが、軍国主義の圧力の下で壊滅し、無組合時代に陥った。だが、戦時期に産業報国会が作られ、各職場に職員・工員合同の支部が設置された。それまでは、ホワイトカラーとブルーカラーの身分格差が大きく、経営家族主義といっても、労・使資間および職員・工員間の断絶は大きく、一体感の醸成は絵に描いた餅であった。しかし、軍需生産の要請に基づき、職員と工員の身分差撤廃が進展し、戦後のホワイトカラーとブルーカラーとの一体化の基礎となった。この一体化は、日本的な企業別組合の成立を促し、アメリカ、ドイツの産業別組合、イギリスの同職組合と異なる日本独自の企業別組合を生み出した。さらに、配当制限などの政策により、資本にたいする分配を制約し、労資のギャップに関してもこれを縮めることになった。資本家は軍部からも睨まれていたのである。以上から考えて、実質的な経営家族主義誕生の基盤を戦時期は準備したのである。[*10]

⑤　第二次大戦後——日本的経営の確立

第二次大戦に敗北したことによって、「経済の民主化」が行われ、財閥は解体され、専門経営者が実権を握り、旧来の経営者は追放された。アメリカ以上の、世界で最も徹底した「経営者資本主義」が誕生したのである。新しく企業を統治することになった経営者は「三等重役」と揶揄されながらも、日本経済の復興・発展に向かって大きな成功を収めた。こうした専門経営者は、いわば「従業員の代表」であり、株主ではなく従業員の方を向いていて、株主資本主義と区別される「従業員資本主義」と呼ばれることになった。

そこでは、戦後を特徴づける終身雇用（長期安定雇用）、年功賃金と年功昇進、企業別組合が確立し、身分差も大幅に減少した。戦前には、職員と工員の身分差があり、さらには社員と雇員の格差もあった。これは、江戸時代の「奉公人」（正社員）と「日傭取」（非正規社員）の差と類似しているが、官庁でも「吏員」と「雇員」の格差があった。第二次大戦後は概ねこうした差は解消に向かい、文字通りの経営家族主義実現の基盤ができたのである（しかし、臨時工、期間工、委託などの非正規社員の問題は残った）。このような「三種の神器」は、中小企業にはすぐには波及しなかったが、一九七〇年代から一九八〇年代に、大企業で正規社員の年功賃金の不合理性・問題点が指摘される頃から、皮肉にも年功賃金が中小企業に普及し始めたのである。

こうした長期安定雇用、長く勤めればそれだけ給与が増える、退職金も増える、年金でも得をするといった制度設計により、従業員の離職率は下がり、他社への移動は減少した。ただし、終身雇用というのは一つの理念であって、それを実証することは困難であり、また実際にも労働者の職場移動は頻繁であったという見解もある。というのも、第二次大戦を挟み、多くの労働者が職を転々とせざるを得なかったのは確かだからであり、大企業といえども、徴兵され戦争から戻ってきたとき、元の職場に居場所がなかったということはよくあった。むしろ戦後に入社した者が定年退職する一九八〇年代以降に、終身雇用が実現されたと言うべきであろう。

⑥　一九九〇年代から現代へ――終身雇用・年功制の揺らぎ

一九八〇年代に確立した終身雇用、それに伴う年功賃金・年功昇進制度は、一九九〇年代に日本企業が国際競争で失速するに至り、大きな批判に晒されることになった。日本企業における労働生産性（投入時間当たりＧＤＰ）伸び率の低下、アメリカハイテク企業の復活、韓国などのＮＩＥｓ企業の台頭、ブランド力を基礎とするヨーロッパ企業の強靭さ（東アジアが発展すると、ヨーロッパブランドが売れる）などによって、日本の国際競争力は著しく低下した。これに金融面でのバブル崩壊の後遺症、さらには日本の金融機関が元々抱えていた生産性の低さによって、製造業、金融業は大きなダメージを受けた。日本的経営に頼っていては、日本企業の力を取り戻すことはできないのではないか、といった意見が有力となった。とりわけ、年功賃金が批判のやり玉に挙げられた。能力・実力のない年輩者が不当に高給を取っているという批判である。

日本では、年輩者の高給は、「S字カーブ理論」によって正当化されていた。若いときは、実績以下の給料を受け取り、四〇歳ごろになって、業績に見合った給与を受け取り、それ以降の年輩になると、実績以上の高級を受けることになるが、それは若い時の薄給に甘んじた見返りであって、勤労人生を通算すれば、能力・実績に見合った給与体系であるというのが、年輩になって高給を取ることになる年功賃金制度の弁護論であった。

しかし、一九九〇年代に入ると、年輩者の高給を批判する声は強く、むしろS字カーブではなく、その時々の実績に見合った給与を受け取るべきであるとする「成果主義＝成果給」の考え方が台頭してきた。これに伴い、日本企業では配置転換はよく見られたが、年輩者の処遇には従来からも頭を痛めており、業務の基本ラインから分離された専門職制度を作り、年功昇進制度を何とか維持しようとしてきた。全員がラインの課長、部長になるわけにはいかないからである。しかし、成果主義の台頭に伴い、年輩者といえども、従来ではありえなかった倉庫担当などへの配置転換や、早期退職制度の徹底など、従来の年功制度は揺らぎだした。もっとも、こうした成果主義に関しては、第二次大戦後に築き上げられてきた年功制を破壊するものとして多くの批判が噴出した。企業への忠誠心、共同体意識（経営家族主義）が崩壊し、日本企業を支えてきた制度が根本から揺らげば、いっそうの競争力の低下が起きるというのである。また、成果主義といっても、どのように成果を判定するのかをめぐって、集団主義的に仕事をしてきた日本企業では、個人ごとの的確な成果判定は不可能であるとの反論も説得力を持った。結果は、成果主義の後退であり、従来の終身雇用、年功制への揺り戻しであった。しかし、日本企業の国際競争力は回復を見せず、依然として「失われた二〇年」が続き、「失われた三〇年」にならんとしているのである。

2　終身雇用と年功制の文化的背景

江戸時代の商人の価値体系（価値規範）を分析した由井常彦によると、価値体系は三つの視角から分析することができる。

第一は、垂直的な価値であり、藤原惺窩の弟子であった林羅山が説いた朱子学的価値規範である。「上下定分の理」として、世の中には必ず上下があり、そうした上下の秩序を守っていかねばならないとする垂直的関係である。士農工商という上下の身分制度で、商人は最下位に位置づけられているので、商人道は「祖先への報恩」あるいは「家への忠孝の途」としてのみ正当化されえた。

第二は、集団への関わりを説いた水平的価値である。「五人組」に代表される仲間の集団化であり、連帯責任に象徴される。連帯責任によって、仲間組織の意義が強調され、さらに五人組の連帯責任精神は、村共同体や種々の仲間組織（職人団体）に拡張される。血縁組織である「家族」と異なる「イエ」（家業と家産の維持継続を目的とする）にも、この水平的な価値の強さが影響したとされる。

第三の価値規範は、祖先崇拝に見られる「時間の連続性」すなわち伝統の尊重である。祖先とは尊崇すべき存在で、いわば「神」の位置を占めるに近い。

以上の三者は、日本に独特の「家元」制度に端的に集約されている。すなわちそこには「家元―弟子」の上下関係（垂直）、非血縁の仲間である「イエ」（水平）、創始者への尊敬（伝統）という三つの側面が凝縮されている。[*11] これらは、お家に対する忠誠、仲間集団の秩序、祖先祭祀の尊重といった次元で、日本の商人の基本倫理となっていたが、それは武士階級や、他の階級でも同様であった。「忠臣二君に仕へず」というかたちで表現される、忠誠心の思想は現代でも形を変えて生き続けている。

しかし、こうした朱子学的秩序を重んじた林羅山にたいして、日本の朱子学の開祖である藤原惺窩は、同時に陽明学も評価し、広い視角から社会を見つめていた。[*12] また、先に触れた鈴木正三は

「忠」ではなく「信」こそ商人にとって最重要の倫理であると評価していた。さらには、主君絶対の思想は、徳川時代に入ってから強化されたもので、戦国時代には、後藤又兵衛のように、自ら主君を選ぶ武士もいた。しかし、鈴木正三流の思想は、ある意味で石田梅岩に受け継がれたとも言えるが、江戸時代の主流ではなく、また後藤又兵衛流の生き方も、時代の安定、朱子学の隆盛とともに消滅した。[*13]

江戸時代がいかに秩序重視の社会であったかを示す逸話に、幕末期、ある学者が英語の competition を「競争」と訳そうとした時、「競争」とはなにごとか、人が争うなどは以ての外、と非難されたことがあった。反競争的意識が横溢していたのである。士農工商の身分主義、棲み分け、分に応じた生活(分限主義)など、秩序を乱す動き、攪乱者にたいする嫌悪が支配的であり、「和の精神」「コンセンサス重視」、一致団結への強い志向、集団秩序の維持が何よりも重視されたのである。こうした秩序維持への要請は、できるだけ差を付けないことが美徳であり、年功昇進、年功賃金という誰でもそれに与りうる制度の工夫に繋がった(戦前期、貧しいことが問題なのではない、等しからざることが問題なのだ、とする主張も強い支持を得ていた)。

しかし、現実の社会では、横集団の中で差を付けないという方法がいつでも通用するわけではない。当然、成果主義的な報酬配分も必要となる。それを可能にしたのが、「役割期待の倫理」であった。「恩」にたいして報いることが至上とされ、そうした役割期待が「子の親にたいする恩」「家臣の主君に対する恩」「雇い人の御店《おたな》主人に対する恩」、「養子はお家の繁栄維持が至上」、これらの役割期待に成功裏に応えることが重要であり、その過程では業績主義的発想が出てくる。「営利心」は賤しまれたが、「功名心」は推奨された。[*14] 後者も、業績主義の一種である。こうした考えに立って、先に見た越後屋呉服店の年功と競争による昇進システムも機能したのである。

3 集団主義と平等主義——その様々な現われ

日本的経営の特徴として、集団主義がよく指摘される。先の水平的価値の典型である。かつての五人組、現在ではQCサークルや、グループによる種々の活動、業界における協調などが日本企業の特徴とされる。仲間と一緒に何かを成し遂げる志向が、個人で何事かを行う思想（個人主義）と対極的な位置にあるのは明らかであるが、もちろん両者は一長一短を持っている（実際には、個を強くし、チームワークを強調し、それによって全体のバランス・発展を図ることが必要である）。

QCサークルは、日本企業が海外にもたらした大きな制度的工夫であり、仲間と相談しつつ、カイゼンを提案していく母体である。日本では、良い改善提案をしたとき、サークル（班）全体が表彰されるが、海外（特にアメリカ）では、実際に考え付いた人が賞の多くまたは全部をもらえないのはおかしいという発想が多い。集団で考え付くのではなく、個人が考え付くという発想である。

これに対して、日本では、ワイワイガヤガヤ相談しているうちに、良いアイデアが出てくるという発想であろう。付随して、勤務時間内にＱＣサークルの会合をもつか、勤務時間外にもつかということも、海外日系企業でＱＣサークルが上手く根付かない理由の一つである。欧米人は、勤務時間内ならよいが、残業手当も付かないのにＱＣサークルの会合に半ば強制的に参加することは納得がいかないという考えである。

アメリカでは、「差異を作る」（make a difference）が最上の褒め言葉であるのに対して、「出る杭は打たれる」が日本では有力な警句である。英語にも同じ表現（Don't stick your neck out）はあるが、重要度は低い。集団主義では、「右へ倣え」に象徴される「横並び志向」が強く、業界協調、談合、「ワンセット主義」など、日本でよく問題になる行動である。さらに集団主義は、差を付けないという発想から、平等主義に傾く。年功昇進、年功賃金、差の少ない給与体系、人事考課をしても差をほとんどつけない、ＱＣサークルで表彰され報奨金をもらう場合の均分などの仕組みは、集団の中に差をつけて軋轢を生みだすことがないようにするための工夫である。

4 イエと村

以上の集団主義的な発想は、イエと村の関係にも表れている。既にイエと村の関係は、中国の章で解説したので、ここでは簡単に整理するにとどめる。農業では、中国では村の役割が減退し、血縁家族・親族の役割が増した。日本では、個々の農家もさることながら、「村八分」に代表されるように、村規制が強力であった。これに対し、商人の世界では、非同族をも含むイエが家業を重視し、その継続・繁栄を維持するために、養子制度、番頭政治、押込め隠居（あるいは主君押し込め）などの方策を用い、さらには、本家・分家・別家の「一統」（暖簾内）を組織した。養子も姓にこだわらず、当主兄弟の男子（甥）を養子にするのではなく、むしろ娘に有能な養子（他人）を取り、娘婿とすることが多かった。さらに、家業を継ぐのは長男とは限らず、次三男でも優秀であれば、その者を抜擢して嫡男とした。[*15] 後継者が無能であれば、その者を廃嫡し、別の者を嫡男にしたこともある。

こうした決定は、イエの成員が合議で行っていたようである。ただし、先に紹介した住友家の養子縁組の場合は、番頭の広瀬宰平が主導して決定した。大名などの場合は主に家老団が決定した。

以上のように、日本の商家では、イエの存続が何よりも重要であり、そのためには血縁よりもお家のために役立つ人物（有能でかつ忠誠心のある者）が求められたのである。中国では家業を変えても、血縁を有する家（家族）が存続することが重要であったが、日本では、家業を変えることは簡単ではなく、というよりも許されざることで、イエを維持するために有能な人物の確保が必須であった。こうした家業という観念は、やや趣を異にするが、平安時代末以降の公家の家職（和歌、蹴鞠、書道、雅楽など）に通ずるものがある。もちろん、こうした商家における家業・イエ重視の考えは、奉公人なども一体化した経営家族主義をもたらした。

5　経営文化の宗教的背景

日本の企業と宗教

日本の経営文化が儒教に深く影響されていることは言うまでもない。しかし、仏教や神道も存在しており、これらがどの程度、日本の経営文化に影響しているかは定かではない。また、儒教、仏教、神道それぞれ厖大な研究の蓄積があり、ここで軽々に判断を下す力量も筆者にはない。そこで、経営文化に関連する限りでのみ、複雑な宗教事象を取り上げる。

既にみた垂直的、水平的、時間的側面と、役割期待に基づく合理的生活態度が、江戸時代の儒教が経営に与えた影響の枢要な部分であろう。だが、仏教、とりわけ禅宗が武士の間に広まり、儒教と共に生活の規範になったことも明らかである。

儒教の日本における始祖である藤原惺窩は、公家から禅宗僧侶となり、仏教では飽き足らなくなって儒教に入った。ただし、彼は朱子学だけではなく、陽明学も受け入れる度量の広い人であった。弟子の林羅山が藤原惺窩に陽明学を捨てるように懇請しても受け付けなかった。他方、武士であった鈴木正三は、禅宗僧侶となり、後に儒教へも思想を広げたが、基本的には禅宗僧侶に留まったように見える。しかし、彼の思想は、小栗了雲を経て、心学の大成者、石田梅岩に系譜的に繋がっていった。面白いエピソードとして、林羅山が徳川家康の前に出侍するときは、禅僧侶の服装で出たということである。このように、儒教と仏教（禅宗）は密接につながっていた。

本来、仏教は輪廻転生の世界観であり、祖先崇拝の宗教ではなかった。日本人に身近なお墓詣りというものは、仏教というよりも儒教の祖先崇拝から来たものである。しかし両者が混淆することにより、日本独特の仏教・儒教文化が出来上がることになった。中国でも、両者の混淆は生じたが、時には儒教対仏教の激しい対立が惹起された。日本では、仏教と儒教の対立は中国ほど激しいものとはならなかったが、その一つの理由は、孔子・孟子の古儒教が宇宙観を持っていなかったこと、朱子の新儒教においては、ある程度の宇宙観を持ったとはいえ、なお宗教であるならば持っているべき壮大な宇宙観を確立するまでには至らなかったからと思われる。この事情は中国でも同様であったが、日本では多神教的な素地が大きく、儒教と仏教が大きな矛盾もなく共存できた理由であろう。*16

神道については十分な解釈はできないが、中国の道教（日本の神道に相当）は、中国民衆の心に深く根ざし、生活規範は儒教だが、心のよりどころは道教であるとの解釈もみられることから、中国社会における道教の持つ意味は、神道よりはるかに大きいと考えられる。儒教が儒学と呼ばれるのは、それが生活規範に留まっていて、心の奥底のエネルギー、とりわけ、情念や本能に訴えかけるものを持っていないからであろう。[*17] これに対して道教はそうした力を持っているのである。

儒教は、日本では統治の学、倫理的規範、身の処し方、生き方などの「学」として存在してきた。易姓革命論を否定し、士農工商の身分制を強調し、日本的儒学として存在してきた。儒教は、すでにごく初期から日本に渡来したが、仏教が天皇家の庇護を得て、国家宗教として政治・社会の中枢に確固とした位置を占めたのに対して、儒教は、江戸時代に入ってようやく国家行政の中枢に、また庶民の生活の広い範囲に影響を及ぼすようになったにすぎない。戦国時代の下剋上による社会的混乱を鎮め、安定と秩序を得るために儒教が政治の中心に躍り出たというのが真実であろう。だが、その後、鈴木正三系の石田梅岩などにより、庶民にも儒教が生活規範として定着していったのである。このような安定と秩序を求める社会にあっては、陽明学が遠ざけられたのも当然である。[*18]

明治時代に入っても、儒教や禅宗の近代企業や企業家に対する影響は、顕著なものがある。渋沢栄一の「論語と算盤」に始まり、鐘紡の武藤山治が論語を称揚したことはよく知られている。鐘紡では、第二次大戦後になっても、新入社員はまず『論語』を手渡され、読むように指導された。このように明治期には論語が広く経済界でも推奨されたが、戦間期（大正時代）に入ると、論語（儒教）よりは、禅宗が人気を博した。精神修養団で知られる日立では、座禅や滝に打たれる滝行、すなわち頭だけではなく、体を使った修業が流行となった（身体論）。このように、企業の研修においてもある程度の流行り廃りがあった。一九八〇年代、多くの企業が取り入れ、海外にも悪名を轟かせた「地獄の訓練二週間」などは、体を酷使する荒行の名残であろう。この他にも、企業と宗教の関わりで言えば、花王の丸田芳郎の天台宗、出光佐三の神道、さらには、近江兄弟社の創業者であるウィリアム・メンデル・ヴォーヌや吉田悦蔵、森永製菓の森永太一郎や松崎半三郎などはキリスト教の影響を受けている。

マックス・ウェーバーと日本資本主義の台頭

マックス・ウェーバーのプロテスタンティズムと資本主義の関係については既に触れたが、再度論じておこう。

ウェーバーの問題関心は、「ヨーロッパで、なぜ世界で最初に近代資本主義が発展したのか、特にカトリックではなくプロテスタントによって資本主義発展が担われたのか」ということであった(ウェーバー・テーゼ)。この議論に対しては、ヨーロッパ中心史観であるとか、資本主義は商業活動が行われていたところでは古来から存在していたといった反論が提起されてきた。これは、資本主義自体の定義にも関わる。ウェーバーにとっての資本主義とは、昔からの商業活動一般をさすものではなく、近代において、北西ヨーロッパで、生産過程までも含めた無限の拡張を続ける営利活動が登場したことを意味していた。もとより、そうした資本主義が工場制によって駆動されるものなのか、マニュファクチャ（工場制手工業）段階をも指すものなのか、さらには問屋制家内工業によって営まれた毛織物工業あたりをも含むものなのか、今一つ判然としないところもあるが、古代、中世、近世の商業活動一般をさすものでなかったことは明白である。ウェーバーは、資本主義と近代資本主義を区別している。言い換えれば前者を市場経済一般とすれば、後者が資本主義と呼ばれるべきなのである。このような意味における資本主義の発生と、その後の展開こそ、ウェーバーの論じたテーマであった。

ウェーバーにとって、「富者が天国の門に入るのは、駱駝が針の穴を通るより難しい」とされるキリスト教の教えを、どのようにプロテスタントが克服していったかが問題であった。

キリスト教では、商業活動によって富を蓄積すること（営利活動）は卑しいことであった。他方で、王や貴族は蓄財したのではなく、土地を生まれながらにして神から与えられたのであって、人為的な勤労の結果ではなく、神の意志によって実質的な富者となっていた。商人は勤労によって蓄財することを卑しめられていただけではなく、とりわけ利子を取ることが禁止されていた。利子は、ユダヤ教でも、イスラム教でも禁止されているが[*19]、ユダヤ教の場合は異教徒に貸し付けて金利を取ることは許されていたので、シェークスピアの『ヴェニスの商人』に出てくる金貸しユダヤ人のイメージがキリスト教徒の間に広まった。

だが、そのキリスト教徒の間でも、利子禁止を迂回する方法として、手形割引が行われた。特に、通貨の違いを利用して、利子を得ることが行われた。イタリアの通貨フィオリーニとイギリスのペンスとの為替変動を利用することがしばしば行われた（外国為替手形の利用）。手形割引は、直接的な融資と形の上では異なるが、実質的な融資にほかならず、必ず金利がチャージされた。この手形割引を通じて、キリスト教徒も利子を得ていたのである。しかし、利子を得たり、商業活動によって巨富を蓄えた場合、罪の意識が芽生え、教会や類似の団体に寄進して罪の意識を軽減するほかなかった（メディチ家などのカトリック富豪の思考方法）。さらに、大聖堂建築のために莫大な資金を必要とした教皇庁が免罪符を発売するに及んで、その免罪符を大量に買えば天国に行けるとの倒錯した思考が生まれるに及び、教皇庁（カトリック）への批判は高まった。

このような「堕落した」カトリックに対し、マルティン・ルターによって開始された十六世紀の宗教改革により、「富は勤労の結果であり、何ら恥ずべきものではなく、正当な報酬である」との一八〇度の意識変革が行われた。その論理は、人々は神が決めた職業を天職（calling や Beruf）として励むこと、それが神の思し召しに叶うことであり、その結果として蓄積された富はいっそう神の思し召しに叶うように使われるべきである（拡大再生産）、というものであった。個人の生活は節約を旨として、合理的に事業に励み、富を蓄え、蓄えた富を浪費のために使うのではなく事業拡大に再投資すること、これこそキリスト教徒の使命であるという思想である。こうした思想を支えた意識は、予定説（天国に行くか、地獄に行くかは、行動には関係なく事前に予定されている）を基盤にしていたが、[20]プロテスタントは神が命じたと自らが信じる職業活動に励むことそれ自体、またそうすることによって天国に至る確証を得ようとして事業活動に励んだのであった。資本蓄積が罪深いことではなく、正しいことであるとの確信を持つことによって、宗教的基礎付けを与えられ、近代資本主義が発展していくことになった。[21]

その結果、資本主義はプロテスタント地域（イギリス、オランダ、ドイツ、フランス北部）を中心に発展していったが、一度資本主義が発展し確立すると、もはやそうした宗教的基礎付け（プロテスタンティズムの倫理）は必要ではなくなり、外形的な営利活動だけが残った。資本主義の精神、換言すれば、合理的に富を最大化することだけが残り、宗教的な基礎付けは消失したのである。先に述べた、ウェーバーの著作は『プロテスタンティズムの倫理と資本主義の精神』であり、非合理な宗教心（予定説）と、致富のための合理的精神の結合の結果として「資本主義形成の精神」が登場し、近代資本主義が誕生したことを描いたと解釈できる。その意味で最初に資本主義を生み出したのは、プロテスタンティズムの倫理を基礎に持つ資本主義形成の精神であったとするウェーバー・テーゼは、資本主義発展の心理的解釈として正鵠を射たものであろう。

こうしたウェーバー・テーゼに対して、十九世紀後半、アジアで最初に資本主義が誕生した日本では、プロテスタンティズムはなかったが、儒教が存在したので、資本主義の勃興にプロテスタンティズムは必要ではなく、儒教がその役割を代替することはありうるとの議論が出てきた。ウェーバー・テーゼは誤っているとの見解である。

しかし、この議論は、世界で最初に資本主義を生み出したのはどこか、という問いではなく、世界で資本主義がすでに確立した段階で、アジアに資本主義が初めて出て来たという事実を言っているにすぎない。ひとたび資本主義が確立すれば、宗教的基礎付けは必要ではなく、営利の合理性だけが必要とされるのである。日本では、明治維新によって儒教的身分制が崩れ、儒教的勤勉と合理性が残った。その結果、すでに資本主義化していた欧米から、技術と制度を学び、儒教的合理性を結合すれば、資本主義の発展は可能となるのである（和魂洋才）。その際、プロテスタンティズムが持っていた質素倹約の精神（世俗内禁欲）は、儒教と共通性を持ち、さらに好都合であった。

同じ儒教国でも、中国と朝鮮が資本主義発展に乗り遅れたのは、政治的混乱もさることながら、明治維新のような身分制廃棄を実行できなかったことが大きい。同一ではないが、同種の身分制を持っていた中国、朝鮮、日本が十九世紀後半に明暗を分けたのは、身分制廃棄の変革であった。ちょうどそれは、ルターの宗教改革が中世的身分制・棲み分けの解体を遂行しえたことと符合する。神の前ではみな平等であるとするプロテスタント倫理では、身分制を廃棄して、天職に励み蓄財することが正当とされる自由な経済活動を保証した。それが宗教改革であり、同様の機能を果たしたのが明治維新であった。福澤諭吉が「門閥は、親の仇でござる」といった意味はそこにある。[*22]

二十世紀後半に至って、韓国をはじめとするＮＩＥｓ、遅れて中国が工業化を開始し、強力な国際競争力を有するに至った事情は、儒教的合理主義が大きく作用していることも一因だろう。ただし、それは儒教に限られたことではなく、合理的精神を持っている宗教倫理は資本主義発展にプラスに働くのである。[*23]

6 経営者資本主義の確立——家族企業対経営者企業

家族企業の強靭さ

プロテスタンティズムの倫理と合理的な精神を持った企業家が資本主義を発展させた結果、まずは所有と経営が一致する個人企業（家族企業）が登場したことは、企業組織の五類型のところで述べた。血縁は、社会の基礎だからである。その後、企業者企業、準経営者企業、経営者企業が成立してくる。資本主義発展の最終局面は、経営者企業が制覇するというのがチャンドラー・モデルの描いた図であった。しかし、家族企業（企業者企業を含む）は現代でも意外に強靭である。それは、家族企業が伝統的家族企業（何世代、何十世代も続く）だけではなく、創業者が活躍する創業者企業も家族企業に含まれるからである。伝統的家族企業は、資産保全が最重要事であるため保守的であるが、創業者家族企業は革新的であることが多い（自分が築いた財産であるので、自由に処分できる）。これに対して、経営者企業は自分の財産ではないため、概して革新的であるが、創業者家族企業ほど大胆な方針は採りづらい。さらには、投資家企業も出現し（チャンドラーの想定外）、家族企業、準経営者企業、経営者企業、投資家企業など、企業類型はどこに向かっているか、はっきりしなくなった。

しかし、血縁を重視した家族企業が支配的か、それとも株を持たない専門経営者が支配する経営者企業が支配的かという基準は、とりあえず投資家企業を別にすれば、国の企業類型を比較する尺度として重要な意味を持つ。

はっきりした数値を示すことは難しいが、というのも準経営者企業も存在するので、どのように経営者企業を定義するかにも関わって、具体的な数値を算出することは意外に困難なのである。かつて日本の経営者企業比率を算出しようとした宮崎義一の試みがあったが[*24]、分類が複雑になりすぎて、明瞭な結論を得るには至らなかった。それでも、財閥解体の影響もあり、日本に経営者企業が多いことは確認できた。試論的には、経営者企業の多い順に並べれば、日本、次いでアメリカ・イギリス、次いでドイツ、さらに家族企業が最も活躍している国として、イタリア、韓国、中国をあげることができる（ドイツ、イタリア、中国の章を参照）。経営者企業が制覇している国、すなわち経営者資本主義である国は、世界でも日本、アメリカ、イギリスの三カ国だけであることが分かる。中国では、家族企業と同時に国有企業が大きな勢力を持っている。

日本における経営者企業成立の歴史的過程

日本における経営者企業の成立史を振り返るならば、江戸時代には、基本的には所有者一族が所有と経営の両方を行う形態であった。しかし、三井越後屋呉服店のような大店になると、番頭の役割が大きくなる。さらに幕末には、三井家の家業が傾きだすと、三野村利左衛門のような傑出した番頭が現れ、三井家を幕末の政治的・経済的混乱から救い出していく。このように、番頭の存在は日本の経営文化にとって、重要な位置を占めていた。その後、三井では、中上川彦次郎、益田孝、団琢磨、池田成彬などの大番頭が現れ、また住友では、先の広瀬宰平ほか多くの名番頭（鈴木馬左也、小倉正恒など）を輩出した。三菱では、所有者の岩崎家が経営も行ったが、三菱のような大所帯を切り回すのは岩崎家だけでは不十分で、荘田平五郎、木村久寿弥太、串田万蔵などの番頭が必須であった。その意味では、三井、住友では、かなりの程度、所有と経営の分離が見られ（準経営者企業）、また三菱でも部分的に所有と経営の分離が見られた。他の独立系の大企業、紡績会社、銀行、電力会社などでも、所有者＝大株主の意向は強く、所有者企業的ではあったが、番頭経営者的要素をもつ企業も多数あった。

第二次大戦後の財閥解体により、三井家、住友家、岩崎家の一族はことごとく経営から引退し、のみならず株式を失ったことにより所有者でもなくなった。ここに、世界で最も徹底した経営者資本主義が誕生したのである。先に述べた「三等重役」により戦後の高度成長が進展し、幻影だったかもしれないが、一九八〇年代にはパックス・ジャポニカ時代が到来した。

7　ケイレツは消滅するか

戦後の日本で財閥が解体され、その後継として企業グループ（系列）が誕生した。このケイレツは、日本的経営制度のユニークな特徴として、海外で非常な関心を持たれた。ケイレツが日本経済発展の原動力なのではなかろうかという関心である。戦後、三井グループ、三菱グループなど六つの主要な企業グループが誕生し、海外からいわば「奇異」の眼で見られた時代があった。グループ内取引の比率が大半であるとか、グループ外部の企業を排除しているのではないか、といった疑惑が海外マスメディアや海外企業の間で広まった[*25]。このケイレツ問題は、一九八〇年代の日米貿易摩擦でも取りあげられた重要トピックであった。こうしたグループ内取引のウェイトに関しては、実はあまり高くないというのが結論である。一九八一年の六大グループの内部売上比率は二〇%、仕入れ比率は一二%であり、合算してグループ内取引率は一六%程度というのが実態であった[*26]。

当時の笑い話的な話としては、三菱グループの宴会でキリンビール以外を出したら、宴会幹事は上司に大目玉を食うというのがあった。グループ企業（キリンビール）以外のビールを使うとは以ての外という考えである。では、こうしたグループ尊重の気風はどこから来るのだろうか。グループ意識が強いと言われた三菱グループ、住友グループでは、なお岩崎家、住友家に対する忠誠心が根底にあって一家意識があったのだろうか。それとも、水平的な仲間意識が基盤になっているのだろうか。おそらく後者であろう。だが、こうしたケイレツは、三井と住友が事実上融合し始め、また他のグループが崩壊し、三菱グループだけがやや存在感を持っているが、それでも系列を超えた合併が進行するなかで、また国際競争が激化する中で、こうしたグループ内取引を優先しようとする思考は影を潜めた。もはやグループ内取引が云々される時代ではなくなり、かつての日本的企業制度の「謎」と言われたケイレツは事実上解体したのである。

ただし、上記のケイレツを横のケイレツと呼ぶならば、トヨタグループなどの縦のケイレツはある程度健在である。自動車製造のための部品供給業者（サプライアー）を中心とした企業グループは、かつては強固なケイレツを有していた。トヨタ、ニッサン、ホンダ、マツダなどがそれぞれのサプライアーネットワークを持ち、そこから主に購買するシステムである。しかし、今でも強力なサプライア・グループである「協豊会」を有するトヨタを例外とすれば、熾烈化した国際競争によって、ケイレツ外からの購入が「品質、費用、納期」ＱＣＤ（quolity, cost, delivery）の点からも必須となり、実質的にタテのケイレツも弱体化した。トヨタを除けば、縦のケイレツも実質的に解体したと言ってもよい状況である。こうした経営上の合理性から、縦のケイレツ、横のケイレツ双方が存在意義を失っている。

8 経営ナショナリズム――それは死滅したか

ナショナリズムを何と訳すべきかは難しいので、ほとんどの著作ではそのまま「ナショナリズム」と表記されている。経営ナショナリズムも同様で、あえて訳を与えれば、経営国家主義、経営国民主義とでもなるだろうか。そして国家と国民の間には重要な相違があり、また政府・国家・社会の間にも相違がある。英語の nation-state も理解が難しい概念で、ふつう国民国家と訳されているが、nation を単純に国民とし、state を国家とするのが妥当なのか（筆者は問題があると考えている）、あるいは上位概念としての nation と下位概念の state（例えば、州）と捉えてよいのかどうかも一考を要する。ここでは、国民＝社会と解釈し、政府（government）は統治機構、国家は国民統合の精神的シンボルをも加味した機構と理解する。

江戸時代には、国家のような概念は庶民の間には明瞭にはなく、「くに」といえば、「武蔵の国」のような使い方であった。それが幕末の外圧により、日本という観念が市井の人々の間にも急激に登場した。経済的に軍事的に、欧米の趨勢に後れを取っていた日本のような後進国で、急速にナショナリズムが高まることはありがちなことであった。[*27] 産業面でも、経営ナショナリズムが、岩崎のような武士階級出身者の間で有力となったのも不思議ではない。欧米へのキャッチアップを目指し、日本の独立を維持するために企業経営を行うとする国事意識は、多くの企業家、とりわけ武士出身の企業家のなかでは顕著であった。

「明治維新以後相ついで建設された諸工場の経営は、当時の日本国民によって『士農工商』の『工』と同じものとは決して意識されなかったであろうし、ましてそれは本来『商』ではなかった。それらはすべて欧米諸国から移植された洋式工業であり、在来産業の『工』とは連続性を持たないまったく別個の事業であった……工場経営はけっして個人の生業としての『工商』ではなく、むしろそれは誇るべき一種の『国事』であった」[*28]。

これに対して、明治初期の政商は、「国事行為」としての企業活動ではなく、政府との特別な関係によって利を貪ろうとする否定的な側面が強い。また、三井、住友のような商人出身の企業では、政商から脱皮することが重要で、国事意識はそれほど強烈ではなかった。

ただし、こうした国事意識は決してお国のためにすべてを犠牲にするということではなく、森川英正が巧みに「国家意識×愛社精神×個人的功名心からなる三位一体のモティベーション」と表現したように、三者が重畳して企業活動は進められたのであった。ところで、経営ナショナリズムの性質をどのように解釈するかは、決して簡単ではない。

「経営ナショナリズムとは、私利と国益の矛盾・緊張を前提としたうえで、両者を統合する人間活動を要請する思想なのである……国益と私利の矛盾・緊張関係を想定しない経営思想は、いかに国家公共を声高に叫んでも、経営ナショナリズムとしては、純度の低い、いわば亜種というべきものであろう。[*29]」

公益、国益を隠れ蓑にして、私利私欲を図る企業家が多いことは洋の東西を問わない。本来、まっとうな商取引行為は、行為者双方のウィンウィンの関係であるべきであり、国家が介入すべきものではない。国家は、軍事と治安維持、また公正で効率的な商取引行為が行われるインフラ整備のために存在しており、そのための法制度の定着（法治）が必須なのである。しかし、後進国においては、独立維持と急速なキャッチアップのために特別なイデオロギーが出現する。それが経営ナショナリズムである。

この経営ナショナリズムは、企業と政府の関係を密接にし、後の「日本株式会社」と誇張される官民関係、産業政策を創り出した。もちろん、政府・企業関係は単線的ではなく、明治期の工部省設置による官の主導の後、「官業払下げ」によって官民関係が一段落し、いったん官と民は疎遠になったが、一九二〇年代、商工省の設置によって再び産業政策は活発化した。それが戦後に持ち越され、“notorious MITI”（「悪名高い通産省」）なる言葉が、海外でも喧伝されたのである。

しかし、一九七〇年代、通商産業省（現、経済産業省）の役割は重要性を失い、「近代産業を移植育成する課題を達し終わった今日の時点［一九七五年］では[*30]」、企業自身の創造的研究が重要であるとされた。だが、二十一世紀に入り、中国の社会主義的市場経済、言い換えれば、経営ナショナリズム、国家資本主義、覇権主義的経済活動の台頭を目の当たりにするとき、あるいは「アメリカファースト」に代表される経営ナショナリズムの高まりを見るとき、過剰なナショナリズムではなく、健全な経営ナショナリズム、言い換えれば「自律的意思決定と自己責任原則に裏付けられた創意工夫の精神をスポイル」することの無い経営ナショナリズムが必要とされている。

9 組織と意思決定の特徴――日本的特徴は独特か

稟議・根回し・会議

日本企業の意思決定方式は、「稟議と根回し」であるとして、一九八〇年代に海外でも有名になった。もちろん、根回しはどこの社会にも存在するが、その使用頻度が日本企業では突出して多いと想像されている。このことの真偽は定かではないが、会議の前に根回しを済ませて、あらかじめ結論を決めておく、少なくとも基本方向を決めておくことは、どこでもしばしばありがちな事態である。

これに対して、稟議（書）の使用はおそらく日本独特と思われる。下級の組織が稟議書を作成し、印鑑を押して承認済みとの意思を示し、横へ、縦へと稟議書が回されていく様子は、日本独特の仕組みであろう。稟議は、ボトムアップの一つの形態であり、日本の意思決定がボトムアップ（正確に言えば、課長辺りから起案されるのでミドルアップ）と言われる一つの理由である。

だが、稟議が定常的な事柄を主に扱うのに対し、重要な意思決定は、執行役員会、取締役会、常務会、部長会などの各種の委員会・会議体で行われる。新工場建設、海外進出、企業の合併買収、子会社設立などの重要案件は、会議で行われるのが普通である。通常は、利害がよほど対立する場合を除けば、あまり激しい議論は起きない。だが、人事に関する場合に対立が起きると、取締役会レベルでも、新聞に報道されるようなスキャンダラスな事態が発生する。

こうした会議体での意見の打打発止について、日本を欧米と比較するとどうであろうか。筆者は企業に勤めてはいないので、大学の例について触れると、日本の大学では（大学によって差はかなり大きいと思われるが）、教授会での発言で、「沈黙は金、雄弁は銀」などということはなく、かなりの議論が起きる。アメリカでは、さらに活発な議論が展開されると予想して、アメリカの友人に、アメリカの大学ではどうかと聞いたところ、コンセンサス形成へのプレッシャーが強く、議論はあまり活発ではないそうである（これも、大学によって大きな差があることは想像できる）。イギリスの友人に同じ質問をすると、そもそも会議を開くことが少なく、トップの意向が強く反映されると言っていた。英米では、トップダウンの指示型で、水平的な議論は活発でないことが推測される。これに対して、日本ではトップの意向が大きく決定に作用するというよりは、全体の「空気」次第ということが分かる。「空気」次第で物事が決まることを避けるためにも、会議前に事前の根回しが重要となるのだろう。英米では，それほど根回しをしなくとも，トップダウンの縦ラインの指示が強いと考えられる。

司令官と参謀――ミドルの暴走

日本では，トップの権限の弱さを示す言葉として，「御神輿《おみこし》経営」がある。部課長などのミドルが，それぞれの部署を代表し，そうした組織が各種の施策を起案し実行していく手法である。トップは主体的な判断を下さず，ミドル経営層が事実上意思決定をするので，御神輿経営とは，トップが彼らに担がれていることを意味する。極端な場合には，トップは実際には代替案を提示することができない場合もある。

また別の視点からは，ミドル支配の構造というのは，かつてのプロイセン軍の組織を彷彿とさせる。トップ（司令官）は決断するが，実際の作戦を立てるのは参謀であり（例えば，プロイセン軍の参謀総長であった大モルトケ），司令官は実際的な作戦立案能力を持っていないということもしばしば起きた。それが極限にまで推し進められたのが，日本軍の司令官・参謀組織であった。各組織レベルに設置された作戦参謀が情報を独占し，部外者の，また上官の介入をも許さず，独断的に作戦立案を進めたのが日本軍の参謀組織であった。大本営作戦参謀といえば，優秀かつ重要任務を担っているとして，司令官以上に敬意を払われていた。大本営参謀であった瀬島龍三などが有名である。

彼は、戦後のビジネス界でも活躍した。

しかし、御神輿経営やミドル支配は、行き過ぎるとトップの決定能力を失わせ、ミドルが暴走することが起きる。日本軍の場合でも、佐官級のミドルが実際の枢要な役割を担い、将官級がそれに引きずられるという下剋上、ミドルの暴走が起きた（悪名高い辻政信のケースが思い出される）。

この司令官・参謀という組織は、ライン・スタッフ組織という名称で、広く企業でも利用されるようになった。社長室、企画室などといった名称である。また官庁でも、本省課長クラスが実際の決定権を握り、経済政策の立案など、各種の意思決定の中枢を担う事態も出現した。過剰なミドルへの権限の集中という事態は、組織全体の決定を誤らせる可能性がある。[*31]

10 仕事の進め方（労働倫理）——現場主義とジェネラリスト

現場主義

日本における仕事の進め方としてよく指摘されるのが現場主義である。トップではなくミドルに権限が集中する傾向があることを前節で指摘したが、さらに現場主義が日本の特徴として指摘される。特に技術者についての現場主義に注目した森川英正によれば、イギリスでは生産技術者が蔑視され、アメリカではデスクワーク偏向であり、日本では現場主義の尊重という相違がある。[*32] たしかに大学時代でも、半年間の長期にわたる工場実習、製造企業では入社後の研修訓練、ＯＪＴ（on the job training）による実地研修、既に指摘した三現主義や二現主義の尊重、これらの施策によって、技術者と現場、特に作業者との密接な関係が築かれることによって、日本が得意とするＱＣＤという競争優位が生じたと推考できる。

こうした現場主義の起源について、理論と現場との融合を目指した技術教育、とりわけ明治六（一八七三）年の工学寮の創設、明治一〇（一八七八）年の工部大学校（工学寮の改称）の創立に際して、ヘンリー・ダイアー及び山尾庸三の実地教育重視の考えが大きく影響した。両者とも、グラスゴーのアンダーソン・カレッジで学び、同地の機械工場や造船所で実地訓練を受けていたので、その両者が日本の実地教育＝現場主義の先駆者となった。これはその通りであろうが、森川の国際比較では、ドイツの工科大学や現場主義、実地教育との比較がない。ドイツの章で解説したように、ドイツは熟練教育や産学連携で競争優位を持っている。そのことからして、ダイアーや山尾は、ドイツの工科大学、実地教育（サンドイッチ教育）、熟練形成の仕組みから大きな影響を受けていたのではなかろうか。森川は、チューリッヒ大学のモデル論を否定しているが、同大学はスイスのドイツ語圏にあり、ドイツの工科大学とは密接なつながりがあったと推測されるので、ダイアーと山尾が影響を受けた可能性は高い。ただし、以上は推測である。またグラスゴーの大学は、イングランドのオックスブリッジとは異なり、蒸気機関のジェームズ・ワットの時代から産業と密接な関係を持っていたので、イギリスの中でのグラスゴー（あるいはスコットランド全般）の特殊性ということもあろう。それらの点はともかく、日本がドイツと共通した現場主義の要素を強く持っていたことは明らかである。

さらにこのような現場主義は、テイラーリズムが導入された戦間期に発生した、技術者（制度設計者）と作業者の分離というマイナス面を緩和した。奥田健二によれば、アメリカでは科学的管理法の導入に際して、技術者と作業者の分断が生じた。テイラーリズムによって、作業者は、技術者が設計したプランやシステムに唯々諾々と従えばよいという二分法的志向が優勢になったのである。これに対して日本では、現場主義によって、作業者も制度設計に何かしらの関わりをもって参加することが可能になった。[*33] QCサークルや提案箱を通したカイゼン提案は、そうした傾向の具体的な表れとも言える。

工場中心主義

現場主義の重視と関連して、日本企業の特徴とされているのが、工場重視の姿勢、言い換えれば「軽量本社」が挙げられる。工場（＝現場）にヒト、モノ、カネを相対的に大量に注ぎ込み、本社機構には、例えば本社ビルにはたいして金をかけず、また人も配置しないという傾向である。これに対して、アメリカでは壮大な本社ビルが建設され（例えば『晴れた日にはGMが見える』と揶揄されたデトロイトのGMビル)、本社でかなりの経営業務を行う姿勢である(大きな本社と小さな工場、日本では小さな本社と大きな工場)。この点も、一九八〇年代の日本企業の全盛期によく指摘された点であった。

ジェネラリストとスペシャリスト

さらに日本企業の特徴として、新入社員は数年ごとにいくつかの部署を回って、文系であれば営業、事務、財務、商品開発、広告宣伝などを幅広く経験するようにキャリアパスがセットされる。特に幹部予備軍はそうである。製造企業であれば、文系でも数カ月から半年間の工場研修が義務付けられる。技術系は、研究所よりも工場に配置されるのが普通である。もっとも、工場内の研究所に配置されることも多いが、そうした研究所は作業現場とは至近の距離である。このようなキャリアパスの設定も、スペシャリストよりはジェネラリストを育成しようとする方針の現れである。

こうした職能を超えたジェネラリストの育成と並んで、日本の製造現場では、多能工とよばれる作業者が好まれる。多能工であれば、ある製品が需要の変動(需要は移り気である)や、欠勤者の発生に対して、迅速に応援に回れるからである。日本企業では、意識的にいくつかの工程を経験させ、多能工の育成に力を入れている。工場では、各個人がどの程度多能工化しているかの「星取り表」を作り、それに応じて給料も変わってくる。実際に行っている仕事は同じでも、多能工であれば、応援にすぐ回れることから、給料は高くなる。したがって労働運動において、しばしば目標とされる「同一労働、同一賃金」という表現は不充分で、「同一労働、同一能力、同一賃金」という方が、製造現場の実態を正確に表している。

11 人間関係の基礎——義理と人情、罪と恥

最後に、以上で説明してきた「制度」の底にある人間関係の特質、いくつかの価値判断の秤量から、日本の経営文化の性質を明らかにしたい。

義理と人情

恩義・義理と人情こそ、日本的人間関係の基礎をなすものである。恩義は重大な恩を受けた場合に使われる言葉であり、義理はそれよりは軽いが、忽《ゆるが》せにはできない借りである。恩義と義理は、最終的には信義、信頼につながる。これに対して人情は、家族への情愛、友人・隣人への親しみの情である。両者の関係は、高倉健が歌う「唐獅子牡丹」が示すように、〈義理と人情を秤にかけりゃ、義理が重たい男の世界〉ということになる。女の世界では、人情が義理に優越するのかもしれないが、世間的には義理が人情に優越する。義理が他者との関係であるとすれば、人情は身内との

関係だからである（公の私にたいする優先）。

『義理と人情』という本を書いた源了圓にしたがって、江戸時代から連綿と続く義理と人情についてみていく。秩序（礼）を最重要視した朱子学と異なり、欲望への敵対的態度を捨て、むしろこれを肯定、人生を享受する発想が儒教の中にも生まれてきた。貝原益軒、山鹿素行、伊東仁斎などである。素行は朱子学から出発して、老荘の世界に移り、さらには直接孔子の書を読む以外にないと自覚し、古学を立てた。「人欲は人間にとってやむを得ないものであるだけではなく、人間のいっさいの行為の、そして善き行ないの基礎として肯定されなければならない。」[*34]伊東仁斎も、禅の「白骨観」を修めたりしたが納得せず、孔子の世界に立ち返り、惻隠の心、羞悪《しゅうお》の心、辞譲の心、是非の心の「四端」に立ち、それを伸ばすことによって仁義礼智という「四徳」に達することができるとした。仁斎は、祭りごと（秩序）よりも人間の情念を肯定した。最終的に、独特の日本的感性を確立したのは、本居宣長であった。「『人ミナ聖人ニアラズ』という自覚を持っていた宣長にとって、情欲を否定し、天理に帰り、道にいたるような考え方はすべて無意味であった。彼のばあいは……情や欲それ自体の分析から、それらを人間論の中に、そしてさらに文化論の中に位置づけることによってそれぞれを肯定する」ことになった。すなわち規則一辺倒ではなく、「もののあわれ」に代表される日本的感性である。このように、「人情」「情念」が日本の一つの価値判断の尺度となった。ただし、「ひたすら情や『物のあはれ』を説く宣長が、体制への随順を勧めたことからわかるように、日本のヒューマニズムが私的領域にとどまったのにたいして、ギリシアのヒューマニズムは公的領域にまで展開した」という相違はあった。[*35]

義理に関しては、「一宿一飯の恩義」を特徴とする俠客道も存在した。陳舜臣は、俠客道について、後世の儒教（朱子学）では俠客道は「芳しからぬこと」とされていたとし、清末には、関係が平等でないゆえに五倫のうち朋友の信義を除いて、四倫を否定する譚嗣同《たんしどう》が現れた。彼は、仁を説くがこれは「俠」に近く、第10章「中国の経営文化」で述べたハオシャがこれを担う。日本では、この俠客道が義理に通じ、さらには一般社会でも、義理が重要になっていった。義理を欠くということは信義にもとる、さらには信頼を失うということに繫がり、たとえ盆暮のお礼の遣り取りでも、義理を守ることが重要となった。しかし、俠客道は俠客道であり、理念的に一般人の敬意を集めたが、第一義的には忠（日本朱子学の最重要徳目）、次いで義理、さらに下って人情という順になったのである。しかし、義理と人情は、朱子学的考えに対するアンチテーゼとして民衆の心の奥底に潜在しているのである。[*36]

恥と罪

罪の文化（guilt culture）と恥の文化（shame culture）に関しては、ルース・ベネディクトの『菊と刀――日本文化の型』が非常に有名である。しかし、ベネディクトの日本研究はおそらくわずか四年程度であり、著書には至るところに誤りがある。義理と人情についても書いているが、その部分の誤りは特に多い。

ただし、有名になった罪と恥の箇所は、示唆に富むところがある。罪の文化とは、「道徳の絶対的標準を説き、良心の啓発を頼みにする」文化である。すなわち原罪である。恥の文化とは、世間から指弾されることであり、世間体、体裁などに繫がる。もちろん前者でも恥をかくときはあるし、後者でも罪の意識はある。要するに、原罪を背負っているキリスト教では罪の感覚が強く、相対的に日本の恥の文化では、罪の意識は弱いとされる。また真の罪の文化は「内面的な罪の自覚にもとづいて善行を行うのに対して、真の恥の文化は外面的強制力にもとづいて善行を行う」[*37]という違いがある。

罪の文化では、告白という手段によって、懺悔や贖罪を行うことができるし、告白することによって罪の意識は軽くなる。しかし、恥の文化では、告白を懺悔聴聞僧に行っても、恥の感覚は軽くならず、却って話が世間に広まれば藪蛇となる。

たしかに、欧米、とりわけアメリカのピューリタン的厳格主義では、原罪意識が強く、日本にそれがなく、外面的な恥の感覚が強いことは事実であろう。ちなみに、キリスト教と同じセム一神教であるイスラム教やユダヤ教には原罪がない。しかし、アメリカでも、この本が刊行された一九四八年には、「恥が次第に重みを加えてきつつあり、罪は前ほどにははなはだしく感じられないようになってきている」と、ベネディクトが書いていることからも、戦後はアメリカも世俗化している[*38]ので、罪と恥の文化の比較は有効性を失ってきているかもしれない。だが、アメリカには福音主義のような原理主義派も力を増しているので、なお罪と恥の比較は有効であろう。

恥の文化では、義理を欠く→信義にもとる→信頼を失うという回路で、社会的レピュテーションが下がる。あるいは恩を受けてそのままにしておくと「恩知らず」という評価になる。本書冒頭に示したキケロの言葉は、古代ローマでも事情は似ていたことを示している。ただし、程度は異なるが。中国では、「面子をつぶす」というのが最大の侮辱になっている。恥をかかせるからである。叱るときは、絶対に人前で叱ってはいけないというのが鉄則である。日本では、一罰百戒の意味からあえて人前で叱ることも行われるが、中国人に対しては良い効果は期待できない。さらに、人だけではなく、共産党や政府、あるいは組織の面子をつぶしてもいけないのである。警察が誤認逮捕をしても、警察の面子を保つために、警察は非を絶対に認めてはならないのである。日本でも、時に「面子」ということばは使われるが頻度はすくなく、「面目がつぶれた」のように、面目の方が一般的である。こんなことをしてしまって「面目ない」のように、自身のことに関して使われ、「他人の面目をつぶす」などとはあまり使われない。中国よりも日本の方が自省的な文化なのかもしれない。

12　好まれる日本人のタイプとは何か

日本では、集団主義をベースにしているので、周囲の状況を判断する気配りの良さが評価される。「気が利く」は、最上の褒め言葉の一つである。仕事を進めるうえで、事前の段取りの的確さ、事後のケアが大切である。報告、連絡、相談の略語である「報・連・相」も、日本の経営文化の特徴である「密なコミュニケーション」（浜口恵俊の間人主義）を表す象徴的な言葉である。上司への報告、関係部署への連絡、相談の重要性を端的に表現している。

もう一つの好まれる性格としては、物事に恬淡として（潔さ、粋《いき》の尊重）、物事に強く固執せず、さっぱりとした性格が好まれる。だが同時に、バイタリティ、持続力、がむしゃらさも評価される。さらには包容力として、「清濁併せ飲む」度量の広さ、泥をかぶる覚悟、情に厚いこと、義理堅いことも重要である。日本の会議では論理というより雰囲気で決まることがあると言われており、そうした「空気」づくりの名人であること、逆に論理的であることは大事だが、理屈を重ね、理屈をこね回すことは嫌われる。経営学には、ウォームアプローチとクールアプローチがあるが、日本ではたいていの場合、前者が好まれる。例えば、にこにこしながら肩をポンと叩き、元気づけたり、仕事を頼んだりすることを「にこぽん」と言う。

日本文化の代表的な特徴として、「和」の強調がある。「和の精神」は、時として少数派に対する

「輪」のようなプレッシャーになるので要注意である。日本社会では聖徳太子の「和を以て貴しと為す」の言葉が引用されつつ和の精神がしばしば強調され、主流派の意見を通す手段になりがちだからである。日本社会の集団主義の特性から言っても、コンセンサスへのプレッシャーは一般的に強いと言えよう。したがって、我を張らず多数派に従うタイプの人間が好まれることになる。

集団主義は形を変えて、一家主義（かつての国鉄一家など）として登場し、大企業では、一体感醸成のために、必ずと言ってよいほど社歌、ロゴ、バッジが作製され、朝礼、運動会、記念式典などが行われる。こうした施策は団結心を創り出すうえでは効果があるが、金太郎飴的な画一主義を生み出し、創造性や多様性の欠如をもたらす危険性もある。

経営家族主義は、社員全体で家族のような一体感を創り出すものであり、社員の家族が実際にその会社に入社することを歓迎しそうなものだが、そうではない会社もある。世界の家族企業では、子弟の入社（縁故採用）が普通で、社員の家族は優先的に入社できることが多い。日本でも、誇りを持ちながら、同じ会社に二代、三代と勤めるケースも多い。アメリカでも、田舎の工場のブルーカラーだと、父親も、祖父も、みな同じ工場に勤めていたということもよくある。

日本でも、「親父が入れたがるような会社でなきゃ困るじゃないですか」として、積極的に子弟を受け入れる会社もあるが、大多数の会社は、どちらでもよいとして血縁関係にはこだわらない方針である。だが、少数派だが、社員の子弟を採らないと決めている企業もあり、そうした会社には、三井物産、東京海上保険、三菱商事、三菱銀行、日本郵船、住友商事などがある。こう見ると、商社や三菱系の企業が多い。また「三菱グループは社員の子弟をグループ内各社で採用し合っているんじゃないかといわれますが、それもない」と否定されている（三菱商事人事第一部部長代理の言）。「現職の会長・社長の子女でも、採らない。私たちがストレートにことわるのは、恐れ多いので、社長に言って、じつは……と電話でおことわりしたこともあります。ごくふつうのことです」（三菱グループ某社の人事担当者[*39]）。

三井物産では、娘婿の入社も認めていない。最近、このルールを破った社長が出て問題になった。またホンダでも、創業者の本田宗一郎が私の最大の失敗は、会社にホンダと名付けたことであるとし、また息子のホンダ入社を認めなかった。このように、興味深いことに、血縁ベースの家族企業を否定する思考も日本にはあるのである。

ゲマインシャフト的な日本の有名企業がなぜ子弟の入社を認めないのか。一つは、能力重視のゲゼルシャフト的な側面の重視である。厳しい競争に打ち勝っていくためには、養子制度、番頭制度に見られたように、実力本位の制度が必要とされるのである。もう一つは、社員間のトラブル防止の趣旨からである。自分の子供の入社が認められないのに、なぜあいつの息子が入ったのだ、とする不満である。

三菱各社の血縁不採用は、戦前からとも言われていて、社内協調を図る上では、血縁者を採用するとむしろ公平な処遇ができなくなり、三菱本来の「隔意なき意思疎通」が図れなくなるとの判断からであった。このように、やや意外な感じもするが、ゲマインシャフト的な企業でも、能力が思いのほか重視されているのである。しかしながら、あくまでもそれは少数派であり、大勢は縁故採用の踏襲といった状況にある。

13 小括

本章では、日本的経営制度の歴史的形成、とりわけ年功制、終身雇用、集団主義と平等主義を取り上げ、それらの文化的背景を明らかにしてきた。また、日本がなぜ経営者資本主義の確立において、米英よりも、さらにはドイツ、イタリア、中国などよりも進展してきたのかを、儒教、仏教などの宗教的側面から検討してきた。他の日本的経営文化の特徴である経営ナショナリズム、意思決定や仕事の進め方、また人間関係の基礎にある「義理と人情」、「罪と恥」、「忠誠心」の特性、好まれる日本人のタイプを分析した。

以上の、経営ナショナリズム、集団主義、日本的人事管理、それらを総合した日本的経営について、中川敬一郎は、小稿ながら「日本的経営」(一九七四年)において、簡にして要を得た説明を加えている。ここで紹介しながら、本章の小括としたい。

中川は、日本的経営とは、経営家族主義、集団主義経営であるとし、それは「伝統的な社会構造」だけではなく、国際的環境にも起因する、すなわち文化構造だけではなく経済過程も重要な役割を演じたとする。その国際環境とは、これは既に本章で述べたことであるが、幕末から明治維新にかけての危機であり、それが国事意識を生み、経営ナショナリズムが発生したとする。

興味深い点は、「私的利潤の正当性を堂々と主張する経営理念がわが国で成立しなかったこと」は、消費者市場との接点が弱かったことにも原因があると指摘していることである。たしかに、日本の市場は生産財市場を中心的とし、イギリスの消費者市場重視とは異なっている。チャンドラーは、『スケール・アンド・スコープ』の中で、イギリスは消費財市場、ドイツは生産財市場、アメリカは消費財かつ生産財市場を中心としていたと分析している。このことから考えると、ドイツと日本で経営ナショナリズムが台頭したのは、そこにおける市場の性質の相違にあるとも言えよう。日本では、消費財市場が活性化しなかったがゆえに、企業家は「消費者の厚生的需要を充足している事実を実感できなかった」。したがって、私的利潤とは何か後ろめたいものであり、国事行為と認識しなければ、利潤の正当性が心の内に担保できなかったのである。

次いで中川によれば、職人的家族主義と、会社企業の家族主義とは別種のものであり、後者は、国事とつながり、企業活動を行うことが国益につながるという認識を持ち、会社員とは公務員、言い換えれば私企業で働く半公務員（安部）、であった（ドイツの企業内官吏を想起！）。逆に、職人的家族主義企業は私企業であり、そこで働く人は私人であった。

こうした国事行為的意識を持つ経営者は、企業間の協調、業界間の協調を推し進めただけではなく、そこには、政府と民間企業の関係、すなわち日本株式会社と誇張されるような緊密な関係が出来上がった。官僚主導の経済界・産業界の運営である。英米においては、政府が私企業の意思決定分野に立ち入ることについて、「拒絶反応」のような反発が出たが、日本では、国事行為の意識から、政府の「指導」に従い、なおかつ政府官僚と企業幹部は、学閥などを通じて密接な人的関係を築いた（かつてのＭＯＦ担〔東大出身の大蔵省担当社員〕を想起！）。

もっとも中川も、こうした体制は、江戸時代の商家経営に「その理念の源泉」を求めることができるとし、「功労のあった番頭を別家にとりたて、正式の家族書に書加える」こともあったと指摘する。

しかし中川は、こうした経営ナショナリズムは、自由な市民社会における「近代的企業の経営意識」ではなく、こうした日本の経営制度が「今（一九七四年）後どこまで新しい経済社会の発展とその要請に応えうるか、それが今日における日本的経営の基本問題である」と断じているが、日本は一九九〇年代以降の環境激変にうまく対応できなかったというのが、後知恵ではあるが、制度と文化への一つの答えになろう。*40

終　章

文化衝突と経営文化論の展望

文化が衝突するとき

サミュエル・ハンチントンは、その著『文明の衝突』の中で、キリスト教文明、イスラム教文明、儒教文明などが、マクロレベルで「衝突する」可能性を描いた。他方、企業のレベルでは、多国籍企業が生産拠点、販売拠点を海外に置くことにより、文字通り、派遣社員と現地社員との文化摩擦、および本国企業の経営方針（ビジネスポリシー）と現地企業の経営方針との矛盾・対立、いわば「文化衝突」が発生する。これまでも、文化摩擦については異文化コミュニケーション論において、経営方針の分野については多国籍企業論において、取り上げられてきた。

本書では、ここまで比較経営文化論として、時には二国間比較をまじえながら、各国の経営文化を個々に検討してきた。だがこの終章では、その動態化として、現実に企業が海外に活動を「移植」（transplant）していったときに、どのような問題が発生するのかを概略的に考察したい。もとより日本でも、従来から外資企業が存在し、そうした外資企業に勤める人々の処遇、外資系日本法人の社風が論じられ、また外資企業の本国本社と日本支社の相克も取り上げられていた。ヘールト・ホフステードが取り上げた各国ＩＢＭの中には、もちろん日本ＩＢＭも入っている。

一九七〇年代から、日本企業が本格的に海外に進出し始めると、先の文化衝突や「移植工場」(transplant factory) と呼ばれる現象が大きな経営問題となり、現地経営をどのように行うかが重要な課題となった。さらには、世界中に広がった子会社・工場群をどのように統括するかが企業経営にとって喫緊の課題となった。その意味で一九八〇年代は、「日本的経営」「日本の経営文化」が世界中から脚光を浴び、学びの対象となったと同時に、日本企業にとっても、海外でどのように文化摩擦に対処し、グローバル経営を成功裏に行っていくかということが切実な課題となった時代であった。まさに「経営文化」が企業と社会の枢要な焦点になったのである。

海外直接投資（企業の多国籍化）は、古くは十九世紀後半からヨーロッパ企業がアジアやアフリカに、アメリカ企業が南米、ヨーロッパ、アジアに進出し、国際化の波はすでに始まっていた。人の移動も、十九世紀末には移民としてヨーロッパから北米、南米へと広がりを見せ、またアジアから北米への移民も行われた。こうした資本と人の移動に加えて、技術や経営手法の移転も始まっていた。以上のように、第一次大戦直前には、大きなグローバル化の波が押し寄せていたのである。

だが戦間期には、世界がブロック経済化することにより、国際化の潮流は一転して停滞することになった。しかし、第二次大戦後、アメリカ企業を中心として、ヨーロッパ企業、日本企業が積極的な海外進出をはじめ、とりわけ一九六〇年代以降、加速度的に国際化は進展し、グローバル経済という言葉が日常用語として使われるほど、世界経済はグローバル化し、企業は多国籍化した。それにともなって生ずる文化衝突の解決、経営管理の在り方が問われるようになった。*1

なぜ企業は海外に行くか

企業はなぜ海外進出するのだろうか。多国籍企業論の教えるところでは、以下の五点にまとめられる。

① 工場を建設し、現地生産による関税の回避。
② 製品ではなく半製品で運んだり、原材料を現地で調達したりすることによる輸送費の削減。
③ 低廉な労働を利用するための現地工場の建設。
④ 製品動向を的確に把握するための市場立地。
⑤ 研究開発情報を得るために、研究開発を進めるための研究所子会社の設置。

日本の場合には、少子高齢化による国内市場の狭隘化克服のために、企業や人は国際化せざるを得ない。企業成長を考えれば、日本人や日本企業のグローバル化は避けて通れない道なのである。

企業の海外進出の動機を解明していくと、まず関税は、第二次大戦後、自由貿易の必要性が強調され、ＧＡＴＴ、東京ラウンド、ウルグアイラウンドなどの多国間交渉によって関税が引き下げられ、重要性は減少したように見えた。だが、最近の国際情勢は「関税戦争の再来か」と言われるほど、再び関税の重要性が増している。関税は依然として海外投資の重要な要因なのである。アメリカが保護貿易を唱え、逆に資本面で大きな制約を外国企業に課している中国が自由貿易を訴えるなど、奇妙な現象が起きている。グローバル化という観点からは、自由貿易に加えて、自由投資、非関税障壁の撤廃がぜひとも必要であろう。

日本は、一九七〇年代、低廉な労働力を求めて先ず東南アジアに進出し、ついで一九八〇年代には市場立地の狙いで北米に進出した。最近は、東南アジアやインドも経済的に発展し、市場としての魅力が高まってきたので、安価な労働力という誘因だけではなく、これら地域の市場としての重要性が増した。

進出形態としては、一〇〇%出資である独資と、合弁形態での進出との二つがある。合弁形態は、五〇%対五〇%の場合、五〇%超のマジョリティを得る場合、五〇%未満のマイノリティに留まる場合に、区別される。さらには、グリーンフィールド投資（新たに工場を建設する場合）や、ブラウンフィールド投資（企業買収による既設工場の取得）がある。

独資の場合でも、各国の法制度や経営事情に応じて、適切な経営方針が必要とされ、またグローバルな視点から当該国市場をどのように位置づけていくかという問題は残る。だが、合弁の場合と比較して、独資の方が意思決定の面では格段にやりやすい。合弁の場合は、相手方との方針の摺り合わせが必要となり、独資以上に問題が複雑になる。とりわけ、五〇％対五〇％の対等出資の場合、経営方針の衝突が起こると身動きが取れなくなり、他の合弁形態よりもさらに経営が困難になる場合がある。もっとも、トヨタとＧＭが対等出資して設立したカリフォルニアのヌーミー社の場合は、経営権はトヨタが持つということを明確にしたので、日本方式の導入はＧＭとの関係ではあまり問題は起きなかった。だが、これは例外と言える。

企業は人からできている

独資にせよ、合弁にせよ、経営方針の対立・齟齬は起きるのだが、最大の問題は、人の問題であろう。トップからミドル、ロワーまで企業は人で構成されているからである。以下の説明は、主に先進国、特にアメリカ、イギリスに則している。

製品に関して、high cultural contents product（高文化要素製品）というものがある。主に食品であり、服、化粧品、家具などの消費財もそうである。こうした製品は、子供時代に慣れ親しんだ味、嗜好が強く残り、また好みがはっきり出やすい。これに対して、生産財はどこの国でもだいたい同じような仕様で十分であり、テレビ、白物家電、ＰＣ、スマホなどの消費財でも、国の文化が影響するほど大きな好みの差は出ない。

だが、高文化要素製品では、文化特性が大きく作用するので、それぞれの国・地域の事情に合わせたきめ細かな方針が必要である。ある意味で、最高の高文化要素製品は人間であろう。人間の行動、モチベーション、インセンティブは、文化特性に大きく左右されるからである。経営のトップからミドル、ロワーを経てランク・アンド・ファイル（平社員）に至るまで、文化特性の大きな影響を受けていない人はいない。企業という磁場が発生させる社風や、個人個人の幼少期から成長期までの文化吸収に影響されて、社員のインセンティブやモチベーションがかたち作られ、様々な意思決定が行われていく。

そうした人間が未知の土地に派遣され（派遣社員〔expatriate〕）、そうした人々を受け入れるホスト国の人々との間で、文化摩擦が起きることは容易に想像できる。日本での仕事への取り組み方、例えば完璧主義、あるいは「仕事を明日まで延ばさずにできるだけ今日の内にやっておこうとする姿勢」、逆に、ラテン系のように「明日できることは今日しないという姿勢」もある。当然、仕事の進め方で、摩擦も起きてくる。これは、文化相対主義的に考えれば、どちらが優れているかという問題ではない。

日本流のやり方を「適用」するか、現地のやり方に「適応」していくかは、大きな相違をもたらす。[*2] 現地に適応していくことが、無難なように思われがちだが、その企業が持っている競争優位（competitive advantage）を出せないと、他企業、特に現地企業との競争には勝てないことが多い。したがって競争優位をどこまで打ち出していくか、あるいは現地に適応していくかというバランスの問題がある。「郷に入れば、郷に従え」では済まないのである。

日本的な制度（長期勤続、年功賃金、年功昇進、ジョブローテーション、多能工、広い職務区分、QCサークル、社歌・朝礼・ロゴなどによる一体感、提案箱による苦情処理）などを実施するには、企業への忠誠心、その言葉が強すぎれば、会社に「コミットメントする気概」がないならば、制度はうまく根付かないし機能しない。第13章で見た、QCサークルの問題点は一例である。

日本的経営のソフトウェアであるジョブフレキシビリティ（職務区分を広くし、職種・職務上の移動を容易にすること）、チームコンセプト、現場主義、細部へのこだわり、厳格な規律、メンテナンスの重視（とりわけ問題発生を未然に防ぐプリメンテの考え方）、QCサークルと提案制度による品質管理、5S（整理、整頓、清潔、清掃、躾）、これらを移植していくためには、現地の文化特性、人々の社会習慣（文化）を十二分に配慮しなければならないのである。[*3]

ここではさまざまな制度・手法の移植については触れないが、そのもととなる一つの要因として、時間に対する感覚があろう。意外かもしれないが、アメリカ人は日本人以上に「時間にきっちり」としている（time-conscious）。「タイム・イズ・マネー」の精神が今でも残っているのか、時間を大切にする。例えば、アメリカの日系工場で、日本人訪問者がせっかくグループディスカッションを設定していたのに、そこの日本人経営者は訪問者に「まあいいではないですか」と言ってランチをゆっくり食べ、一〇分も遅刻し、アメリカ人従業員に冷ややかな批判のまなざしを向けられた事例もある。[*4] これに対して、メキシコ人などのラテン系では時間に関しておおらかである。

比較の視点として、海外におけるブルーカラーとホワイトカラーの日本方式の受容の違いがよく指摘される。日本的経営は相対的に平等主義的要素が強い。たとえば、職員と工員の一体性がある。日本ではどちらもサラリー（月給制）であるのに対して、アメリカ、イギリスなどではホワイトカラー向けの salary（月給制）とブルーカラー向けの wage（週給制）とは明確に異なっている。日本では、工職一体の労働組合が作られるが、英米ではブルーカラーは労働組合（trade union）を結成するが、ホワイトカラーは別な組織（association）を作ることが多い。

また、日本企業の英米工場では、昼食のカフェテリアもブルーとホワイトの共用である。ブルーカラーは、常々ホワイトカラーから差別されていると感じているので、ブルーカラーは平等的な日本方式を歓迎し、逆にホワイトカラーは自分らの権利（特権？）が侵害されているように感じて不満が多い。

ブルーとホワイトの横の平等に加えて、上下の平等もある。例えば、アメリカの日本企業では、社長から平社員まで、朝出勤したときに先着順に自由なところに駐車できる。特別な幹部社員の専用駐車場はない（ただし、日本本社では規模が大きいため、上下の平等はアメリカの日系工場ほどではなく、重役専用の駐車スペースがあるのが普通である）。昼食に利用する食堂でも、上位の者も下位の者も同じ食堂を利用する。日本の工場や在米日系工場では、社長も平工員も工場では同じ作業衣を着けるのが普通である。このように、在米日系工場においては、上下およびブルーとホワイトの間の垣根は相対的に低い。イギリスの日系工場でもほぼ同様である。

アメリカ、イギリスの日系企業で一番歓迎されている点は、不況になってもレイオフしないということであろう。日本企業はできるだけレイオフしないことを方針にしている。実際、アメリカで不況が来ても、日本企業がレイオフしなかった事例は多い。現地の労働者にとっては長期勤続が期待でき、会社への忠誠心が幾分なりとも湧くと思われる。だが、「ノーレイオフ・ポリシー」はあくまで努力目標なのであって、現実にはレイオフした日本企業もある。日本企業では長期安定雇用(終身雇用)が法的にも実施されている、と誤解して、日本企業がアメリカでレイオフした際に、約束違反だとして会社に抗議した労働者もいた。「日本企業はレイオフなし」の印象が強く抱かれているためである。

また労働組合の組織状況、それへの対応も異なる。そもそも労働組合がない地域や国もあり、日本流の企業別組合が組織できない地域、逆に強力な産業別労働組合が存在しているアメリカのミシガン州のような地域もある。概して、日本企業はアメリカでは組合活動が活発でない地域を選び、立地する傾向がある。摩擦を避けるためである。そうした場合には、企業別組合と企業の緊密な連携という日本的現象は起こりえない。

ただし、英、米、日で典型的だが、ここ数十年、スウェーデン、ドイツなどを除けば、世界的に労働組合運動は退潮に向かっており、問題としての重要度は下がっている。[*5]

人的資源のグローバルな活用

日本では一九九〇年代後半、アメリカ流の経営をまねて、日本的経営システムの大きな修正が行われようとした。筆頭は成果主義である。年功給ではなく、成果給によって企業の競争力を強化しようとする意図からであった。しかし、すでに指摘したように、二〇〇〇年代にはある種の揺り戻しが起きた。というのも、成果をどのように測るかという点で困難に直面したからである。日本では、グループで作業するため個人単位の成果を測りにくいこと、また成果を上げやすい仕事に飛びつき、手っ取り早く成果をあげようとする短期的・近視眼的志向に一部の従業員が陥ったこと、成果主義は目標管理と連動しているが、目標の設定が困難な部署にも無理やり目標を設定し、うまく機能しなかったこと、これらの理由から職場に混乱が起き、成果主義の評判は下がった。[*6]

また、フラット化が時代のキャッチフレーズになったが、実際に職階を一つ減らすと、管理する部下の数が五人から二〇人くらいに増えることになり、組織全体の効率は低下した。[*7]

さらに、委員会制度が日本企業にも導入され、そのうちの一つである報酬委員会で、トップ経営者の報酬を決めることができるようになった。そこでは、日本のこれまでの常識を超えた報酬が決定され、企業としての一体感（上も下もあまり給与に差がない）が損なわれる事態が生じてきている。

すでに触れたが、当初は超高額の経営者報酬は、ニッサンのゴーン氏、ソニーのストリンガー氏あたりで年に五億から十数億円であったが、二〇一八年にはソニーの平井氏の二七億円がトップになった。日本のシステムは、ある程度の全体性を持っており、一部を手直しすると全体の機能不全が起きることがある。超高額報酬は、従業員の一体感、会社への忠誠心にマイナスに作用する危険性がある。

こうして、成果主義は警戒心を呼び、ある種の揺り戻しが起きたが、旧来の年功賃金を維持していれば安泰というわけではない。日本が「失われた三〇年」にならんとし、しかも企業がますますグローバル化しなければならない状況の下で、事態は複雑化している。

日本人社員が大部分であった場合には、これまでの日本的年功制度を維持することができたが、最近では、四〇％程度の人間が海外組（海外子会社の従業員）である企業も生じている。その場合、彼ら外国人の認識は、むしろアメリカ流の短期的成果主義（反・年功賃金）、スピード出世（反・年功昇進）であって、おそらく全世界的にその傾向は強い。彼らは、日本企業に勤めながら、世界標準になりつつある成果主義を求めている。日本がずっと従来の年功制を維持するか、あるいは成果主義に転ずるかという問題に関して、グローバル企業でありたいと願う場合には選択の余地はないのである。

ドイツやフランスの事情はやや日本に近いが、それとても程度の問題であり、ある意味、日本だけがこれまで年功制を維持してきたと言える。欧米に加え、インド、中国など、今後の経済大国ではますます成果主義的発想が強くなり、世界の潮流が成果主義となることは必至である。グローバル企業において、日本の年功制は消滅せざるをえないかもしれない。[*8]

経営文化の国際比較

本書では、「信頼」を切り口に、経営と文化に関して、筆者の解釈を示してきた。文化・制度・成果の関連、とりわけ制度と文化の相互規定関係に着眼すると同時に、文化の最重要要素の一つである宗教の考察、特にキリスト教、儒教について、マックス・ウェーバーを土台にして論じてきた。[*9] 日本では、宗教は煙たがれる傾向があるが、世界でビジネスマンとして活躍していくためには、「まえがき」でふれたように、宗教についてのある程度の知識・理解が必要とされている。

非合理の象徴である宗教と対照的に、営利を基礎づける合理性も、簡単なようで多岐にわたる意味合いを持っている。目的合理性（手段合理性）―価値合理性、形式合理性―実質合理性、短期合理性―長期合理性、個別合理性―全体合理性、限界づけられた合理性―完全合理性などの様々な合理性は、合理性を考えるときに十二分の注意を払う必要を教えている。単純に、ある方法が合理的か否かは、全体、長期などの観点から相反した評価が出てくるかもしれない。一つの行動が、ある面からは合理的だが、他面では不合理ということも起きるのである。

営利を追求する企業発展の面では、経営者企業の成立が大きな発展のメルクマールであるが、家族企業の強靭さ、あるいは準経営者企業という類型の誕生が示すように、複雑化している。

以上の一般的考察を踏まえて、経営文化の国際比較に目を移せば、イギリスとアメリカは元々プロテスタントの国として共通性を持ち、中国とイタリアは家族主義という点で類似し、ドイツと日本は組織主義という点で共通点を持っている。

しかし、アングロサクソンと一括されるイギリスとアメリカでも、共通点を持ちながらも相違もあり、同様のことはドイツと日本についても言える。家族企業という意味で、中国とイタリアは強い類似性を持っており（フクヤマによる指摘）、さらに両国では、国有企業が有力という点でも共通している。もちろん、多くの違いはあり、実際に中国とイタリアが接触するところでは、大きな文化衝突を生んでいることも事実である。温州商人のイタリアでの活動はその典型であろう。

別なグルーピングとして、経営者企業、経営者資本主義の強さという視点から見れば、「日本、アメリカ、イギリス」対「ドイツ」対「イタリア、中国」のような分類も可能である。日本は国際的にみて、突出して非血縁的な経営者企業が多い。

他方で、縦ラインの指揮命令系統の強さに関しては、ドイツと日本は正反対となり、ドイツ、アメリカ、イギリス、日本の順になる（中国、イタリアについては不明）。日本は単純な「タテ社会」ではないのである。日本は、社会生活（social life）において、また企業生活（work life）においても、先輩後輩関係が重要なタテ社会ではあるが、企業における指揮命令系統に関しては、縦社会のドイツ、アメリカには遠く及ばない。ドイツ、アメリカでは、上役に楯突くなどということはありえないが、日本では、ある程度の「反抗」は許容範囲である。

営利と文化の共進化とは

本書を通じて強調したい点は、営利の追求無くして経営発展はありえないが、その発展タイプを決定する際に、文化、とりわけ宗教的なエートスが極めて重要であるということである。まさに文化と営利が相互作用して、経営発展の方向を決定していくことになる。営利を駆動力とする企業の発展が市場環境や技術環境などによって生じるとすれば、文化は企業の発展を推進したり、抑制したり、方向転換を図る「転轍手」（マックス・ウェーバー）の役割を果たしている。資本家、経営者、労働者、これら三者の文化、言い換えれば、モチベーション、インセンティブ、エートス、理念、価値観がどのような営利活動を是とし、否とするかを決めるのである。経済経営制度が発展し、文化も当然変容する。その変化した文化が経済経営制度にまた反作用するのである。まさに共進化と言えるであろう。[*10]

すでに指摘したように、文化も長期にわたって不変である場合もあるが、短期間に変貌する場合もある。短期間に変貌した文化が制度・組織の発展に強く作用することもある。ただし、概して文化は長期的に変化しにくい性格をもっている。経済経営制度は短期間に変化するが、文化はゆっくりとしか変化しないという主張にも一理はある。

日本で経営者企業が盛況なのも、養子制度、番頭制度などの江戸時代の伝統から来ているし、ドイツで経営者企業、家族企業の両方が隆盛なのも、その伝統的家族主義と組織信奉から来ている。イタリア、中国の家族企業の強さ、経営者企業の不活発な状況も、強烈な家族主義の伝統から来ている。もとよりこうした観点に基づいた研究は少なく、今後の探求すべき経営文化論の方向を指し示すものと言えよう。

最後に、日本で経営文化論が華やかなりし一九八〇年代に、どのような感覚であったのかを示す興味深い文章を引用しておく。

「日本人はやはり本来優秀な国民です。そして性質からいったら比較的おとなしい。日本の気候は、ほかの国と比べてみたら、非常に恵まれている。ときに台風もあるけれども、おおむねいい気候で、ほとんど一年中戸外でも仕事のできるところが多い。そういうふうな気候、風土が、われわれ日本人の性格形成にも影響しているんじゃないでしょうか。いろんな人種をかかえた国とは日本はまるで違いますよ。」（脇村義太郎[*11]）。

ここにはいくつかの問題のある認識がある。日本人が優秀であるかどうか、勤勉であるかどうかを世界標準で考えたら果たしてそう言えるのか、日本の移民（外国人労働者）が実質的に二〇〇万人を超えた状況で、単一民族的な特徴を維持できるのか。「比較的おとなしい」というのはそうかもしれないが、森嶋通夫によれば、「個人も発狂」することがあるように、「民族も発狂」することがある。[*12] 一九三〇年代から一九四〇年代の日本が「日本よい国、清い国、世界に一つの神の国」と荒唐無稽なスローガンを振り回したように、また中国で文化大革命が起き中国民衆が暴走したように、単純な風土論で、文化の基底にあるもの、文化そのもの、さらには人々の行動を説明できるものではない。より一層立ち入った研究、分析が求められている。

補論 1

欧米・日本・中国において宗教がもつ意味

本論では、宗教意識と経営発展の関連を取り上げてきたが、国際比較の観点から、欧米、日本、中国における異同を示せば、図補-1のようになる。

欧米ではキリスト教において、典型的にはプロテスタンティズムであるが、神と個人は直結する。その関係は家族や他人との関係に優先する。図で、家族や中間組織が点線で囲まれている理由である。国家との関係は、初期には緩やかであったが（典型は、神聖ローマ帝国）、十九世紀に国民国家が出現して国家のウェイトは大きくなった。それゆえ、国家主義、国民主義、民族主義のような強い紐帯が出現した。他方で、血縁、地縁、人縁（友人・知人関係）は相対的に強くはない。もちろん、イタリアのようなカトリックの社会では、血縁が強く、また地縁も強い（第11章参照）。

これに対して、日本の神道では、神そのものが「八百万の神」として存在し、明瞭ではない。仏教でも、お釈迦さま、阿弥陀さま、菩薩さまなど、いろいろな信仰対象がある。さらに儒教では、祖先崇拝の伝統そのものが「神」の存在に近い。神のところを点線で囲った理由である。個人も家

図 補-1　欧米・日本・中国における宗教の意味

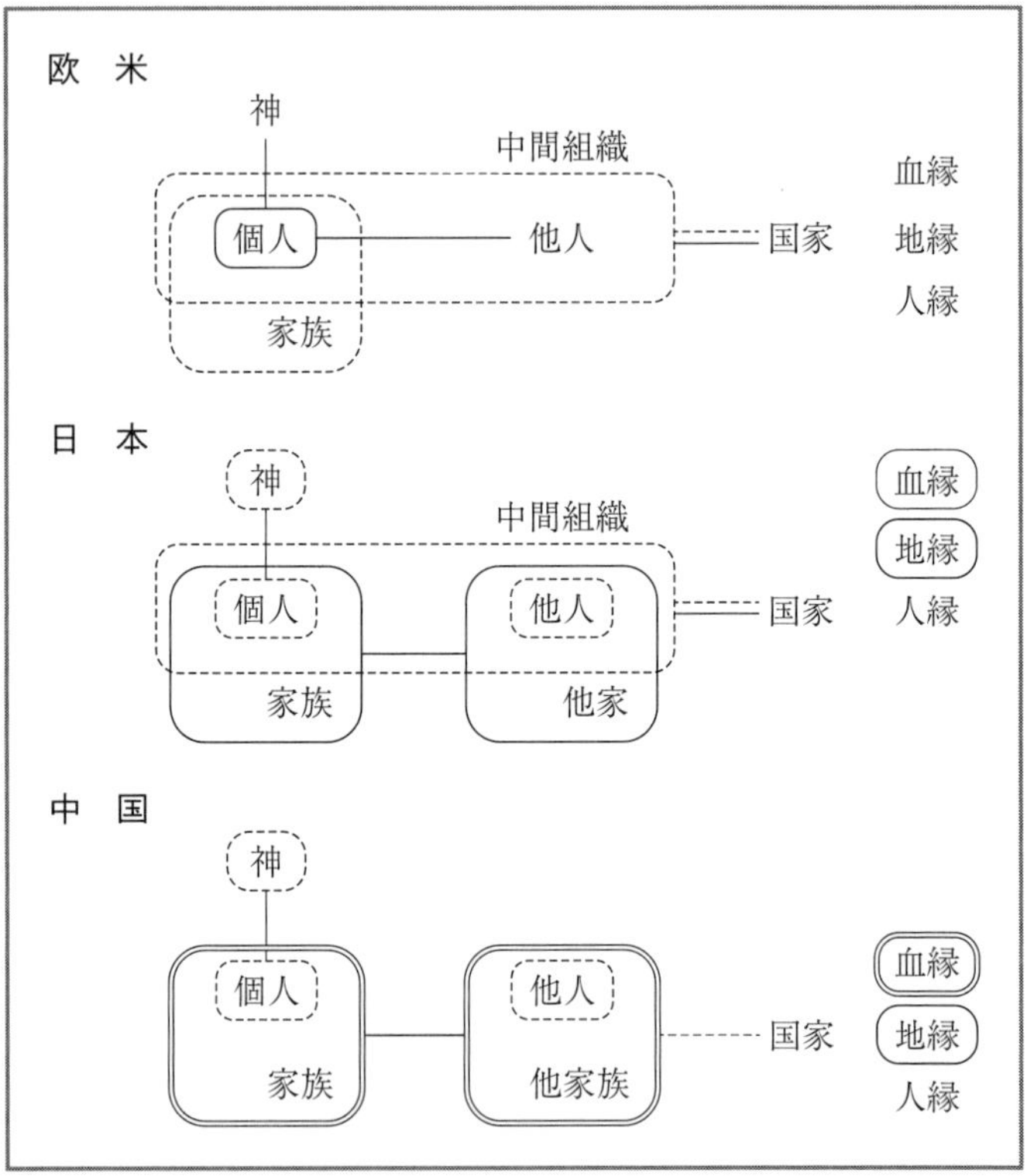

の中の個人であり、欧米的な意味での個ではない。点線とした理由である。これに対して、家・家族は強固な拠りどころであり、実線で示されている。ただし、中国の家・家族と比べれば、家そのものが重要であり、血縁はそれほど重要ではない。家の中に、他人を迎え入れることは容易である。

他方で、中国では、家というより血縁家族が主体である。中国の家と対照するために、日本の家がわざわざ「イエ」とカタカナ書きされる理由もそこにある。日本では、国家に対する関係では、かつては「お家」すなわち藩の存在、あるいは「お店《たな》」の存在が大きかったが、幕末から明治維新にかけて、西欧列強による植民地化の脅威が切迫したために、国家が前面に出ることになった（藩意識から国意識への転換、お店意識から国事としての企業意識への変化）。また中間組織としては、村の中での家同士の関係、あるいは血縁関係のない他家との交際の比重が高かったために、ある程度の中間組織の発展が見られ、明治以降は、各種業界団体などの形で中間組織は比較的強固であった。相対的に見れば、日本では、血縁、地縁は強く、人縁は薄いということになる。

中国では、日本と同じように、神の存在は一神教と比べれば、曖昧な存在であった。その代わりに、血縁団体としての家族の絆は強く、個人はその中で弱い存在であった。家族を二重線で囲んだ理由である。ただし日本と比べると、三世代同居などの大家族が多い。日本と中国では家族の規模において大小がある。また日本の家族は長子相続で、中国の均分相続と異なるが、分家などの仕組みがある。中国では均分相続なので、分家の発想はない。

また、村の中にあっても、血縁関係のない他家族との関係は中国では薄い。したがって、中間組織の形成には困難が存在した。国家も伝統的に遠い存在であった。皇帝は直轄支配したが、その支配は実質的には個々の家族、村までは及ばなかった。このように中国では、血縁が最も強く、地縁がこれに次ぎ、人縁は最も弱い（第10章参照）。

補論2

民主主義の一省察——経営文化論の基礎要素としての普遍的価値

民主主義とはなにか。これは大きな問題である。民主主義は、語源的にはギリシャ語のデモス（人民）とクラティア（権力）の合成語、すなわち人民の権力を意味する。王権や貴族、あるいはエリート支配（meritocracy）にたいする反意語である。歴史的にイギリスでは、貴族による王権の制限、そのためのマグナカルタ、十七世紀にはクロムウェル革命にみられる中産層であるヨーマンなどによる王政の廃止、あるいは名誉革命、権利章典による王権の実質的空洞化など、議会主義の徹底があった。言い換えれば、民主主義とは、民意の重視→選挙→王権・貴族支配の制約→議会の発展という流れのなかに存在した。[*1] インドが自らを世界最大の民主主義国であると自負するのは、インドが世界最大規模で国政選挙を実施していることからくる当然の主張である。これに対し、世界最大の人口を誇る中国では、未だかつて人民レベルでの国政選挙が行われたことはない。このように、選挙こそ民意を図るうえでの最大メルクマールであることは明らかであろう。

だが、民主主義と並んで、近代を象徴するもう一つの重要概念たる自由主義との関係は自明ではない。民主主義を考えていくうえで、民主主義と自由（主義）との関わり合いを明らかにしていくことが重要な課題である。ここでは、以下の二つの原則（ヴォルテール原則とマルクス原則）を中心に、民主主義の意義と問題点を考え、しかる後、民主主義と自由主義の関係について考察していくことにしたい。この論点は、民主主義と自由主義を基盤とする近代社会の勃興、すなわち資本主義の登場とその文化（思考・言説・行動の安定的パターン）、言い換えれば、価値観および言動や慣習と、企業活動との関係、すなわち経営文化を明らかにする基礎要素の一つと言えよう。*2

1 ヴォルテール原則

ヴォルテール原則とは、筆者が名づけたものである。「あなたの意見には反対だが、あなたがそれを主張する権利は強く擁護する」との有名な原則である。言い換えれば、他者の「言論の自由」の尊重である。もちろん、これは自己の「言論の自由」の尊重にもつながる。主義主張の内容は問わず、それを表明する権利、それを尊重する言動、それがヴォルテール原則である。ヴォルテール（一六九四－一七七八）が言ったと伝えられるが、ヴォルテールの名前を挙げないまでも、様々な場面でこの表現は人々によってしばしば使われてきた。

筆者が覚えているところでは、政治学者であり一九五〇年代から一九六〇年代にかけての日本の代表的なイデオローグであった丸山眞男が、べ平蓮の中心的活動家であった小田実と対談した際、丸山は小田の政治姿勢、先のヴォルテール原則を肯定する姿勢を高く評価していた。

このように、ヴォルテール原則は、民主主義の根幹をなすと言える「言論の自由」の尊重なのだが、ここに一つのパラドクスが登場する。ヴォルテール原則を否定する主張は、擁護に値する主張なのであろうか。言論の自由を認めない、封建的専制政治、独裁制、全体主義などを復活させる主張はヴォルテール原則に照らして、擁護する価値が有りや無しやという問題である。

これは必ずしも現実にありえないことではない。というのも、言論の自由の端的な表現である選挙、議会制を考えれば分かる。自由な選挙の結果、誕生した政党がヴォルテール原則を否定したらどうなるかという問題である。ヒトラーのナチス政権は民主的に選出されたが、すぐさま国会放火事件をでっち上げ、共産党や社会民主党を抑圧し、全体主義に走った。ヴォルテール原則などは歯牙にもかけなくなった。また、レーニンは、国民議会の選挙結果に満足せず、議会を解散し、独裁制を構築した。立法、司法、行政の三権分立を否定した「ソヴィエト」(評議会)の一元的な権力が言論の自由を圧迫した。現代中国における共産党一党支配による言論の制約、民主主義の圧迫などもある。また、西ドイツでは、ヒトラー政権の経験に鑑み、ナチ党の設立は禁止されていた。近年では、エジプトのモルシ政権は民主的に選出された政権であったが、イスラム原理主義的姿勢により、反対党を圧迫し、少なくともヴォルテール的な意味での言論の自由を圧殺する可能性があるとして、軍のクーデターを招来した。（もっとも、実際の政変はもっと複雑な要因により起きたことは明らかだが。）

全体主義、共産主義、イスラム原理主義の下では「自由がない」、すなわち「言論の自由がない」とされるのは、ヴォルテール原則が否定されていることを意味している。民主主義の下で、言論の自由、ヴォルテール原則が最重要の原則であることは自明であると思われるが、その原則を否定する言論はヴォルテール原則の適用に値するのであろうか。

2　マルクス原則

ヴォルテール原則と並んで、民主主義、あるいは近代社会の原則として重要なのが、「すべては疑いうる」というマルクス原則である。これも筆者が名づけたものだが、この命題は、カール・マルクス（一八一八―一八八三）が述べたと言われており、近代科学の基礎とも言える哲学である。これに対する、一つの雑ぜっ返しとしては、「その原理を忠実に実践することは、その原理自体を疑うことである」との考えもある。この世には疑いえないものもあるのではないか、という問いである。[*3]しかしながら、これは単なる雑ぜっ返しではなく、実は深刻な問題を孕んでいる。

かつて、「レーニンから疑え」というタイトルの著作があったが、これは多くの批判を受けていたスターリン主義を疑問視するのは当然だが、さらに遡って元々のレーニンも疑うべきだとの含意であった。そしてマルクス原則に忠実であれば、先の「すべては疑いうる」という命題そのものではなく、マルクス主義や『資本論』も疑うべきであるとの系論が出てくる。『資本論』を金科玉条とするのではなくそれを換骨奪胎した宇野理論は、正統派あるいは教条主義的マルクス主義経済学者から批判されたが、「すべては疑いうる」というマルクス原則からすれば、マルクス経済学やマルクス主義を疑うことは理の当然である。

　しかし、先にも触れたように、すべてが疑いうるのではなく、疑いえないものがあるのではないか、すなわち絶対的に肯定しうるものの存在があるのではないか、そうした考えや信念も成り立ちうる。そうした存在こそ、宗教であると言ってよい。「考える＝疑う」に対して、「信じる」、すなわち、「前提なく無条件に信じること」、それが宗教であろう。合理的に考えること、疑問を提起すること、これらが「すべては疑いうる」の真髄であろうし、合理的思考、およびそれに基づく行動、これこそが近代社会を築き上げてきた原動力といってよい。しかし、近年では、世界的に見て、宗教的思考・想念の復活あるいは宗教原理主義の復権が目覚ましい。これは、イスラム教だけに限ったことではなく、ヒンドゥー教でもキリスト教でも見られる現象である。

　以前、「不合理なるがゆえに、我信ず」という表現を耳にした。当時、この言葉は日本の思想家であった谷川雁の言葉と誤解していたが、元をたどれば、なんとキリスト教の使徒であるパウロの言葉であるという（丸山眞男「原型・古層・執拗低音」）。パウロにとって、不合理なものの肯定、すなわち合理的な思考を超越した存在こそ、キリストの存在であり、宗教そのものの拠りどころであった。人間は、葦のごとく弱く、なにか絶対的な存在に依存することなくしては日々の精神的安定が得られないとの考えである。そこに宗教の存在理由があるのであろう。

ユダヤ人のように、過酷な運命に翻弄された状況下では、あらゆるものを超越する「絶対神」の存在が求められ、その流れで、キリスト教やイスラムがセム一神教として登場してくるのである。[*4]

宗教（不合理なるがゆえに、我信ず）と近代科学（すべては疑いうる）との矛盾の解消、ないし共存は可能なのであろうか。[*5]

3　普遍主義的人権とイスラム的言行、中華的民主主義

西欧近代が生み出した「ヴォルテール原則」と「マルクス原則」は、現在、イスラム的価値観（クルアーン、ハディース、シャリーアに基づくイスラム的生活倫理）[*6]、中華的民主主義（西欧流の普遍的人権観、民主主義観に対抗して、中国共産党が唱導している東洋的人権観＝指導主義的・権威主義的支配、メリトクラシーに近い）の挑戦を受けている。研究の世界でも、西欧中心主義の限界が主張され、アジア（中東、南アジア、東アジア）重視の世界観が有力になっている。これは、偏った西欧中心史観からの

脱却、ないしは修正という意味で妥当な流れであると言えよう。[*7]

また、何が「正義」であるかという正義論の観点からも首肯すべき傾向と言える。「正義の反対は、悪ではなく、もう一つの正義である」という命題をもつ文化相対主義は、傾聴に値する含蓄のある考えである。ある社会で正義と思われていたこと、逆に悪であるとみなされていたことが、異なった社会では真逆の価値を有しうるということは、西欧中心的世界観の偏向を修正する健全な方向であろう。[*8]

しかしながら、西欧近代が生み出してきた「すべては疑いうる」および「言論の自由」という二大原則が、他の価値と共に単なる西欧という領域に押しとどめられるということは世界にとって望ましいことなのであろうか。この二つの原則は、いかなる地域、国にとっても、人類普遍の原則として守られるべきなのではなかろうか。「東は東、西は西」という普遍主義的価値観を否定した状況認識は肯定されるべきなのだろうか。

中国では、近年、「偉大な中国の復活」というスローガンの下で、西欧とは異なる自由、民主主義を確立しようとする動きがある。しかし、それは、共産党一党支配を温存せんとするイデオロギーとみなしうる。しかし、現在では実質的に軽視・無視されているとはいえ、西欧が生み出したマルクス・レーニン主義に立脚していると主張する中国共産党が西欧的な原理原則を放棄することは、自己の存在基盤を掘り崩すものとして原理的には不可能であろう。[*9]

もう一つのイスラム的な宗教倫理、生活態度、価値観との相克は、サミュエル・ハンチントンの『文明の衝突』にも指摘されているように、文明史的にもなかなか解決しがたい問題を孕んでいる。[*10]「言論の自由」、「すべては疑いうる」という原則と宗教的侮辱の問題が、鋭い形で、二〇一五年に提起された。「私はシャルリ」という表現の含意がどのような意味を持つのかは、エマニュエル・トッドをはじめ、多くの論者が論じているし、宗教と世俗との関係、すなわちセキュラリズム（世俗主義）やライシテ（非宗教性、脱宗教性、政教分離、聖俗分離）の問題は、筆者が簡単に結論付けられる問題ではないので、ここではひとまず触れない。[*11]

しかし、『悪魔の詩』を書いたサルマン・ラシュディの問題にみられるように、ムハンマドを批判の俎上に載せること自体が冒瀆として死をもって償われるべきであるとされるならば（冒瀆か批判か）[*12]、『神曲』を書いたアリギエリ・ダンテは、その中でムハンマドは地獄に落ちたと述べていることから、いま生きていれば暗殺されるのは必定であろう。[*13]

4　民主主義と自由主義は両立可能か

一七八九年のフランス革命において、自由・平等・友愛（博愛）というスローガンが掲げられたが、この三者はいつでも共存するものではなく、時により対立し、矛盾する存在であるように思われる。

「自由」が何物にも束縛されない、制限されないという意味であるならば、「平等」は公平ということになるであろう。しばしば区別される「機会の平等」と「結果の平等」は、同じ平等といっても、事前の平等と事後の平等という相違がある。機会の平等とは、様々な制約・制限を受けた封建的身分制ではなく、すべての人に機会がオープンであるという意味で、事前の平等な関係である。

以下では、種々の「自由」について論じよう。

「職業選択の自由」とは、身分によって職業選択が制約されず、農民や職人の息子が軍人や外交官、企業家になることができるという意味での自由な選択である。封建体制下では、それは必ずしも可能ではなかった。農民は農民に、職人は職人にならざるを得なかったのである。

「移動の自由」とは、土地に緊縛されず、自由に自分が住みたいところに行ける権利である。封建制の下では、他所への移動は決して自由ではなかったし、旅行でさえも制約を受けていた。かつてのソ連では、国内パスポート制度があったほど、移動の自由は制限されていた。

「契約の自由」とは、商業活動や職業活動において、強制ではなく自由意思によって契約を結ぶことができるという自由である。また中世的なギルドやアソシエーションの制約を逃れて、自由な活動を、自由な契約を通じて実現できるという自由である。

「思想の自由」とは、どのような思想を抱くのも自由であり、無神論、不可知論、無政府主義も許容されるべきであるとの趣旨である。幸徳秋水の無政府主義も、言説としては許容されるべきとの謂いである。

「言論の自由」とは、そうした思想を表現するのに妨げるものがあってはならず、活字媒体や他の媒体において自由に自身の意見を表明できるとする自由社会の肯定である。「表現の自由」もこれと表裏一体で存在しなくてはならない。

こうした活動を組織だって行う場合、仲間を募ることは当然の権利として認められるべきであり、「結社の自由」が肯定される。

そして最後に、思想の自由と密接に関連するが、「信教の自由」がある。信教の自由は、特定の宗教を信じる権利、あるいは信じない権利を意味する。歴史的にはカトリックに対して、プロテスタントの信仰の自由を認めていく過程で、宗教戦争、とりわけ十七世紀の三十年戦争においてカトリックとプロテスタントが血みどろの争いを続けた結果、ウェストファリア条約において、最初の信教の自由の萌芽が生まれ、その後、何教を信じるかに関して国家は介入すべきではないという原則が徐々にできあがっていった。フランスで「ライシテ」と表現される、国家と宗教の分離である。イスラム教で言えば、二十世紀初頭の世俗主義の高揚であろう。十九世紀から二十世紀前半にかけて、世俗主義、ライシテの方向に世界は動いていたのである。例えば、世俗主義をとるトルコでは、国会などで議員がスカーフ（ヒジャブ）を着用することは近年まで禁止されていた。ブルカ、ニカブなどの着用は言わずもがなである。

このように、歴史的に政教分離の方向が高まっていったが、同時に、政教分離の動向と連動して、十五世紀以降、近代資本主義が勃興し、自由な経済活動・企業活動を推進していった。曰く、自由貿易、自由な投資、自由な移動という、モノ、カネ、ヒトの三要素の自由な移動である。この資本主義の勃興に関しては、ウェーバー以来の厖大な研究蓄積と解釈があり、ここでは詳論せず他日に譲りたいが、一つだけ述べれば、自由な経済活動は、平等をもたらすというよりも、不平等をもたらしがちであることを指摘しておきたい。この点も最近のトマ・ピケティの論を待つまでもなく、資本主義の発展は内在的に不平等をもたらす傾向を持っているのである。ただし、資本主義の発展と共に平等化が進行するというサイモン・クズネッツの論も、アメリカの十九世紀前半の歴史を振り返れば、決して間違っているとも思われない。*14

先に述べた「機会の平等」と「結果の平等」に関して言えば、機会の平等は、運・能力・努力により、成功できるチャンスが特定の身分のものではなく、全ての人に開かれていることである。だが、運と能力と努力によって、結果はとうぜん異なる。成功する者もいれば、事業に失敗して零落する者も出てくる。それゆえ、機会の平等は結果の平等を保証しない。ここで、スタートラインがまた同一になれば、平等かつ公平なサイクルが始まるのであるが、人間家族にあっては、その子供らに富を残そうとする、あるいは良い教育を与えようとする性質がある。富と教育の相続は決して平等ではありえず、したがって実質的に機会の平等も空念仏に終わる。世代を超えるサイクルにおいては、機会の不平等（程度の差はあれ）と結果の不平等がリンクし、時に加速され、資本主義的な有産階級と無産階級が登場する（図補-2参照）。

機会の平等とは、自由な契約、自由な権利と同義に近く、結果の不平等を招きやすい。もちろん、必ずしもスタートラインの格差がそのまま温存されるわけではなく、運・能力・努力によって結果は異なってくる。したがって、このサイクルは絶えざる上昇流と下降流を引き起こすのだが、近年のトップ一％の人々が九九％の資産を所有するという極めて不平等な世界をも現出させることになる。

図 補-2　自由・平等・友愛（博愛）

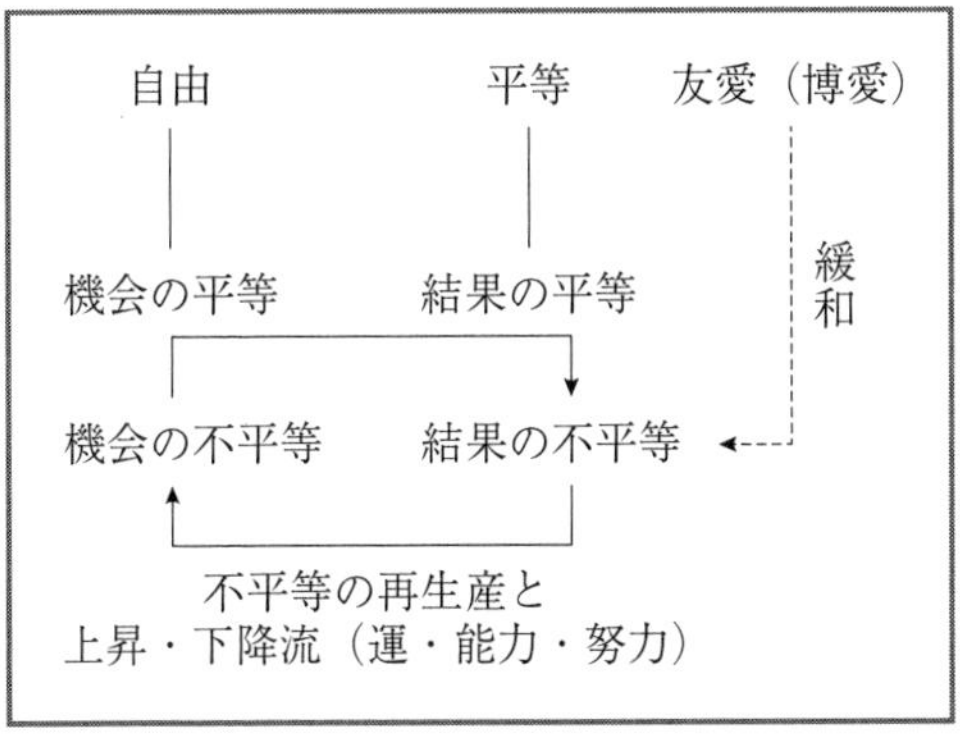

（注）自由とは，自由な選択と他者無危害原則を意味する。

自由主義は機会の平等に強くリンクしているので、選挙における一票の平等性、あるいは機会の平等性を保証しようとするが、結果の平等性を実現することはできない。機会の平等性を自由主義、結果の平等性を民主主義と呼ぶなら、自由主義と民主主義はそもそも両立しえないのである。これを結び付けようとする幻想が自由民主主義なのである。ただし丸山眞男は単純に自由主義と民主主義を分離することに反対である。[15]

封建的身分制は機会の平等も、結果の平等も持っていなかったが、自由主義は機会の平等を、民主主義は結果の平等をもたらそうとした。機会の平等が進展すると、結果の平等はその存在を脅かされ、何かしらのバッファーがなければ、社会自体の存続が危うくなる。そこで、様々な社会政策や、累進税制が試みられた。そうした制度的対応のウェイトはまさに国の文化に関連している。さらに、このような制度的対応とともに、従来からの共同体的互助、あるいはモラルエコノミー的対応も、友愛（隣人愛、コミュニティ的共助）として、何がしかの役割を担った。しかし、二十世紀後半、特に一九七〇年代以降になると、そうした社会的方策は後退し、自由主義的方向性が強くなった（いわゆるネオリベラリズムの台頭）。

他方で、二十世紀の後半には一転して、宗教的原理主義の力が強くなった。キリスト教、ヒンドゥー教、ユダヤ教においても原理主義の力はある程度強まったが、そうした宗教においては、全体として世俗化の動きも進行しつづけた。原理主義の高まりは一部に止まったのである。だがイスラムにおいては、毎日のメッカ礼拝、一カ月に及ぶラマダーン（断食）などの日常生活に関わる宗教行為により、その共同体的生活習慣の宗教との結びつきは強く、原理主義の復活も顕著であった（ホメイニ革命が典型）。一九六〇年代のエジプトでは、ミニスカートの女性が街中を闊歩していたが、現在は想像もつかないほど宗教色の強い社会となった。イラン、アフガニスタン（かつてはマルクス主義の政権が存在していた）では、チャドル、ブルカ、ニカブが、強制もあるだろうが、隆盛となり、穏健かつ世俗的なマレーシアでも、かつてはスカーフをかぶらない女性も数多くいたが、現在では数多くの女性がスカーフをかぶるようになっている。

5　博愛・隣人愛の立ち位置

隣人愛はキリスト教の教えであるが、イスラムにも寄進制度（ワクフ制度）がある。またほとんどの宗教団体は、コミュニティにおける活動を通じて、その存在基盤を維持し、存在理由を確認している。友愛（博愛）は人間活動の基礎的な活動である。この友愛（博愛）に関連して、ここ二〇年よく議論されている企業の社会的責任（corporate social responsibility: CSR）も、その一翼を担うとも言える。

しかし、コミュニティと個人との関係は、血縁共同体である家族の存在を抜きにしてはありえない。またその拡大版である一族や宗族などの拡大血縁共同体もある。個人・家族・コミュニティ（村共同体、都市共同体、国家、帝国など）の関係は、文化人類学者であるエマニュエル・トッドの専門領域であるが、なお十全には解明されていない領域であり、家族民主主義（イエ制度、イスラムの個人と家族と一族の問題点）の問題も他日にゆだねざるを得ない。*16

個人と家族、コミュニティの関係について、よく誤解されている例として、マーガレット・サッチャーの言を引いておこう。「社会などというものはない、あるのは個人だけだ」と誤用される例もあるが、より正確には、「社会などというものはない、あるのは個々の男と女と家族だけだ」("There's no such thing as society. There are individual men and women, and there are families.")である。サッチャーは、社会の基本要素である個人はもとより、家族を否定しなかった。だが、各種コミュニティの集合体である社会を否定した。その真意は、社会などというものに寄りかからず、各個人が自立した存在として生きるべきだという趣旨であろう。家族はとうぜん助け合う存在である。俗に、自助、共助、公助という助け合いのパターンがあるが、サッチャーにとって社会からの公助はもとより否定されるが、隣人愛的コミュニティからの共助も否定されるのだろうか。家族の助け合いは必ずしも自助とは呼べないであろう。

6 小括

ヴォルテール原則、マルクス原則、それに関連してのパウロの信条、民主主義を取り巻くこうした要素についての説明、および自由主義と民主主義、それらと資本主義との関連、自由・平等・友愛（博愛）という三理念の関係とを論じてきた。[*17] テーマは広大無辺で、特に明快な結論などというものはない。だが、宗教思想、合理思想などの価値観を抜きにしては、経済制度、経営制度、そのパフォーマンスの当否を論ずることはできないというしごく当然の結論と、「私はシャルリ」に代表されるステイルメイト（手詰まり状態）の解決困難さが浮き上がる。だが、ヴォルテール原則とマルクス原則の重要性、その普遍性、また民主主義と自由主義の相関など、今日、われわれが守るべきものの一端が明らかになったように思われる。[*18]

＊　補論2は、明治大学『経営論集』六四巻（二〇一七年）に掲載されたものである。ただし若干の改稿を行っている。

あとがき

『文化と営利――比較経営文化論』は、大学で十数年にわたって講義してきた内容を拡充し、まとめたものである。企業の活動が文化的影響を受けて、どのように行われているのかを、国際比較の中で考察することを目指している。取り上げた六カ国の中には、日本を別にして、一年以上住んだ国（英米）もあり、十数回訪れた国（中国）もあれば、数回訪れただけの国（イタリア、ドイツ）もある。しかし、いずれの国も直接体験するということにはそれなりの意味があったと思う。「文化と営利」という途方もないトピックを、しかも六カ国にわたって取り上げるという無謀な試みがどの程度成功しているかは、もとより著者の知りうるところではない。だが、ささやかな本書の完成にあたって、その骨組みに大きな影響を与えたのは、フランシス・フクヤマは言わずもがなであるが、思いつく限りで挙げれば、マックス・ウェーバー、エマニュエル・トッド、アルフレッド・チャンドラー、丸山眞男、森嶋通夫、佐藤優、源了圓、川北稔、中川敬一郎、米川伸一、森川英正、由井常彦などである。

ところで、私が大学生の頃、次の三人が三大研究者と言われていた。「マルクス経済学の最高峰」

と言われた宇野理論を作り上げた宇野弘蔵、比較経済史と呼ばれた大塚史学を構築した大塚久雄、政治学の丸山眞男の三人であった。

その後数十年を経て、学問の世界も変わった。宇野理論（というよりマルクス経済学そのもの）は「近代経済学にノックアウトされて」解体し（大学院時代に教わった高須賀義博氏の言葉）、大塚史学は川北稔氏などの「世界システム論」に押されて昔日の面影はない（ただし、「諸国民国家体制論」として復活する可能性はある）。唯一、「体系性」を持っていなかった丸山政治学が生き残っているかに見える。橋爪大三郎の『丸谷眞男の憂鬱』などの批判もあるが、本質的な批判ではないし、一九七〇年代の全共闘などの政治的批判ももとより丸山政治学を揺るがすようなものではなかった。本書では、丸山眞男の著作から幾度か引用しているが、いずれも今でも傾聴に値する言説である。

マルクス経済学は凋落した。だが、ウェーバーの宗教社会学は、毀誉褒貶はあるだろうが、なお緊張感を持って我々に迫ってくる。トッドの家族形態と相続の理論はかなりの説得力がある。チャンドラーの経営者企業論は、家族と経営を考えるうえで大いに参考になる。それ以外に列挙した研究者も、日本の経営文化と海外との比較を考えるうえで非常に役立った。先学に謝意を表したい。

また、各国の事情について、パトリック・キアナン、ゲイル・サトウ、加来祥男、辻昌宏、川竹英克、ハインリッヒ・メンクハウス、福満正博、薩摩秀登、瀧井美保子、竹内拓史の諸氏にお世話になった。記して謝意を表したい。

長年、社会科学の研究をしてきて、フランス革命の「自由、平等、友愛」が、社会や文化、そして経済の在り方、企業経営に大きな影響を与えていることが理解できた。第一義的に重要な「自由」は、機会の平等など様々な自由として存在するが、その結果、格差が発生し、結果の平等が損なわれ、結局、機会の平等（自由）が失われるという資本主義特有のパラドクスが生じる。それを緩和するものが友愛なのであろう。

表紙で使用したウィリアム・モリスの作品は、芸術家でありながら、企業家であり、かつ社会主義者でもあったモリスが、本書の「文化と営利」のテーマにピッタリであるとの理由から使わせていただいた。数十年前に、ロンドン郊外のモリス美術館を訪れたときのことが昨日のことのように思い出される。

実際の本作りにおいては、『ケースブック アメリカ経営史』でお世話になった藤田裕子さんに、今回も一方ならぬご助力をいただいた。藤田さんの丁寧な仕事ぶりには、いつものことながら感心させられる。本書のミスが少ないとするならば、粗忽者の私の誤りを指摘し、極小化してくれた藤田さんのお蔭である。

さらに、今は有斐閣を退社されているが、私の最初の研究書『大英帝国の産業覇権』を担当していただいた伊東晋さんのお力を、今回の出版でも借りることができたのは望外の幸運であった。

もちろん、本書のすべての誤謬は著者である私に帰することは当然であるが、願わくば、本書が広範な人々に読まれ、批判されることを希望している。

二〇一九年睦月

安部悦生

索　引　＊は巻末の（ ）で示された横組みの注の頁を示す。

か　行

さ　行

た　行

な　行

は　行

ま　行

や 行

ら 行

わ行・ん

参考文献

アイゼンシュタット，S. N.（梅津順一・常行敏夫訳）『日本 比較文明論的考察 3』岩波書店，2010

青木保『「日本文化論」の変容――戦後日本の文化とアイデンティー』中央公論社，1990

青木保『多文化世界』岩波新書，2003

青木康「地域社会と名望家支配――18世紀イギリスの地主貴族」二宮宏之編『規範と統合』岩波書店，1990

青沼吉松『日本の経営層――その出身と性格』日本経済新聞社，1965

麻生誠・潮木守一編『ヨーロッパ・アメリカ・日本の教育風土』有斐閣，1978

足立政男「老舗経営の原点と家訓」（日本経営史講座，月報4）日本経済新聞社，1977

アドラー，N. J.（IBI国際ビジネス研究センター訳）『異文化組織のマネジメント』セントラル・プレス，1996

安部悦生「アップルの企業文化とアメリカ文化の変容」『明治大学社会科学研究所紀要』56巻2号，2018

安部悦生「ブレグジット」『書斎の窓』2017年3，5，7，9，11月号，2018年1月号

安部悦生「民主主義の一省察――経営文化論の基礎要素としての普遍的価値」『経営論集』64巻1・2・3合併号，2017

安部悦生「グローバリゼーションとは何か」「アップルの紆余曲折（1976―c.2000）――製品戦略，管理組織，国際展開の軌跡」安部悦生編『グローバル企業――国際化・グローバル化の歴史的展望』文眞堂，2017

安部悦生「チャンドラー・モデルの限界についての小論」『経営論集』63巻3・4合併号，2016
安部悦生「QCDから，QCFDへ――マーケティング力と国際競争優位についての小論」『経営論集』63巻1・2合併号，2016
安部悦生「イギリス（ゴドリー＆キャッソン説）」経営史学会編『経営史学の50年』日本経済評論社，2015
安部悦生「企業の境界（市場と組織の相互浸透）――ポスト・チャンドラー・モデルの探求」『明治大学社会科学研究所紀要』51巻1号，2012
安部悦生「日本における経営史学の思想史的性格――リベラリズムと普遍主義と解釈論的研究」『同志社商学』63巻5号，2012
安部悦生「資本主義はどこへ向かうのか」『エコノミスト』2012年10月8日号
安部悦生「チャンドラー・モデルの行く末」『経営史学』44巻3号，2009
安部悦生「進化の概念と経営史」橘川武郎ほか編『進化の経営史――人と組織のフレキシビリティ』有斐閣，2008
安部悦生「イギリスにおける機関投資家とコーポレート・ガヴァナンス――機関投資家がコーポレート・ガヴァナンスに与える影響」『経営論集』54巻1号，2006
安部悦生「英国に学ぶ『日本病』克服の道しるべ」『日経ビズテック』10号，2005
安部悦生「ケンブリッジ現象の研究――地域ネットワークの形成と発展」『明治大学社会科学研究所紀要』43巻1号，2004
安部悦生・壽永欣三郎・山口一臣『ケースブック アメリカ経営史』有斐閣，2002
安部悦生『ケンブリッジのカレッジ・ライフ――大学町に生きる人々』中公新書，1997
安部悦生・岩内亮一・岡山礼子・湯沢威『イギリス企業経営の歴史

的展開』勁草書房，1997
安部悦生「イギリス産業とリストラクチャリング——ひとつの長期視点」『慶應経営論集』13巻2号，1996（とくにアメリカナイゼーションとジャパナイゼーションについて）
安部悦生「イギリス」原輝史・工藤章編『現代ヨーロッパ経済史』有斐閣，1996
安部悦生「革新の概念と経営史」『経営論集』42巻1号，1995
安部悦生『大英帝国の産業覇権——イギリス鉄鋼企業興亡史』有斐閣，1993
安部悦生「生産システムの移転」「購買・販売・経営管理の現地化」岩内亮一・門脇厚司・安部悦生・陣内靖彦『海外日系企業と人的資源——現地経営と駐在員の生活』同文舘，1992
安部悦生「イギリスにおける現代企業の発達：1840年代～1960年代」鈴木良隆・安部悦生・米倉誠一郎『経営史』有斐閣，1987
阿部謹也『日本人の歴史意識——『世間』という視角から』岩波新書，2004
アーベルスハウザー，ヴェルナー（雨宮昭彦・浅田進史訳）『経済文化の闘争——資本主義の多様性を考える』東京大学出版会，2009
安保哲夫編『日本的経営・生産システムとアメリカ——システムの国際移転とハイブリッド化』ミネルヴァ書房，1994
網野善彦『日本の歴史をよみなおす（全）』筑摩学芸文庫，2005
アメリカ学会編『アメリカ文化事典』丸善出版，2018
綾部恒雄編『クラブが創った国，アメリカ』山川出版社，2005
荒井一博『文化・組織・雇用制度——日本的システムの経済分析』有斐閣，2001
アルベール，ミシェル（小池はるひ訳）『資本主義対資本主義』竹内書店新社，1996
アンジェ，ロバート（佐倉統ほか訳）『ダーウィン文化論——科学

としてのミーム』産業図書，2004
アンチョルドギー，マリー（安部悦生ほか訳）『日本経済の再設計――共同体資本主義とハイテク産業の未来』文眞堂，2011
飯尾秀幸『中国史のなかの家族』山川出版社，2008
飯塚浩二『日本の軍隊』岩波書店，1991
家田愛子「ワッピング争議と法的諸問題の検討――1986年タイムズ新聞社争議にもたらした，イギリス80年代改正労使関係法の効果の一考察（1）(2)」『名古屋大学法政論集』168, 169号，1997
五十嵐一「『悪魔の詩』の全貌」『ユリイカ』1989年11月号
生松敬三「和辻風土論の諸問題」『理想』1971年1月号
池松由香「ボッシュ――非上場を貫き通す理由」『日経ビジネス』2018年4月23日
石井寛治「社会主義と近代主義――古典古代からの分岐と収斂」『歴史と経済』229号，2015
石塚史樹『現代ドイツ企業の管理層職員の形成と変容』明石書店，2008
伊丹敬之『日本型コーポレート・ガバナンス――従業員主権企業の論理と改革』日本経済新聞社，2000
「イタリア『ブランド』を『侵食』する中国」『選択』2011年11月号
伊東俊太郎『比較文明』東京大学出版会，1985
伊藤雅俊・網野善彦・斎藤義之『「商い」から見た日本史』PHP研究所，2000
井戸田博史『氏と名と族称――その法史学的研究』法律文化社，2003
稲垣京輔『イタリアの起業家ネットワーク――産業集積のプロセスとしてのスピンオフの連鎖』白桃書房，2003
稲上毅『現代英国労働事情――サッチャーイズム・雇用・労使関係』東京大学出版会，1990

井上忠司『「世間体」の構造――社会心理史への試み』講談社, 2007
井上ひさし『ボローニャ紀行』文春文庫, 2010
井上光貞「日本文化論と日本史研究」『岩波講座 日本歴史』別巻1, 1977
猪木武徳『自由の条件――スミス・トクヴィル・福澤諭吉の思想的系譜』ミネルヴァ書房, 2016
今久保幸生『19世紀末ドイツの工場』有斐閣, 1995
イングリッシュ, リチャード＆マーチン・ケニー（川北稔訳）『経済衰退の歴史学――イギリス衰退論争の諸相』ミネルヴァ書房, 2008
ヴァイマー, ヴォルフラム編（和泉雅人訳）『ドイツ企業のパイオニア――その成功の秘密』大修館書店, 1996
ヴァンス, J. D.（関根光宏ほか訳）『ヒルビリー・エレジー――アメリカの繁栄から取り残された白人たち』光文社, 2017
ヴィダル, フロランス（岡本義行訳）『イタリア式マネジメント』三田出版会, 1995
ウィーナ, マーティン（原剛訳）『イギリス産業精神の衰退――文化史的接近』勁草書房, 1984
ウィリアムズ, レイモンド（椎名美智ほか訳）『キーワード辞典』平凡社, 2011
ウェイド, ニコラス（依田卓巳訳）『宗教を生みだす本能――進化論からみたヒトと信仰』NTT出版, 2011
上野国久『3つの国の企業で働いてわかったこと』三樹書房, 2015
ヴェーバー, マックス（内田芳明訳）『古代ユダヤ教』上中下, 岩波書店, 1996
ヴェーバー, マックス（深沢宏訳）『ヒンドゥー教と仏教』創文社, 1983（特に第4章「伝道」）
ヴェーバー, マックス（厚東洋輔訳）「経済と社会集団」尾高邦雄

編『ウェーバー』中央公論社，1979
ヴェーバー，マックス（富永健一訳）「経済行為の社会学的基礎範疇」尾高邦雄編『ウェーバー』中央公論社，1979
ヴェーバー，マックス（中村貞二訳）「種族的共同社会関係」『みすず』211号，1977
ヴェーバー，マックス（武藤一雄ほか訳）『宗教社会学』創文社，1976
ヴェーバー，マックス（生松敬三訳）『世界宗教学論選』みすず書房，1972
ヴェーバー，マックス（木全徳雄訳）『儒教と道教』創文社，1971
ヴェーバー，マックス（中村貞二訳）「プロテスタンティズムの教派と資本主義の精神」『宗教・社会論集』世界の大思想II—7，河出書房，1968
ヴェーバー，マックス（山口和男訳）『農業労働制度』未来社，1959
ヴェーバー，マックス（梶山力・大塚久雄訳）『プロテスタンティズムの倫理と資本主義の精神』上下，岩波文庫，1955
ウェーバー，マックス（黒正巖・青山秀夫訳）『一般社会経済史要論』上，岩波書店，1954
潮木守一「西ドイツ——安定か停滞か」麻生誠・潮木守一編『ヨーロッパ・アメリカ・日本の教育風土』有斐閣，1978
内田洋子『破産しない国イタリア』平凡社，1999
梅棹忠夫『文明の生態史観』中公文庫，1974
梅澤正・上野征洋編『企業文化論を学ぶ人のために』世界思想社，1995
梅津順一『ヴェーバーとピューリタニズム——神と富の間』新教出版社，2010
エジャトン，デイヴィッド（坂出健監訳）『戦争国家イギリス——反衰退・非福祉の現代史』名古屋大学出版会，2017

オーウェン，ジェフリー（和田一夫監訳）『帝国からヨーロッパへ——戦後イギリス産業の没落と再生』名古屋大学出版会，2004
オオウチ，ウィリアム（徳山二郎監訳）『セオリーZ』CBSソニー出版，1981
大久保喬樹『日本文化論の系譜——「武士道」から「『甘え』の構造」まで』中公新書，2003
大澤真幸「資本主義で後れを取ったイスラム——『法人』の否定が経済活動の足かせ，神のみ永遠とする時間感覚が根底に」『エコノミスト』2015年6月2日号
大塚久雄「マックス・ヴェーバーのアジア社会観——とくに彼の共同体理論について」『大塚久雄著作集』7巻，岩波書店，1969
大西健夫編『ドイツの経済——社会的市場経済の構造』早稲田大学出版部，1992
奥田健二『人と経営——日本経営管理史研究』マネジメント社，1985
岡崎哲二「企業システム」岡崎哲二・奥野正寛編『現代日本経済システムの源流』日本経済新聞社，1993
岡田英弘『妻も敵なり——中国人の本能と情念』クレスト社，1997
岡本幸雄「『イエ』制度と日本の近代化」宮本又次編『江戸時代の企業者活動』日本経済新聞社，1977
岡本義行「イタリア」原輝史編『EU経営史』税務経理教会，2001
岡本義行『イタリアの中小企業戦略』三田出版会，1994
岡本隆司『近代中国史』ちくま書房，2013
小川秀樹『イタリアの中小企業——独創と多様性のネットワーク』日本貿易振興会，1998
荻原勝『定年制の歴史』日本労働協会，1984
織田正雄・金森俊治『ドイツビジネスガイド——相互依存時代のビジネスポイント』有斐閣，1996
尾高邦雄『日本的経営——その神話と現実』中公新書，1984

尾高煌之助「『日本的』労使関係」岡崎哲二・奥野正寛編『現代日本経済システムの源流』日本経済新聞社，1993
越智武臣『近代英国の起源』ミネルヴァ書房，1966
小野塚知二『経済史――いまを知り，未来を生きるために』有斐閣，2018
折原浩『マックス・ヴェーバーとアジア――比較歴史学序説』平凡社，2010
カー，クラーク，ジョン・ダンロップ，フレデリック・ハービソン＆チャールズ・マイヤーズ（川田寿訳）『インダストリアリズム――工業化における経営者と労働』東洋経済新報社，1963
笠谷和比古『主君「押込」の構造――近世大名と家臣団』講談社，2006
笠谷和比古『武士道と日本型能力主義』新潮社，2005
笠谷和比古『士（サムライ）の思想――日本型組織と個人の自立』岩波書店，1997
鹿島茂・関口涼子・堀茂樹編『シャルリ・エブド事件を考える』白水社，2015
鹿島茂『エマニュエル・トッドで読み解く世界史の深層』KK ベストセラーズ，2017
粕谷誠『ものづくり日本経営史――江戸時代から現代まで』名古屋大学出版会，2012
粕谷誠『豪商の明治――三井家の家業再編過程の分析』名古屋大学出版会，2002
加瀬正一編『イギリスの社会と企業』筑摩書房，1975
加地信行『儒教とは何か』中公新書，1990
加地信行『沈黙の宗教――儒教』ちくま学芸文庫，2011
葛兆光（永田小絵訳）『中国再考――その領域・民族・文化』岩波書店，2014
加藤徹『貝と羊の中国人』新潮新書，2006

亀田達也『モラルの起源——実験社会科学からの問』岩波書店，2017
河合秀和『チャーチル——イギリス現代史を転換させた一人の政治家』中公新書，1998
川勝平太『文明の海洋史観』中公文庫，2016
川勝平太『資本主義は海洋アジアから』日経ビジネス人文庫，2012
川勝平太『文化力——日本の底力』ウェッジ，2006
川勝平太『近代文明の誕生——通説に挑む知の冒険』日経ビジネス人文庫，1996
川北稔『世界システム論講義——ヨーロッパと近代世界』ちくま学芸文庫，2016
川北稔『イギリス近代史講義』講談社，2010
川北稔『砂糖の世界史』岩波ジュニア新書，1996
川北稔『イギリス——繁栄のあとさき』ダイヤモンド社，1995
川北稔『洒落者の社会史——騎士の国から紳士の国へ』平凡社，1993
川北稔『民衆の大英帝国——近世イギリス社会とアメリカ移民』岩波書店，1990
川北稔『工業化の歴史的前提——帝国とジェントルマン』岩波書店，1983
岸本美緒『中国の歴史』ちくま学芸文庫，2015
岸本美緒『明清交代と江南社会——17世紀中国の秩序問題』東京大学出版会，1989
北居明『学習を促す組織文化——マルチレベル・アプローチによる実証分析』有斐閣，2014
北爪匡ほか「世界最強の非上場企業ボッシュの超日本的経営」『日経ビジネス』2011年1月24日
ギッシング，ジョージ（小池滋訳）『南イタリア周遊記』岩波書店，1994

ギデンズ，アンソニー（佐和隆光訳）『第三の道――効率と公正の新たな同盟』日本経済新聞社，1999
君塚直隆『物語 イギリスの歴史』上下，中公新書，2015
木村資生『生物進化を考える』岩波書店，1988
キャナダイン，デヴィッド（平田雅博・吉田正広訳）『イギリスの階級社会』日本経済評論社，2008
清成忠男『ベンチャー・中小企業優位の時代』東洋経済出版社，1996
楠井敏朗『イギリス農業革命史論』弘文堂，1969
朽見行雄『フィレンツェの職人たち』講談社，2007
工藤章『20 世紀ドイツ資本主義――国際定位と大企業体制』東京大学出版会，1999
クーパー，ジリー（渡部昇一訳）『クラース――イギリス人の階級』サンケイ出版，1984
熊谷徹『ドイツ人はなぜ，1 年に 150 日休んでも仕事が回るのか』青春出版社，2015
熊谷徹『あっぱれ技術大国ドイツ』新潮文庫，2011
熊谷徹『びっくり先進国ドイツ』新潮文庫，2007
熊谷徹『ドイツ病に学べ』新潮社，2006
熊谷文枝「アメリカ人従業員の現地日本工場認識――比較文化論的考察」安保哲夫編『日本的経営・生産システムとアメリカ』ミネルヴァ書房，1994
クラーク，ピーター（西沢保ほか訳）『イギリス現代史 1900–2000』名古屋大学出版会，2004
グラッセリ，ファブリツィオ『イタリア人と日本人――どっちがバカ？』文藝春秋，2012
クレッグ，H. A.（牧野富夫ほか訳）『イギリス労使関係制度の発展』ミネルヴァ書房，1988
グレーバー，デヴィッド（酒井隆史監訳）『負債論――貨幣と暴力

の 5000 年』以文社，2016
ケイン，P. J. & A. G. ホプキンズ（木畑洋一・旦祐介訳）『ジェントルマン資本主義の帝国』I II，名古屋大学出版会，1997
ゲウス，アリ・デ（堀出一郎訳）『企業生命力』日経 BP，2002
ゲルナー，アーネスト（加藤節監訳）『民族とナショナリズム』岩波書店，2000
ゲルナー，アーネスト（宮治美江子ほか訳）『イスラム社会』紀伊國屋書店，1991
コーザー，ルイス（荒川幾男訳）『亡命知識人とアメリカ』岩波書店，1988
幸田亮一『ドイツ工作機械工業の 20 世紀――メイド・イン・ジャーマニーを支えて』多賀出版，2011
幸田亮一・井藤正信「ドイツにおける科学的管理法の展開」原輝史編『科学的管理法の導入と展開――その歴史的国際比較』昭和堂，1990
河野勝『制度――社会科学の理論とモデル 12』東京大学出版会，2002
小島毅『儒教の歴史』山川出版社，2017
コッカ，ユルゲン（加来祥男訳）『工業化・組織化・官僚制――近代ドイツの企業と社会』名古屋大学出版会 1992
コッター，J. P. & J. L. ヘスケット（梅津裕良訳）『企業文化が高業績を生む』ダイヤモンド社，1994
小林章夫『イギリス貴族』講談社，1991
小林純「自由のプロジェクト――ウェーバー経済社会学の見方」『現代思想』2007 年 11 月臨時増刊号
小林登志子『文明の誕生――メソポタミア，ローマ，そして日本へ』中央公論新社，2015
小林元『人生を楽しみ懸命に働くイタリアーニ』日経 BP 社，1998
小林由美『超・格差社会アメリカの真実』日経 BP，2006

コール，A. H.（中川敬一郎訳）『経営と社会――企業者史学序説』ダイヤモンド，1965
斎藤修『比較経済発展論――歴史的アプローチ』岩波書店，2008
西原理恵子『この世でいちばん大事な「カネ」の話』角川文庫，2011
サイモン，ハーマン（上田隆穂監訳）『グローバルビジネスの隠れたチャンピオン企業――あの中堅企業はなぜ成功しているのか』中央経済社，2012
サクセニアン，アナリー（大前研一訳）『現代の二都物語――なぜシリコンバレーは復活し，ボストン・ルート128は沈んだか』講談社，1995
サッチャー，マーガレット『サッチャー回顧録――ダウニング街の日々』上下，日本経済新聞社，1993
佐藤郁哉・山田真茂留『制度と文化――組織を動かす見えない力』日本経済新聞社，2004
佐藤和『日本型企業文化論――水平的集団主義の理論と実証』慶應義塾大学出版会，2009
佐藤唯行『アメリカ・ユダヤ人の経済力』PHP研究所，1999
佐藤優『ファシズムの正体』集英社インターナショナル，2018
佐藤優『民族問題』文春新書，2017
佐藤優『世界史の極意』NHK出版，2015
佐藤優『宗教改革の物語――近代，民族，国家の起源』角川書店，2014
佐藤優『サバイバル宗教論』文春新書，2014（特に第4講）
サンデル，マイケル（鬼澤忍訳）『これからの「正義」の話をしよう』早川書房，2011
サンプソン，アンソニー（山岡洋一訳）『カンパニーマンの終焉』TBSブリタニカ，1995
椎名重明『近代的土地所有――その歴史と理論』東京大学出版会，

1973
柴田実『石田梅岩』吉川弘文館，1988
島田幸典『議会制の歴史社会学――英独両国制の比較史的考察』ミネルヴァ書房，2011
島村菜津『スローシティ――世界の均質化と闘うイタリアの小さな町』光文社，2013
清水廣一郎『中世イタリア商人の世界――ルネサンス前夜の年代記』平凡社，1993
シャイン，E. H.（金井壽宏監訳）『企業文化――生き残りの指針』白桃書房，2004
シャイン，E. H.（清水紀彦ほか訳）『組織文化とリーダーシップ――リーダーは文化をどう変革するか』ダイヤモンド社，1989
ジャコビー，サンフォード（鈴木良始ほか訳）『日本の人事部・アメリカの人事部――日米企業のコーポレート・ガバナンスと雇用関係』東洋経済新報社，2005
シュー，フランシス（作田啓一ほか訳）『比較文明社会論――クラン・カスト・クラブ・家元』培風館，1971
シューマッハー，エルンスト（小島慶三ほか訳）『スモール・イズ・ビューティフル――人間復興の経済学』講談社，1986
シュルフター，ヴォルフガング（田中紀行監訳）『マックス・ヴェーバーの比較宗教社会学――宗教と生活態度』国行社，2018
シュレジンガー，アーサー（都留重人監訳）『アメリカの分裂――多文化社会についての所見』岩波書店，1992
シュンペーター，ジョゼフ（塩野谷祐一・中山伊知郎・東畑精一訳）『経済発展の理論』上下，岩波文庫，1977
シュンペーター，ジョゼフ（中山伊知郎・東畑精一訳）『資本主義・社会主義・民主主義』上中下，岩波書店，1962
庄司克宏『欧州連合――統治の論理とゆくえ』岩波書店，2007
ジョンソン，ポール（石田友雄監修）『ユダヤ人の歴史――古代・

中世篇――選民の誕生と苦難の始まり』徳間書店，2006
ジョンソン，ポール（石田友雄監修）『ユダヤ人の歴史――近世篇――離散した諸国で受けた栄光と迫害』徳間書店，2006
シルバーマン，チャールズ（武田尚子訳）『アメリカのユダヤ人』明石書店，2001
陣内秀信『イタリア――小さな町の底力』講談社，2006
杉原薫・玉井金五編『大正・大阪・スラム――もうひとつの日本近代史』新評論，1996
スコット，リチャード（河野昭三・板橋慶明訳）『制度と組織』税務経理教会，1998
鈴木正三（加藤みち子編訳）「万民徳用」『鈴木正三著作集 I』中央公論新社，2015
鈴木輝二『ユダヤ・エリート――アメリカへ渡った東方ユダヤ人』中公新書，2003
鈴木良隆「日本における現代企業の発達――第1次大戦～1960年代」鈴木良隆・安部悦生・米倉誠一郎『経営史』有斐閣，1987
スタンリー＝スミス，ベニシア『幸せは自分の中にある――ベニシア，イギリス貴族の娘』KADOKAWA，2017
ステッドマン＝ジョーンズ，ギャレス（長谷川貴彦訳）『階級という言語――イングランド労働者階級の政治社会史，1832-1982』刀水書房，2010
スマイサー，ウィリアム（走尾正敬訳）『入門現代ドイツ経済』日本経済新聞社，1992
鷲見淳「キッコーマンとアメリカ進出――雇用・労働・地域から」安部悦生編『グローバル企業――国際化・グローバル化の歴史的展望』文眞堂，2017
スミス，アントニー（巣山靖司ほか訳）『ネイションとエスニシティ――歴史社会学的考察』名古屋大学出版会，1999
スミス，トマス（大島真理夫訳）『日本社会史における伝統と創造

——工業化の内在的諸要因，1750-1920』ミネルヴァ書房，1995
盛山和夫『制度論の構図』創文社，1995
瀬川昌久「宗族研究史展望——20 世紀初頭の『家族主義』から 21 世紀初頭の『宗族再生』まで」瀬川昌久・川口幸大編『〈宗族〉と中国社会——その変貌と人類学的研究の現在』風響社，2016
「専横を防ぐ古の知恵」『日経ビジネス』2016 年 11 月 14 日号
大東英祐「ビジネス・システムの進化——『企業者的な流れ』アプローチ」大東英祐ほか著『ビジネス・システムの進化——創造・発展・企業者活動』有斐閣，2007
高島俊男『本と中国と日本人と』筑摩書房，2004
高橋俊夫・大西健夫編『ドイツの企業——経営組織と経営戦略』早稲田大学出版部，1997
高橋伸夫『虚妄の成果主義——日本型年功制復活のススメ』日経 BP 社，2004
高橋正泰『組織シンボリズム——メタファーの組織論』増補版，同文舘，2006
高橋正泰「経営組織の管理問題——組織のあり方とポストモダン」山口史朗編著『経営行動の管理研究』同文舘出版，2005
ダグラス，メアリー＆イシャウッド・バロン（浅田彰ほか訳）『儀礼としての消費——財と消費の経済人類学』講談社，2012
武田晴人『日本人の経済観念——歴史に見る異端と普遍』岩波書店，2008
竹中享『ジーメンスと明治日本』東海大学出版会，1991
竹中靖一・宮本又次監修『経営理念の系譜——その国際比較』東洋文化社，1979
武光誠『名字と日本人——先祖からのメッセージ』文藝春秋社，1998
田沢五郎『ドイツ政治経済法制辞典』郁文堂，1990
多田顯「近世商人の経営理念——鈴木正三・井原西鶴・三井高房・

石田梅岩」杉原四郎ほか編『日本の経済思想四百年』日本経済評論社，1990
田中一弘『「良心」から企業統治を考える――日本的経営の論理』東洋経済新報社，2014
田中夏子『イタリア社会的経済の地域展開』日本経済評論社，2005
田中秀央編『羅和辞典』研究社，1952
田中洋子「ドイツの技術開発における現場と理論――クルップ社技師のキャリア分析を事例に」谷口明丈編『現場主義の国際比較――英独米日におけるエンジニアの形成』ミネルヴァ書房，2015
田中洋子『ドイツ企業社会の形成と変容――クルップ社における労働・生活・統治』ミネルヴァ書房，2001
谷川稔『国民国家とナショナリズム』山川出版社，1999
ダンテ，アリギエーリ（寿学文章訳）『神曲――地獄篇，煉獄編，天国編』集英社，1987
千本暁子「内部労働市場の形成と継承――三井における人材育成と長期雇用」伊丹敬之ほか編『日本的経営の生成と発展』（ケースブック 日本企業の経営行動，1巻）有斐閣，1998
チャンドラー，アルフレッド（安部悦生ほか訳）『スケール・アンド・スコープ――経営力発展の国際比較』有斐閣，1993
チュルク，ドミニク（葉山晃訳）『曖昧の構造――国際進出と日本のホワイトカラー』毎日新聞社，1986
陳舜臣『日本人と中国人』集英社文庫，1971
陳舜臣『儒教三千年』朝日新聞社，1995
津田眞澂『日本の経営文化』ミネルヴァ書房，1994
ディール，テレンス＆アラン・ケネディ（城山三郎訳）『シンボリック・マネジャー』新潮社，1983
テュルパン，ドミニク（高津尚志訳）『なぜ日本企業は「グローバル化」でつまづくのか――世界の先進企業に学ぶリーダー育成法』日本経済新聞出版社，2012

寺西重郎『経済行動と宗教――日本経済システムの誕生』勁草書房, 2014
テンニエス, フェルディナンド（杉之原寿一訳）『ゲマインシャフトとゲゼルシャフト――純粋社会学の基本概念』上下, 岩波書店, 1957
ドーア, ロナルド（山之内靖・永易浩一訳）『イギリスの工場・日本の工場――労使関係の比較社会学』筑摩書房, 1987
ドーア, ロナルド（松居弘道訳）『江戸時代の教育』岩波書店, 1970
トクヴィル, アレクシス・ド（井伊玄太郎訳）『アメリカの民主政治』上中下, 講談社, 1987
トッド, エマニュエル（堀茂樹訳）『問題は英国ではない, EU なのだ――21 世紀の新・国家論』文藝春秋, 2016
トッド, エマニュエル（堀茂樹訳）『シャルリとは誰か――人種差別と没落する西欧』文藝春秋, 2016
トッド, エマニュエル（石崎晴己監訳）『家族システムの起源 I ユーラシア』上下, 藤原書店, 2016
トッド, エマニュエル（荻野文隆訳）『世界の多様性――家族構造と近代性』藤原書店, 2008
トッド, エマニュエル（石崎晴己編・訳）『世界像革命――家族人類学の挑戦』藤原書店, 2001
トッド, エマニュエル（石崎晴己ほか訳）『移民の運命――同化か隔離か』藤原書店, 1999
トッド, エマニュエル＆ユセフ・クルバージュ（石崎晴己訳）『文明の接近――「イスラーム vs 西洋」の虚構』藤原書店, 2008
トッド, セリナー（近藤康裕訳）『ザ・ピープル――イギリス労働者階級の盛衰』みすず書房, 2016
富永健一『マックス・ヴェーバーとアジアの近代化』講談社, 1998
富永健一『近代化の理論――近代化における西洋と東洋』講談社,

1996
富永健一編『経営と社会』ダイヤモンド社，1971
友部謙一・西坂靖「労働の管理と勤労観――農家と商家」宮本又郎・粕谷誠『経営史・江戸の経験』ミネルヴァ書房，2009
豊永郁子『サッチャリズムの世紀』創文社，1998
ドラッカー，ピーター（上田惇生訳）『企業とは何か――その社会的な使命』ダイヤモンド社，2005
トリアンディス，H. C.（神山貴弥ほか訳）『個人主義と集団主義――2つのレンズを通して読み解く文化』北大路書房，2002
中尾央『人間進化の科学哲学――行動・心・文化』名古屋大学出版会，2015
中川敬一郎『イギリス経営史』東京大学出版会，1986
中川敬一郎『NHK 大学講座 日本的経営』日本放送協会，1981
中川敬一郎『比較経営史序説』東京大学出版会，1981
中川敬一郎「問題提起――文化構造と企業者活動」『経営史学』10巻1号，1975
中川敬一郎「日本的経営――経営における『国事』意識」中川敬一郎ほか編『近代日本経営史の基礎知識』有斐閣，1974
中川敬一郎「経営理念の国際比較――その経営史的考察」中川敬一郎編『経営理念』ダイヤモンド社，1972
中川敬一郎ほか「パネル・ディスカッション」『経営史学』10巻1号，1975
永川秀男編『西ドイツの経済と産業』筑摩書房，1975
中島文雄編『英米制度・習慣事典』秀文インターナショナル，1978
長手喜典『イタリア経済の再発見――南部開発問題から産業事情まで』東洋書店，1991
中根千枝『タテ社会の力学』講談社文庫，2009
中根千枝『社会人類学――アジア諸社会の考察』講談社学術文庫，2002

中根千枝『中国とインド――社会人類学の観点から』国際高等研究所，1999
中根千枝『タテ社会の人間関係――単一社会の理論』講談社現代新書，1967
永岑三千輝「ユンカースの世界戦略と日本」『横浜市立大学論叢 社会科学系列』68巻2号，2017
並松信久『農の科学史――イギリス「所領知」の革新と制度化』名古屋大学出版会，2016
並松信久「18～19世紀イギリスにおける『土地管理』の形成――農業革命論の再検討を通して」『京都産業大学論集 社会科学系列』24巻，2007
ナポレターノ，ロベルト（安河内勢士訳）『イタリア中小企業の勝者たち』三田出版会，1997
西尾幹二『日本の教育 ドイツの教育』新潮社，1982
西口敏宏・辻田素子『コミュニティー・キャピタル――中国・温州企業家ネットワークの繁栄と限界』有斐閣，2016
西口敏宏・辻田素子『コミュニティー・キャピタル論――近江商人，温州企業，トヨタ，長期繁栄の秘密』光文社，2017
日経ビジネス編『アメリカ企業家精神の旅――大企業時代の終わり』日本経済新聞社，1988
二宮元『福祉国家と新自由主義――イギリス近代国家の構造とその再編』旬報社，2014
日本イスラム協会監修『新イスラム事典』平凡社，2002
「日本的企業経営の劣化」『日本経済新聞』2018年3月16日
沼上幹『行為の経営学――経営学における意図せざる結果の探求』白桃書房，2000
野口悠紀雄『1940年体制――さらば「戦時経済」』東洋経済新報社，1995
ハイエク，フリードリッヒ（一谷藤一郎ほか訳）『隷従への道――

全体主義と自由』東京創元社，1992
ハーヴェイ，デヴィッド（渡辺治監訳）『新自由主義——その歴史的展開と現在』作品社，2007
パーキン，ハロルド（安原義仁訳）「『イギリス病』と高等教育」『現代の高等教育』319号，1990
間宏「日本人の価値観と企業活動——集団主義を中心として」間宏編『日本の企業と社会』日本経済新聞社，1977
間宏「文化と企業者活動についての諸理論の検討——M・ウェーバー以後の理論的展開」『経営史学』10巻1号，1975
間宏『イギリスの社会と労使関係——比較社会学的考察』日本労働協会，1974
間宏『日本的経営——集団主義の功罪』日経新書，1974
間宏「日本における経営理念の展開」中川敬一郎編『経営理念』ダイヤモンド社，1972
間宏「『文化構造』と経営史——行為理論による企業者研究」『経営史学』1巻1号，1966
橋爪大三郎『戦争の社会学——はじめての軍事・戦争入門』光文社新書，2016
橋爪大三郎『世界は宗教で動いている』光文社新書，2013
パターソン，オルランド（奥田暁子訳）『世界の奴隷制の歴史』明石書店，2001
バターフィールド，ハーバート（越智武臣ほか訳）『ウィッグ史観批判——現代歴史学の反省』1967
パットナム，ロバート（河田潤一訳）『哲学する民主主義——伝統と改革の市民的構造』NTT出版，2001
服部正治・西沢保編『イギリス100年の政治経済学——衰退への挑戦』ミネルヴァ書房，1999
長谷川貴彦『現代イギリス史』岩波書店，2017
馬場康雄・岡沢憲芙編『イタリアの経済——「メイド・イン・イタ

リー」を生み出すもの』早稲田大学出版部，1999
ハーバーマス，ユルゲンほか（箱田徹ほか訳）『公共圏に挑戦する宗教――ポスト世俗化時代における共棲のために』岩波書店，2014
浜井祐三子『イギリスにおけるマイノリティの表象――「人種」・多文化主義とメディア』三元社，2004
浜口恵俊『「日本らしさ」の再発見』講談社，1988
ハムデン-ターナー，C.（菅井栄訳）『異文化の波』白桃書房，2001
ハムデン-ターナー，C. & A. トロンペナールス（上原一男ほか訳）『七つの資本主義――現代企業の比較経営論』日本経済新聞社，1997
林周二『経営と文化』中公新書，1984
原輝史編『科学的管理法の導入と展開』昭和堂，1990
原輝史編『フランス経営史』有斐閣，1980
パワー，カーラ（秋山淑子訳）『コーランには本当は何が書かれていたか』文藝春秋，2015
ハンチントン，サミュエル（鈴木主税訳）『文明の衝突』集英社，1998
ビーアド，チャールズ & メアリー・ビーアド（高木八尺・松本重治訳）『アメリカ精神の歴史』岩波書店，1954
ピオーリ，マイケル & チャールズ・セイブル，山之内靖他訳『第二の産業分水嶺』筑摩書房，1993
ピケティ，トマ（山形浩生ほか訳）『21 世紀の資本』みすず書房，2014
ピーターズ，トム & ロバート・ウォーターマン（大前健一訳）『エクセレント・カンパニー』講談社，1983
姫岡とし子『ヨーロッパの家族史』山川出版社，2008
平山朝治『イエ社会と個人主義――日本型組織原理の再検討』日本経済新聞社，1995

ヒル，クリストファー（紀藤信義訳）『ノルマンの軛』未来社，1960
ヒルシュマイヤー，ヨハネス『工業化と企業家精神』日本経済評論社，2014
ヒルシュマイヤー，ヨハネス「日本ビジネスの近代化――ドイツとの比較」（日本経営史講座，月報5）日本経済新聞社，1977
ヒルシュマイヤー，ヨハネス＆由井常彦『日本の経営発展――近代化と企業経営』東洋経済出版社，1977
フィンリー，M（モーゼス）・I.（柴田平三郎訳）『民主主義――古代と現代』講談社，2007
福應健「ドイツ――階層社会と身分的状況の中のビジネスの国」米川伸一編『ヨーロッパ・アメリカ・日本の経営風土』有斐閣，1978
福應健「ドイツ――官憲国家の工業化と企業活動」「国家統一と大企業の制覇」「新しい社会と企業体制の再生」「統合ヨーロッパの中核をめざして」福應健ほか『エレメンタル経営史』英創社，2000
フクヤマ，フランシス（会田弘継訳）『政治の起源――人類以前からフランス革命まで』上下，講談社，2013
フクヤマ，フランシス（加藤寛訳）『「信」無くば立たず』三笠書房，1996
フクヤマ，フランシス（渡部昇一訳）『歴史の終わり』上中下，三笠書房，1992
藤本隆宏『生産システムの進化論――トヨタ自動車にみる組織能力と創発プロセス』有斐閣，1997
藤原聖子『現代アメリカ宗教地図』平凡社，2009
ブルーム，アラン（菅野盾樹訳）『アメリカン・マインドの終焉』みすず書房，1988
ブレア，トニー（石塚雅彦訳）『ブレア回顧録』上下，日本経済新

聞社出版局，2011
ブレイディみかこ『労働者階級の反乱――地べたから見た英国EU離脱』光文社，2017
ブレイディみかこ『アナキズム・イン・ザ・UK――壊れた英国とパンク保育士奮闘記』Pヴァイン，2013
フレックスナー，エイブラハム（坂本辰朗ほか訳）『大学論 アメリカ・イギリス・ドイツ』玉川大学出版部，2005（原著 1930）
ヘイア，メイソン，エドウィン・ギセリ＆ライマン・ポーター（金山宣夫訳）『管理者の意識――その国際比較』サイマル出版会，1969
ヘイナル，ジョン「ヨーロッパ型結婚形態の起源」速水融編『歴史人口学と家族史』藤原書店，2003
ヘーゲル，ゲオルグ（松村一人訳）『小論理学』上下，岩波書店，1978–79
ベーコン，ロバート & ウォルター・エルティス（中野正・公文俊平・堀元訳）『英国病の経済学』学習研究社，1978
ベネディクト，ルース（長谷川松治訳）『菊と刀――日本文化の型』社会思想社，1966
ベネトン，ルチアーノ（金子宣子訳）『ベネトン物語――革新的企業哲学はなぜ生まれたか』ダイヤモンド社，1992
ベラー，ロバート（池田昭訳）『徳川時代の宗教――近代日本の文化ルーツ』岩波書店，1996
ベラー，ロバート（大塚信一ほか訳）「近代日本における価値意識と社会変革」武田清子編『比較近代化論』未来社，1970
ベラー，ロバートほか（島薗進ほか訳）『心の習慣――アメリカ個人主義のゆくえ』みすず書房，1991
ボードリヤール，ジャン（今村仁司ほか訳）『消費社会の神話と構造』紀伊國屋書店，1995
ホフステード，G.（岩井紀子ほか訳）『多文化世界――違いを学び

共存への道を探る』有斐閣，1995
ホフステード，G.（萬成博ほか監訳）『経営文化の国際比較』産業能率大学出版文化部，1984
ホフステード，G.，G. J. ホフステード，M. ミンコフ（岩井八郎・岩井紀子訳）『多文化世界――違いを学び共存への道を探る』（原書第3版）有斐閣，2013
ボベロ，ジャン（三浦信孝ほか訳）『フランスにおける脱宗教性《ライシテ》の歴史』白水社，2009
ポランニー，カール（吉沢英成ほか訳）『大転換――市場社会の形成と崩壊』東洋経済新報社，1975
堀江保蔵『日本経営史における「家」の研究』臨川書店，1984
ホール，エドワード（岩田慶治ほか訳）『文化を超えて』TBS ブリタニカ，1979
ホワイト，ウィリアム（岡部慶三訳）『組織のなかの人間』上下，東京創元社，1959
本間長世『ユダヤ系アメリカ人――偉大な成功物語のジレンマ』PHP 研究所，1998
前田晴人『桓武天皇の帝国構想』同成社，2016
マクファーレン，アラン（常行敏夫ほか訳）『資本主義の文化――歴史人類学的考察』岩波書店，1992
マクファーレン，アラン（酒田利夫訳）『イギリス個人主義の起源――家族・財産・社会変化』リブロポート，1990
松浦敬紀『社風の研究――一流企業はどこが違うか』PHP 文庫，1986
松浦保『オリーブの風と経済学――イタリア人の考え方』日本経済評論社，2001
松橋公治「イタリアの地域構造――南北構造とサード・イタリーの台頭」松原宏編『先進国経済の地域構造』東京大学出版会，2003
松本健一『砂の文明・石の文明・泥の文明』PHP 研究所，2003

丸山眞男『忠誠と反逆――転形期日本の精神史的位相』ちくま学芸文庫，1998
丸山眞男『「文明論之概略」を読む』上中下，岩波書店，1986
丸山眞男「原型・古層・執拗低音――日本思想史方法論についての私の歩み」加藤周一ほか『日本文化の隠れた形』岩波書店，1984
丸山優「イタリア」原輝史・工藤章編『現代ヨーロッパ経済史』有斐閣，1996
三戸公『家の論理 1 日本的経営論序説』文眞堂，1991
源了圓『徳川思想小史』中公新書，1973
源了圓『徳川合理思想の系譜』中央公論社，1972
源了圓『義理と人情――日本的心情の一考察』中公新書，1969
宮崎市定『科挙――中国の試験地獄』中公文庫，1984
宮崎義一『戦後日本の企業集団――企業集団表による分析，1960–70 年』日本経済新聞社，1976
宮嶋勲『最後はなぜかうまくいくイタリア人』日本経済新聞社，2015
宮本又郎「企業家学の系譜」宮本又郎ほか編『企業家学のすすめ』有斐閣，2014
宮本又次編『江戸時代の企業者活動』日本経済新聞社，1977
村上信一郎『ベルルスコーニの時代――崩れゆくイタリア政治』岩波書店，2018
村上泰亮・公文俊平・佐藤誠三郎『文明としてのイエ社会』中央公論社，1979
メイナード，G.（新保生二訳）『サッチャーの経済革命』日本経済新聞社，1989
メイヤー，リチャード（多鹿秀継訳）『認知心理学のすすめ』サイエンス社，1983
メスーディ，アレックス（野中香方子訳）『文化進化論――ダーウィン進化論は文化を説明できるか』NTT 出版，2016

毛利健三『イギリス福祉国家の研究――社会保障発達の諸画期』東京大学出版会，1990
モッテルリーニ，マッテオ（泉典子訳）『経済は感情で動く――はじめての行動経済学』紀伊國屋書店，2008
森孝一『宗教からよむ「アメリカ」』講談社，1996
森三樹三郎『中国文化と日本文化』人文書院，1988
森川英正「日本技術者の『現場主義』について――経営史的考察」『横浜経営研究』8巻4号，1988
森川英正「『日本株式会社』の経営史的研究序説」森川英正編『日本の企業と国家』日本経済新聞社，1976
森川英正『技術者――日本近代化の担い手』日本経済新聞社，1975
森川英正『日本型経営の源流――経営ナショナリズムの企業理念』東洋経済新報社，1973
森嶋通夫（村田安雄・森嶋瑤子訳）『なぜ日本は行き詰ったか』岩波書店，2004
森嶋通夫『なぜ日本は没落するか』岩波書店，1999
森嶋通夫『思想としての近代経済学』岩波新書，1994
森嶋通夫『サッチャー時代のイギリス――その政治，経済，教育』岩波新書，1988
森嶋通夫『学校・学歴・人生――私の教育提言』岩波ジュニア新書，1985
森嶋通夫『続イギリスと日本――その国民性と社会』岩波新書，1978
森嶋通夫『イギリスと日本――その教育と経済』岩波新書，1977
モルホ，レナータ（目時能理子・関口英子訳）『ジョルジオ・アルマーニ――帝王の美学』日本経済新聞出版社，2007
ヤーギン，ダニエル＆ジョゼフ・スタニスロー，（山岡洋一訳）『市場対国家――世界を作り変える歴史的攻防』上下，日本経済新聞社，1998

安岡重明ほか「経営理念の近世的特色」安岡重明・天野雅敏編『近世的経営の展開』岩波書店，1995
安岡重明・千本暁子「雇用制度と労務管理」安岡重明・天野雅敏編『近世的経営の展開』岩波書店，1995
山岸俊男「武士道よりも商人道を」『読売新聞』2008年4月28日
山岸俊男『安心社会から信頼社会へ――日本型システムの行方』中公新書，1999
山岸俊男『信頼の構造――こころと社会の進化ゲーム』東京大学出版会，1998
山崎正和・北岡伸一「対談『日本政治史――外交と権力』を語る」『書斎の窓』607号，2011
山崎正和・福嶋亮大「戦後復興を世界文明史の中で捉える」『中央公論』2015年9月号
山之内靖『マックス・ヴェーバー入門』岩波新書，1997
山本七平『日本人とは何か――神話の世界から近代まで，その行動原理を探る』祥伝社，2006
山本信一郎『ベルルスコーニの時代――崩れゆくイタリア政治』岩波書店，2018
山本通『禁欲と改善――近代資本主義形成の精神的支柱』晃洋書房，2017
由井常彦『歴史が語る「日本の経営」――その進化と試練』PHP研究所，2015
由井常彦『都鄙問答――経営の道と心』日本経済新聞社，2007
由井常彦「江戸時代の価値体系と官僚制」宮本又次編『江戸時代の企業者活動』日本経済新聞社，1977
由井常彦＆J. ヒルシュマイヤー「江戸時代の価値体系とビジネス」『経営史学』10巻1号，1975
余英時（森紀子訳）『中国近世の宗教倫理と商人精神』平凡社，1991

余華（飯塚容訳）『本当の中国の話をしよう』河出書房新社，2012
横井勝彦『大英帝国の「死の商人」』講談社，1997
楊天溢「国際社会からみた日本の企業と社会」間宏編『日本の企業と社会』日本経済新聞社，1977
吉越秀次『ドイツのビジネスマン』三修社，1983
吉森賢『ドイツ同族大企業』NTT 出版，2015
吉森賢『西ドイツ企業の発想と行動』ダイヤモンド社，1982
ヨセフス，フラティウス（秦剛平訳）『ユダヤ古代史』1〜6，ちくま学芸文庫，2000
米川伸一『現代イギリス経済形成史』未来社，1992
米川伸一「経営史学の成立と課題——近代イギリス社会への企業者史的アプローチの一試図」大塚久雄編『西洋経済史』別冊，筑摩書房，1968
米川伸一編『ヨーロッパ・アメリカ・日本の経営風土』有斐閣，1978
「日立 年功序列を廃止——管理職給与，成果主義へ」『読売新聞』2014 年 9 月 27 日
ラシュディ，サルマン（五十嵐一訳）『悪魔の詩』上下，神泉社，1990
李鋭（児島晋治訳）『中国民主改革派の主張——中国共産党私史』岩波書店，2013
リースマン，デイヴィッド（加藤秀俊訳）『孤独な群衆』みすず書房，1964
リットピン，G. H. & R. A. ストリンガー（占部都美ほか訳）『経営風土』白桃書房，1985
林語堂（鋤柄治郎訳）『中国＝文化と思想』講談社，1999
リンゼイ，アレクサンダー（長岡薫訳）『民主主義の本質——イギリス・デモクラシーとピュウリタニズム』未来社，1964
ルイス，リチャード（阿部珠理訳）『文化が衝突するとき——異文

化へのグローバルガイド』南雲堂，2004
ルービンステイン，W. D.（藤井泰ほか訳）『衰退しない大英帝国――その経済・文化・教育，1750–1990』晃洋書房，1997
ロー，マーク（北条裕雄ほか訳）『アメリカの企業統治（コーポレート・ガバナンス）――なぜ経営者は強くなったか』東洋経済新報社，1996
ローゼン，アンドリュー（川北稔訳）『現代イギリス社会史，1950–2000』岩波書店，2005
ロビンズ，スティーブン（高木晴夫訳）『マネジメント入門――グローバル経営のための理論と実践』ダイヤモンド社，2014
若林直樹『日本企業のネットワークと信頼――企業間関係の新しい経済社会学的分析』有斐閣，2006
若林幸男『三井物産人事政策史，1876～1931年――情報交通教育インフラと職員組織』ミネルヴァ書房，2007
脇村義太郎・中川敬一郎「日本的経営の源流をさぐる――国益を優先し合理性を尊重するその風土」『エコノミスト』1981年8月25日号
渡辺浩「『夫婦有別』と『夫婦相和シ』」『中国――社会と文化』15号，2000
和辻哲郎『風土――人間学的考察』岩波文庫，1979
ワトソン，アラン（ロタ翻訳研究会訳）『ドイツとドイツ人』エディション *q*，1994

Abe, Etsuo, "Japanese Business Culture: The Government, Mainstream Enterprises and 'Mavericks' in the Steel Industry," *Asia Pacific Business Review*, vol. 6, no. 2（Winter, 1999）.
Abe, Etsuo, "The Development of Modern Japanese Business in Japan", *Business History Review*, vol. 71（Summer, 1998）.
Abe, Etsuo, "The State as the 'Third Hand': MITI and Japanese

Industrial Development after 1945", in E. Abe & T. Gourvish (eds.), *Japanese Success? British Failure?* (Oxford, New York: Oxford U.P., 1997).

Abe, Etsuo, "Business Culture, Japanese", in M. Warner (ed.), *International Encyclopedia of Business and Management*, vol.1 (Routledge, 1996).

Allen, G. C., *The British Disease: A Short Essay on the Nature and Causes of the Nation's Lagging Wealth* (Institute of Economic Affairs, 1976).

Anthony, Peter, *Managing Culture* (Buckingham: Open U.P., 1994).

Barro, Robert & Rachel McCleary, "Religion and Economic Growth across Countries", *American Sociological Review*, vol. 68 (October, 2003).

Becker, Sascha & Ludger Woessmann, "Was Weber Wrong?: A Human Capital Theory of Protestant Economic History", *Quarterly Journal of Economics*, vol. 124 (2009).

Bellah, Robert, "Reflections on the Protestant Ethic Analogy in Asia", *Journal of Social Issues*, vol. 19 (1963).

Berghoff, Hartmut, "The End of Family Business?: The Mittelstand and German Capitalism in Transition, 1949–2000", *Business History Review*, vol. 80 (Summer, 2006).

Bosch, Frans van den & Arno van Prooijen, "The Competitive Advantage of European Nations: The Impact of National Culture—A Missing Element in Porter's Analysis", *European Management Journal*, vol. 10, no. 2 (1992).

Burkarat, Mike et al., "Family Firms", *Journal of Finance*, vol. 58, no. 5 (2003).

Cannadine, David, *Class in Britain* (London: Penguin Books, 2000).

Casson, Mark, *The Economics of Business Culture: Game Theory, Transaction Costs, and Economic Performance* (Oxford: Clarendon Press, 1991).

Clarke, Peter & Clive Trebilcock (eds.), *Understanding Decline: Perceptions and Realities of British Economic Performance* (Cambridge: Cambridge U.P., 1997).

Coleman, Donald, "Gentlemen and Players", *Economic History Review*, vol. 26 (1973).

Colli, Andrea, *The History of Family Business, 1850–2000* (Cambridge: Cambridge U.P., 2003).

Collins, Bruce & Keith Robbins (eds.), *British Culture and Economic Decline* (London: Weidenfeld & Nicolson, 1990).

Crafts, Nick, "Reversing Relative Economic Decline?: The 1980s in Historical Perspective", *Oxford Review of Economic Policy*, vol. 7, no. 3 (1991).

Denison, Daniel, "What is the Difference between Organizational Culture and Organizational Climate?: A Native's Point of View on a Decade of Paradigm War", *Academy of Management Review*, vol. 21, no. 3 (1996).

Dickson, Marcus, C. T. Kwantes & A. B. Magomaeva, "Societal and Organizational Culture: Connections and a Future Agenda", Benjamin Schneider & Karen M. Barbera (eds.), *Oxford Handbook of Organizational Climate and Culture* (Oxford: Oxford U.P., 2014).

DiMaggio, Paul, "Culture and Economy", in Neil Smelser & Richard Swedberg (eds.), *The Handbook of Economic Sociology* (Princeton: Princeton U.P., 1995).

Earley, P. Christopher, "East Meets West Meets Mideast: Further Explorations of Collectivistic and Individualistic Work Groups",

Academy of Management Journal, vol. 36, no. 2 (1993).
Edgerton, David, "The Decline of Declinism", *Business History Review*, vol. 71 (Summer, 1997).
Ekelund Robert, Robert Hébert & Robert Tollison, "An Economic Analysis of the Protestant Reformation", *Journal of Political Economy*, vol. 110, no. 3, (2002).
Falk, Roger, *The Business of Management* (Harmondsworth, England: Penguin Books, 1961).
Fiedler, Fred E., Terence Mitchell & Harry C. Triandis, "The Culture Assimilator: An Approach to Cross-cultural Training", *Journal of Applied Psychology*, vol. 55 (1971).
Fligstein, Neil, *The Transformation of Corporate Control* (Cambridge: Harvard U.P., 1990).
Foreman-Peck, James, "The Protestant Ethic and the Rise of Capitalism Revisited", An abbreviated version of a talk given at the Ethical Society, London (14 October, 2007).
Fox, Kate, *Watching the English: The Hidden Rules of English Behaviour* (London: Hodder & Stoughton, 2004).
Freeden, Michael, *Liberalism* (Oxford: Oxford U.P., 2015).
Frank, Robert, *The Darwinian Economy: Liberty, Competition, and the Common Good* (Princeton: Princeton U.P., 2011).
Fukuyama, Francis, "Social Capital", in Harrison & Huntington, *Culture Matters* (Basic Books, 2000).
Fukuyama, Francis, *Trust: The Social Virtues and the Creation of Prosperity* (New York: Simon & Schuster, 1995).
Goffee, Rob & Gareth Jones, "What Holds the Modern Company Together: The Short Answer is Culture, But Which Type is Right for Your Organization", *Harvard Business Review* (November- December, 1996).

Gordon, C., *The Business Culture in France* (Oxford: Butterworth Heinemann, 1995).

Gray, Collin, *Enterprise and Culture* (London: Routledge, 1998).

Greif, Avner, "Cultural Beliefs and the Organization of Society: A Historical and Theoretical Reflection on Collectivist and Individualist Societies", *Journal of Political Economy*, vol. 102 (1994).

Guiso, Luigi, Paolo Sapienza & Luigi Zingales, "Does Culture Affect Economic Growth?", *Journal of Economic Perspectives*, vol. 20, no. 2 (2006).

Hall, E. T., *Beyond Culture* (New York: Anchor Press, 1976).

Hall, E. T. & M. Hall, *Hidden Differences: Doing Business with the Japanese* (Garden City, NY: Anchor Press, 1987).

Hannah, Leslie, "A Failed Experiment: The State Ownership Industry", Roderick Floud & Paul Johnson (eds.), *The Cambridge Economic History of Modern Britain, vol. III, Structural Change and Growth, 1939–2000* (Cambridge: Cambridge U.P., 2004).

Hansen, Per H., "Business History: A Cultural and Narrative Approach", *Business History Review*, vol. 86 (Winter, 2012).

Harrison, Lawrence & Samuel Huntington (eds.), *Culture Matters: How Values Shape Human Progress* (New York: Basic Books, 2000).

Harvey, Charles, John Press & Mairi Maclean, "William Morris, Cultural Leadership, and the Dynamics of Taste", *Business History Review*, vol. 85, no. 2 (2011).

Herrigel, Gary, *Industrial Constructions: The Stories of German Industrial Power* (Cambridge: Cambridge U.P., 2000).

Hofstede, Geert, "National Cultures in Four Dimensions: A Research-based Theory of Cultural Differences among Nations", *International Studies of Management and Organization*, vol.13

(1983).
Hodgeson, Geoffrey,"Institutional Economics", Malcolm Warner (ed.), *International Encyclopedia of Business and Management*, vol. 3 (London: Routledge, 1996).
Ives, Jane H., " Business Culture, North American", in M. Warner (ed.), *International Encyclopedia of Business and Management* (London: Routledge, 1996).
James, Harold, "The German Experience and the Myth of British Cultural Exceptionalism", in: Collins & Robbins (eds.), *British Culture and Economic Decline* (Weidenfeld & Nicolson, 1990).
Jeremy, David, *Religion, Business and Wealth in Modern Britain* (New York: Routledge, 1998).
Jones, Eric, "Culture and its Relationship to Economic Change", *Journal of Institutional and Theoretical Economics*, vol. 151. no. 2, (1995).
Jones, Eric, *Cultures Merging: A Historical and Economic Critique of Culture* (Princeton: Princeton U.P., 2006).
Keat, Russell & Nicholas Abercrombie (eds.), *Enterprise Culture* (London: Routledge, 1991).
Landes, David, "Culture Makes Almost All the Difference", in Harrison & Huntington (eds.), *Culture Matters* (Basic Books, 2000).
Lipartito, Kenneth, "Culture and the Practice of Business History", *Business and Economic History*, vol. 24, no. 2 (Winter, 1995).
Lipartito, Kenneth, "Business Culture", Geoffrey Jones & Jonathan Zeitlin (eds.), *Oxford Handbook of Business History* (Oxford: Oxford U.P., 2007).
Lodge, George C., "Business and the Changing Society", *Harvard Business Review*, vol. 52 (March-April, 1974).
Lodge, George C. & Ezra F. Vogel (eds.), *Ideology and National*

Competitiveness: An Analysis of Nine Countries (Boston: Harvard business School Press, 1987).

Martin, Joanne, Martha Feldman, Mary Hatch, and Sim Sitken, "The Uniqueness paradox in Organizational Stories", *Administrative Science Quarterly*, vol. 28, no. 3 (1983).

Meyer, John & Brian Rowan, "Institutionalized Organizations: Formal Structure as Myth and Ceremony", *American Journal of Sociology*, vol. 83 (1977).

Misa, Thomas, "Toward an Historical Sociology of Business Culture", *Business and Economic History*", vol. 25, no. 1 (Fall, 1995).

Moellering, Guido, "The Nature of Trust: From Georg Simmel to a Theory of Expectation, Interpretation and Suspension", *Sociology*, vol. 35, no. 2 (2001).

Nader, R. & M. J. Green, *Corporate Power in America* (New York: Grossman Publishers, 1973).

Neal, Larry and Jeffrey Williamson (eds.), *The Cambridge History of Capitalism* (vol. 2, Cambridge: Cambridge U.P., 2014).

Pagel, Mark, *Wired for Culture: Origins of the Human Social Mind* (New York: W.W. Norton, 2012).

Pollard, Sidney, "Reflections on Entrepreneurship and Culture in European Societies", *Transactions of the Royal Historical Society*, vol. 40 (1990).

Porter, Michael, "A Note on Culture and Competitive Advantage: Response to van den Bosch and van Prooijen", *European Management Journal*, vo. 10. no. 2 (1992).

Randlesome, C., "Business Cultures, European", in M. Warner (ed.), *International Encyclopedia of Business and Management* (London: Routledge, 1996).

Randlesome, C., *The Business Culture in Germany* (Oxford: Butterworth Heinemann, 1994).

Randlesome, C. et al., *Business Cultures in Europe* (Oxford: Butterworth Heinemann, 2nd ed., 1993).

Raven, James, "British History and the Enterprise Culture", *Past and Present*, no. 123 (1989).

Rubinstein, W.D., "Wealth, Elites and the Class Structure of Modern Britain", *Past and Present*, no. 76 (1977).

Schneider, Benjamin & Karen Barbera (eds.), *The Oxford Handbook of Organizational Climate and Culture* (Oxford: Oxford U.P., 2014).

Scott, W. Richard, *Institutions and Organizations* (2nd ed., Thousand Oaks: Sage Publication, 2001).

Steger, Manfred & Ravi K. Roy, *Neoliberalism* (Oxford: Oxford U.P., 2010).

Sturdivart, F. & H. Vernon-Wortzel, *Business and Society: A Managerial Approach* (Homewood, IL: Irwin, 1990).

Temin, Peter, "Is It Kosher to Talk about Culture?" *Journal of Economic History*, vol. 57, no. 2 (June, 1997).

Thompson, F.M.L., *Gentrification and the Enterprise Culture, Britain 1780–1980* (Oxford: Oxford U.P., 2001).

Weber, Max (edited by G. Roth & C. Wittich), *Economy and Society: An Outline of Interpretive Society*, vols. 1 & 2 (Berkeley: Univ. of California Press, 1978).

Yeh, Ryh-song & John Lawrence, "Individualism and Confucian Dynamism: A Note on Hofstede's Cultural Root to Economic Growth", *Journal of International Business Studies* (Third Quarter, 1995).

注

はじめに，第Ⅰ部（第1章〜小括）

＊1　企業目的と企業目標の使い分けを厳密にすることはできないが，時間軸が企業目的の方が長く，企業目標の方が短期的かつ具体的であるということになろう。

＊2　以上に関しては，安部「進化の概念と経営史」参照。

＊3　国民国家に関しては，ベネディクト・アンダーソンの「想像の共同体」論があるが，「国民国家の虚構性」の議論は間違っていると思う。詳しくは，谷川『国民国家とナショナリズム』66–70頁参照。

＊4　村上・公文・佐藤『文明としてのイエ社会』参照。

＊5　テンニエス『ゲマインシャフトとゲゼルシャフト』参照。村（地縁共同体）は，ゲマインシャフト的要素も持っているため，家族とアソシエーション（ゲゼルシャフト）の中間的形態であろう。またテンニエスについては，丸山『「文明論之概略」を読む』中，267頁が，鋭い指摘をしている。「資本主義社会をゲゼルシャフトとしたのですが，資本主義社会以前の社会をみなゲマインシャフトに一括してしまったところが非常に問題で，これがテンニエスが，のちにナチの共同体理念に近づく思想的背景になります。」

＊6　ブルーム『アメリカン・マインドの終焉』32頁。

＊7　ウェーバーの論であるが，この議論に対しては，ゾンバルトの主張や，儒教の重要性，あるいは世界システム論の立場から，西欧プロテスタント中心史観として，多くの批判がある。しかし，筆者は，基本的に正しいのではないかと考えている。

＊8　このテーマに関するトッドの著作は多岐にわたるが，鹿島ほか『シャルリ・エブド事件を考える』99–100頁も参照。

＊9　山之内『マックス・ヴェーバー入門』160頁。

＊10　図2–2では，道教，儒教，仏教が入っていないが，儒教はそもそも世俗倫理であり，ある意味で宗教ではない。道教は中国の国教とされたこともあり，仏教も政権に崇拝されたこともあるが，中国の基本的倫理は儒教であろう。なお，丸山眞男は，日本は儒教文化圏ではないと言っている。

「朝鮮を見ますと，これは明らかに儒教文化圏と言っていい。あるいは民衆レヴェルでは道教的なものです。いずれにしても中国大陸と基本的に共通している。ところが，日本を儒教文化圏といえるかというと，どうしてもそうは言えない。儒教が最もさかんであった江戸時代においても，儒教に対する正面からの強力な反撃が中期以後出ております」（丸山「原型・古層・執拗低音」131頁）。

さらに丸山は，宗教権力と世俗権力の関係についても，興味深い指摘をしている。

「世界史の上で，政治的＝俗的権力と宗教的＝教会的勢力とは忠誠の争奪をめぐっていたるところはげしい葛藤をくりひろげて来た。国家という統治体のモデルを生み出したヨーロッパにおいて，国家と教会との関係がひとり思想史だけでなく，ひろく文化史や政治史を貫通する主要旋律をなして来たのは周知の事柄であり，しかも，現実生活の上で国家的忠誠が決定的に優位に立ったのは，ようやく十九世紀以後のことである。マキアヴェルリが『霊魂よりも祖国をヨリ多く愛する』という有名な言葉を吐いたとき，彼は瀆神の罪を犯したという同世代人のごうごうたる非難のなかに立たねばならなかった」（丸山『忠誠と反逆』74–75頁）。

＊11　イギリスの議会制の歴史については，君塚『物語 イギリス

の歴史』参照。

＊12　目的と手段の相互関係については，EU の比例性原則（pro-portionality）は興味深い。「手段が目的に照らして相応するかどうか，同じ目的を達成するのに，より制限的でない手段は存在するかを検討する」原則（庄司『欧州連合』84 頁）。

＊13　ウェーバーは以下の様に指摘している。

「現代の経済生活は一面において形式的合理性を高度に実現しながら，しかも他方において，例えば社会主義者の非難が示すように，実質的に非合理である。しかも社会主義者の主張するごとく，実質的合理性を強化せんとすれば，そこに形式的合理性の低下の危険なしとしない。かくのごとく，経済においては形式的合理性と実質的合理性との闘争が演じられているが，しかし，かくのごとき闘争が演ぜられている文化領域は，ひとり経済のみにかぎらない。例えば法律生活のごときも，形式的なる法の適用と実質的なる正義感との闘争という形においてこの闘争を示している」（『一般社会経済史要論』56 頁）。

ウェーバーは，形式合理性と実質合理性の二律背反を指摘している。なお小野塚は次のように実質合理性を説明している。「実質合理性とは，複雑多様な個々の実態に即して当事者の納得感を高めようとする――たとえば『大岡裁き』――のような合理性です」（小野塚『経済史』56 頁）。また小林純も実質合理性について論じているが，難解な説明になっている（小林「自由のプロジェクト」）。

＊14　宮本又郎「企業家学の系譜」8 頁。

＊15　本稿では，宗教学で言う不可知論とは少し異なった意味合いで使っている。無神論と不可知論との対比という意味合いよりは，自然科学で言う漸近線的に真実に接近するが，完全には真実を捉えることができないという意味で，不可知論（agnostic）なのである。

＊16　第二次大戦中，東条英機は次のような逸話を残している。

「戦況行きづまりの兆，ようやく覆い難くなった頃，時の東条陸相がある朝早く突然陸軍航空士官学校に乗りつけた。『飛行機は何で落とすか』と，生徒にじかに質問した。『弾で落とす』との答えを聞くや，『精神で落とすんだ』と怒鳴りつけた」（飯塚『日本の軍隊』298頁）。

私の母親はよく言っていた。「お公家さんの近衛さんでも自決したのに，陸軍軍人のくせに東条は自決もしそこなった」と。東条が軍人らしく自決していれば，靖国問題ももう少し異なっていたであろう。また主張はともかく，自決した阿南惟幾は立派であった。

＊17　不合理と非合理がどのように違うかということについて，試論的だが筆者の考えを述べておきたい。不合理は，道理に合わない，道義に合わない，矛盾している，筋が通らない，目的に適合的でない，などの意味がある。不合理な考え，不合理な言い分，不合理な手段，不合理を改める，などの使い方である。これに対して，非合理は，論理的でないこと，理性では捉えられないことである。非合理主義という用法はありうるが，不合理主義という用法は通常ない。非ムスリムはあるが，不ムスリムという言葉はない。不ムスリムはないが，不信心なムスリムはありうる。非信心はない。以上は，「不」と「非」の使い分けに関係している。

だが，英語にも，nonrational と irrational という類似した言葉がある。nonrational は，理性の無い，非合理的なという訳語があてられ，irrational は不合理な，道理の分からない，無分別な，ばかげた（absurd）などの訳語がある。したがって，nonrational は非合理に，irrational は不合理に相当するようである。

さしあたり次のような理解が尤もらしい。非合理は，合理かそうでないかという範疇を顧慮し，また論理的か否かに関わる。不合理は，目的に適合的でない（手段合理性）か，道義に反してい

るなどの価値判断に関わっていると考えられる。

不合理と類似した言葉に，不条理という言葉もある。不条理は，実存主義の使い方（人生における絶望的な状況，カミュ）もあるが，道徳的に許し難いというニュアンスがある。「道理に反すること。不合理なこと」（広辞苑）というように，非合理よりは，不合理に近い。また hyperrationality（超合理性）という言葉もある。合理・非合理を超えているという意味である。

＊18　木村『生物進化を考える』，安部「進化の概念と経営史」参照。

＊19　リビドーとは，本能のエネルギーであり，性的衝動など，「考える動物」としての人間の動物の部分である。感情は一概に抑えられるべきものとしてではなく，生きてゆくうえでの原動力として欠くべからざるものである。無感情，無表情の人間は好まれない。フロイト説におけるごとく，性的欲望も重要である。

＊20　藤本『生産システムの進化論』参照。

＊21　間宏は経営理念について，ウェルナー・スタークを引用しながら，次のように述べている。「『人間の集団はそれがいかなる種類のものであろうとも，その集団自身のために，つねに彼らの本質や努力を表現するような，適切な理念を求めている』，つまり集団というものは彼らの行動を裏付けるような適切な理念を求めており，そこに理念が必要になる理由，言い換えればエレクティブ・アフィニティ［Wahlverwandtshaften 選択的近親性］を発生させる理由がある」（間宏の発言，中川ほか「パネル・ディスカッション」108頁。傍点，引用者)。キッコーマンの経営理念に関しては，鷲見「キッコーマンとアメリカ進出」参照。

＊22　マーク・ローは，ファンド資本主義の力はさほど強くなく，経営者の方が強いと，経営者企業論的な見解を述べている。ロー『アメリカの企業統治』参照。

＊23　ロビンズ『マネジメント入門』参照。

＊24　フクヤマ『「信」無くば立たず』（以下，『信頼』と略す）参照。

＊25　山岸は，「安心」と「信頼」について次のように述べている。安心と信頼は協調・共存しているように思われるが，「信頼の解き放ち理論はこの直感的な理解に挑戦し，このような共同体［山奥の共同体］は信頼を育成するのに有利な環境なのではなく，逆に，信頼の育成を阻害する環境だとしています」（山岸『安心社会から信頼社会へ』52頁）。日本には，安心はあるが，信頼はないという趣旨である。ただし，信頼の定義を「仲間うちを超えた他者一般ないし人間性一般に対する信頼」（同上）としている。オープンな信頼，仲間うちの安心という使い分けであるが，そもそも人間性一般に対する信頼などというものはありうるのだろうかという疑問が湧く。フクヤマの定義しているように，中間組織への信頼の方が現実を分析するうえで，有効であるように思える。またフランス革命の理念は，自由・平等・博愛ではなく，自由・平等・友愛（fraternity）であるとする解釈が有力である。愛は，遍くというよりは，限定的範囲を持っているのである。したがって，liberty, equality, fraternity がフランス革命のスローガンとなったとき，無制限の，人類全体に対する博愛（humanity）ではなく，友人，知人，同郷人などの特定範囲の人々との連帯ということであった。

＊26　中川『比較経営史序説』。宮本「企業家学の系譜」も参照。

＊27　中川，同上，46頁。

＊28　同上，24-25頁。

＊29　同上，25頁9行目には，「行動の形式（pattern of conduct）」とあるが，「行為の形式」の誤植であろう。「行動の形式」という言葉は存在しないのではないか。宮本「企業家学の系譜」13頁16行目。

＊30　ホフステードによれば，文化とは，その表出の形態として4

種類存在する。第1に，儀礼（何かの役に立つというより，儀礼は儀礼のために行われる），第2に，ヒーロー（行動のモデルとされる人物），第3に，シンボル（同じ文化を共有している人々だけが理解できる，特別な意味を持つ言葉，しぐさ，絵柄など）。以上の3要因の有り様を通して，特定の文化として認識・認知される。その根底には，ある状態が他の状態よりも望ましいとする価値観（第4の要因）があるとされる。価値観をコアとし，儀礼，ヒーロー，シンボルの順に，表層に近づく。シンボルは容易に他の文化でも取り入れられ，自文化にも多文化から取り入れることができる（たとえば，ステイタス・シンボルとしての自動車）。ホフステードほか『多文化世界』5–7頁。

＊31　中川『比較経営史序説』6頁，15–16行目。

＊32　中川「問題提起」4頁。三戸公『家の論理』参照。

＊33　中川『比較経営史序説』7–9頁。

＊34　なお，中川においては「社会構造」の意味が，社会構造＝文化構造の意味にも使われ（中川『比較経営史序説』3頁），また本文のように「所有関係や階級関係」のようにも使われているが，後者のように使うのが誤解をもたらさないであろう。

＊35　中川『比較経営史序説』24頁。

＊36　注17参照。この次元の違いということに関して，ヘーゲルの「魂は黄色ではない」という例示が印象的である。確かに，魂には色はないので，この命題は間違いではないが，意味をなさない（ヘーゲル『小論理学』）。

＊37　中川ほか「パネルディスカッション」における渡辺尚およびヒルシュマイヤーの発言は，傾聴に値する（115–116頁）。

「経済的個人主義はウェーバーによると資本主義の発生期には大きな役割を果したが，いったんエートスとして伝統化すると，工業化の一定の発展段階以降はむしろ阻害要因に転化する可能性が発生する」（渡辺）。

「よく欧米と日本というようにいわれるが，それはいけないことで，アメリカ，ドイツ，イギリスはそれぞれ違う。……資本主義精神は例外的に西洋のある国にあったのであり，ドイツには全然なかった」（ヒルシュマイヤー）。

さらに，次のフクヤマの指摘は貴重である。

「マックス・ウェーバーも十九世紀末にアメリカを訪れ，プロテスタントの宗派がコミュニティーと信頼を醸成するうえで重要な役割を果たしていることに気がついた。ウェーバーは，コミュニティーと信頼の存在が経済取引を促進したと考えたのだ」（フクヤマ『信頼』421頁）。

なお，ウェーバーは，宗派の教義そのものに関心をもっていたのではなく，教派集団の性質に関心をもっていた。

＊38　河野『制度』2章。Hodgeson, "Institutional Economics", pp. 2181–2185. Dickson et al., "Societal and Organizational Culture", pp. 279–281.

＊39　河野『制度』38頁。

＊40　佐藤・山田『制度と文化』5〜7章。Fligstein, *Transformation of Corporate Control.* なお，「利害」に基づいた従来の合理性モデルでは不十分だとして，「感情」を取り入れ，経済分析の新しい局面を切り開こうとしている行動経済学がある。その限りでは理解できるが，現実の人間行動は利害，感情に加え，理念（理想）でも動いていくのであり，感情・理念・利害の3者からなる枠組を考えるべきであろう。例えば，モッテルリーニ『経済は感情で動く』参照。

＊41　河野『制度』41–48頁。

＊42　佐藤・山田『制度と文化』150–155頁。

＊43　同上，205–206頁。

＊44　河野『制度』39–40頁。

＊45　佐藤・山田『制度と文化』152頁。

＊46　高橋正泰『組織シンボリズム』p.ii。
＊47　安部「チャンドラー・モデルの限界についての小論」参照。
＊48　フランスの発展について，フランスが文化構造のゆえに停滞したとするランデスと，むしろ経営発展を強調し，フランスの文化に問題はなかったとするフランスの経済史家や原輝史（『フランス経営史』）らの見解が対立している。だが中川は，「事実の認識においても主張においても，それほど大きな差はないように思われる」（『比較経営史序説』48頁）としている。しかしながら，その後のピオーリ＆セイブル，セイブル＆ザイトリンの主張を考慮すると，まさに市場の性質が量産・量販体制とは異なる発展パターンをもたらしうるとの解釈を，中川は無視したか，あるいは予見できなかったと言える。この点に関しては，安部「チャンドラー・モデルの行く末」を参照。

第Ⅱ部　第8章

＊1　イギリスの階級については，キャナダイン『イギリスの階級社会』，クーパー『クラース』，Fox, *Watching the English*（同書の部分訳『イングリッシュネス』）を参照。
＊2　ヨーマンは，大塚史学の隅の首石であるが，川北は独立自営農民＝ヨーマンという捉え方に批判的である。「この概念［独立自営農民］は，戦後史学の中核を占める重要な概念であったが，このような『中流』信仰［中産的生産者層の重要視］は，客観的にはほとんど証明できない。このような見方には，いくつかの点で，重要な疑義もあり，今日では，あまり重要視することはできない。」（川北編集『歴史学辞典 13巻 所有と生産』弘文堂，2006，444頁。）川北の経済発展の立論は，ヨーマンではなくジェントリー，ヨークシャーではなくジャマイカ，毛織物ではなく砂糖ということになるが，それらを経済発展の本筋とすることに

は，無理があるように思われる。この点は他日詳論したい。示唆的には，「世界システム論」ではなく，「諸国民国家体制論」ということになろう。

＊3　川北『イギリス近代史講義』，並松『農の科学史』，同「18～19世紀における『土地管理』の形成」，小林章夫『イギリス貴族』参照。

＊4　米川『現代イギリス経済形成史』37頁。

＊5　LSEの友人の言では，値段を別にすれば，購入する場合にフリーホールドとリースホールドの形態の違いをことさら気にすることはない，とのことであった。

＊6「他国の人と比べて，日本人は（イ）都会好き，（ロ）非宗教的，（ハ）死後の生活を信じない，という三大特長を持っています。アメリカ人ですら，もっと田舎に住みたがり，非宗教的なイギリス人ですら，日本人よりも神（あるいは仏）を信じ，科学的なドイツ人ですら，もっと霊魂不滅だと思っています」（森嶋『イギリスと日本』200頁，傍点引用者)。

＊7　チャンドラー『スケール・アンド・スコープ』。

＊8　Coleman, "Gentleman and Players".

＊9　安部「イギリスにおける機関投資家とコーポレート・ガヴァナンス」13-14頁。

＊10　並松『農の科学史』参照。このほか，椎名『近代的土地所有』，楠井『イギリス農業革命史論』などもある。しかし，イギリス農業史については，三分割制の問題も含め，不明な点が多い。

＊11　ウィーナ『イギリス産業精神の衰退』参照。

＊12　中世から近世にかけて，カルヴィニズムが支配的であった地域を除けば，キリスト教によって，富者が天国に入るのは至難とされていたので，反ビジネスの感覚は強かったのである。

＊13　ケイン＆ホプキンズの所論は経済史学界で有力であるが，筆者は，産業資本家の力を過小評価しているという点で批判的で

ある。少なくとも第二次大戦後，あるいは1980年代以降はジェントルマン資本主義は死滅したと思う。

*14　安部「イギリスにおける機関投資家とコーポレート・ガヴァナンス」参照。

*15　森嶋『学校・学歴・人生』，中島『英米制度・習慣辞典』（特に，「III　教育」）参照。

*16　安部『大英帝国の産業覇権』213頁。

*17　現在では，イギリスの会社員は，大卒資格はもとより，MA，MBA，MScなどの資格取得に日本以上にこだわっている。イギリスも学歴社会になっているのである。

*18　タイムズ社工場のワッピング争議については，家田「ワッピング争議と法的諸問題の検討」参照。

*19　パーキンは「イギリスでは，一般的な見解とは裏腹に，他の学科と比べ，また他の国と比較して工学科は多く設けられているのだが，学生は最低限の資格（Aレベル試験でEの成績2つ）でそこに入学できる」と，レベルがあまり高くないことを指摘している。パーキン「『イギリス病』と高等教育」11頁。

*20　安部「ケンブリッジ現象の研究」参照。

*21　安部「イギリス（ゴドリー＆キャッソン説）」322頁。

*22　労働者文化については，ブレイディみかこの一連の著作参照。

*23　サンプソン『カンパニーマンの終焉』271，468頁。

*24　新自由主義（ネオリベラリズム）は，1970年代以降，レーガン，サッチャー政権の下で隆盛となった。ただし紛らわしいことに，ニュー・リベラリズムというものもある。19世紀中葉のレッセ・フェールに対して19世紀末に登場した種々の社会政策を要求する思潮である。いわば政府の社会経済過程への介入の是認，要求である。それゆえ，介入的自由主義と呼ばれることもある。この思潮は，戦間期にさらに強化され，第二次大戦後の福祉国家の成立に繋がった（Freeden, *Liberalism*, pp. 46–47）。なお，

アメリカでは，ネオリベラリズムと同時に，ネオコンサーヴァティズム，通称「ネオコン」とよばれる思潮が台頭した。ネオコンとネオリベラリズムはほぼ同一だが，ネオコンは，ビッグビジネスに対してより寛容であり，法と秩序を維持し，個人の権利を守ることに積極的である。対外的には，自由，自由市場，民主主義を世界に広めることに熱心であり，アフガニスタン，イラクへの介入などタカ派的政策を志向している（Steger & Roy, *Neoliberalism*, pp. 22–23）。

第9章

*1　コミュニティとソサエティの違いについて，ソサエティ（社会）はコミュニティよりも大規模なものと定義できよう。コミュニティでは，構成員が互いに知っている関係を想定できるが，ソサエティでは知らないものが多数である，あるいはほとんどであるというように解される。Know each other かそうでないかという違いである。なおこうした捉え方については，経営学部同僚の，パトリック・キアナン氏より示唆を得た。なお，レイモンド・ウィアリアムズの『キーワード辞典』も参照。ただし，ソサエティには「協会」という意味もあるので，この場合はコミュニティよりも小さい場合もありうる。またコミュニティも，Jewish community のような国を超えた使い方もできるので，その場合は近隣ではなく，広範な共同体という意味になる。また中間組織として，アソシエーションも重要な用語であるが，結社，協会として，コミュニティやソサエティと重なり合う部分も多い。ただし，コミュニティというと土地を連想させるのに対し，アソシエーションはそうした関連性が無いと言えるのではなかろうか。コーポレーションは団体一般を意味するが，自治体，民間企業，公企業などにも使われる。私企業の Exxon Mobil Corporation（エクソン・モービル社），公企業の British Steel Corporation（イギリス

鉄鋼庁）など。

*2　フクヤマ『信頼』395 頁。なお，トクヴィルは個人主義について次のように述べている。「“個人主義” というのは，ある新しい観念を表現するために最近つくられた言葉である」「私たちの父たちの代まではエゴイズム（自己本位主義）の観念しか知らなかった」（ベラー「近代日本における価値意識と社会変革」43–44 頁）。つまり，個人主義という言葉は，18 世紀から 19 世紀への世紀転換期の頃に発明されたのであろう。ビーアドは，トクヴィルがアメリカを訪れた 19 世紀前半は individuality（個人尊重）の時代であったが，19 世紀後半は individualism（個人主義）が跋扈し，他人を押しのけるような風潮が強くなったとしている（ビーアド『アメリカ精神の歴史』140–142 頁）。

*3　フクヤマ『信頼』396 頁。

*4　儒教においては，親への孝が何よりも重要であり，「神」はある意味で存在しない。鬼神，神仏は別世界のものであり，「天」は「神」に近いとも言えるが，信仰の対象ではない。イスラム教では唯一神アラーがいて，神と個人とは直結するので，ユダヤ教，キリスト教とも近い。だが，イスラム社会では，部族の力が強く，現実には神と個人との関係よりも，部族における個人の位置の方が重要である。部族の絆はとても強いので，それを超えて個人の信仰に生きることは不可能であろう。

*5　1970 年代以降の上記のような個人主義と団体好きの関係について，もうすこし触れておくと，アメリカでは格差があまりにも拡大し，もはや団体好きの範囲が狭くなり，身近なところにしか及ばなくなった。友愛（友人の間での連帯，互助）と博愛（人類全般への共感，互助）の間には，その及ぶ範囲が異なることが相違としてあげられる。格差がひどくなれば，狭い範囲の人のみを考慮すればよいという，博愛から友愛へのシフトが起きる。人間は，ドーキンズの利己的遺伝子を思い出すまでもなく，根源的に

は利己的なので，博愛が弱くなる。フランス革命の標語が，自由，平等，（博愛でなく）友愛であることが示唆的である。

＊6　どのような人種を「白人」に含めるかは，統計上，政治上の1つの問題である。ヨーロッパ系の民族を白人に含めるのはふつうであるが，印欧語族と呼ばれるように，ヨーロッパからイラン，アフガニスタンを通って，北西インドまで，共通の人種的特徴を持った系統がある。これに対して，セム語族，現在はアフロ・アジア語族と言われることが多いが，それに属すユダヤ人やアラブ人などをどのように扱うかは微妙である。実際，シリア人は「白人」に分類されることもある。スティーヴ・ジョブズの父親はシリア人であった。

＊7　フクヤマ『信頼』421-426頁。

＊8　私の知人がかつてリーマン・ブラザーズで働いていた。1990年代までリーマン・ブラザーズでは，トレイダーが最も羽振りが良く，事務系を小ばかにしていたそうである。「稼いでいるのは俺たちだ」という感覚である。そうしたトレイダーはだいたい3～5年で会社をころころ変わる。だが，コアの管理職は概してユダヤ系の人が勤めていて，そうした人は転職・転社などしない。つまり，核の管理職と稼ぎ手のトレイダーと単なる事務職の3層構造が存在していたのである。このような構造は他のユダヤ系の金融機関でも概ね見られたらしい。

＊9　シルバーマン『アメリカのユダヤ人』109頁。

＊10　同上，117頁。

＊11　フクヤマ『信頼』411頁。同書の第24章「『プロテスタンティズム』が残す最後の遺産」は特に重要である。

＊12　同上，414頁。

＊13　同上，420頁。

＊14　原理主義，根本主義はともに，fundamentalismであるが，第二次大戦後の政治性を帯びたファンダメンタリズムを原理主義

といい，それ以前の二つの波（植民地時代の清教徒と19世紀前半のメソディスト・バプティストの運動）を根本主義と訳し分けるときがある。

＊15　フクヤマ『信頼』449頁。

＊16　佐藤優『サバイバル宗教論』255頁。

＊17　猪木『自由の条件』「第5章　個人・結社・国家」参照。

＊18　リンゼイ『民主主義の本質』152頁。

＊19　佐藤『サバイバル宗教論』255頁。しかし佐藤は別の著書では，「中間共同体というのは，宗教団体や労働組合，業界団体，地域の寄り合いやサークルなどのこと」とし，大家族は例示していない（佐藤『ファシズムの正体』179頁）。

＊20　サンプソン『カンパニーマンの終焉』参照。

＊21　猪木『自由の条件』122頁。

＊22　ジャコビー『日本の人事部』第1章参照。

＊23　チャンドラー『スケール・アンド・スコープ』序論参照。

＊24　サクセニアン『現代の二都物語』。

＊25　アップルに関しては，安部「アップルの紆余曲折」参照。なおシリコンヴァレーとルート128に関して，サンプソンはサクセニアンに基づき，次のように巧みに要約している。

「ルート128には企業の数が少なく，企業組織は中央集権的で，情報の流れはトップダウンであり，企業は自己完結型になって従業員に忠誠心を求めるようになる。個人主義の文化が強いシリコン・バレーでは，企業間の垣根が低く，企業は教育，資金，アイディアといったインフラストラクチャーを共有しており，このために地域の連続性，つまり，『管理されたカオス』が保たれている」（『カンパニーマンの終焉』299頁）。

＊26　安部「生産システムの移転」「購買・販売・経営管理の現地化」参照。

＊27　ヴァンス『ヒルビリー・エレジー』参照。著者のヴァンスは，

絶望的なトーンで「(友人) のブライアンに何かチャンスが訪れるとすれば，それを与えてくれるのは，彼の周りの人たちだろう。たとえば，家族の誰かや，友人である私，私の親類，私たちと似た人たち，そして膨大な数のヒルビリー。そのチャンスを現実のものにするために，私たちヒルビリーは，全力で応援しなければならない」(393 頁) と，互助の精神を強調している。

第 10 章

＊1　林語堂『中国＝文化と思想』289 頁。
＊2　フクヤマ『信頼』134 頁。
＊3　林語堂『中国＝文化と思想』268 頁。
＊4　フクヤマ『信頼』135 頁。1980 年代，筆者がアメリカに住んでいたころ，ボストンのある日本人男性が中国人女性と結婚した。その後，彼の親類縁者はあまりボストンの家に来なかったが，奥さんの方の親類縁者はひっきりなしに来訪したそうである。それまで，奥さんに会ったこともない遠縁の人が頻繁に泊まりに来るので，彼は驚いたそうだ。日本人は，会ったこともない遠縁の人の家に泊まらせてもらうということは考え付かないが，中国人にあっては普通のことらしい。
＊5　同上，148 頁。
＊6　渡辺「『夫婦有別』と『夫婦相和シ』」参照。
＊7　フクヤマ『信頼』149 頁。
＊8　韓国ではどうかと思い，留学生ならびに日本の大学で働いている韓国人に聞いてみたところ，中国に近い，すなわち親を優先するだろうとのことであった。
＊9　渡辺「『夫婦有別』と『夫婦相和シ』」参照。ただし，日本で，夫婦同姓になったのは，明治時代であり，江戸時代は苗字をもっていた上層，中層の夫婦では別姓であった。「儒教では孝の思想も関わって女性も終生実家の氏を名乗った。中国や韓国は今も夫

婦別姓である。日本でも1898年に民法で夫婦が同じ氏を称するよう規定されるまで，伝統としては夫婦別姓であった。夫婦が同姓であることに固執する意見も，じつは日本の伝統に反するのである」（小島『儒教の歴史』281頁)。ただし，江戸期には夫婦同姓が一般的であったとの推論もあるので，小島の論はやや極端かもしれない。

アメリカでは，夫婦の姓が現在では選択的別姓であるが，9対1で男性の姓になると言われている。かつては英米でも夫婦同姓であり（「カヴァチャー」coverture の伝統：妻の人格は夫の人格に吸収されて夫婦一体となること)，ドイツでも夫婦同姓であった。他方，ラテン系のスペイン，イタリア，フランスでは基本的に夫婦別姓であった。ただし，複合姓（compound name）を持つことがあり，同姓，別姓で簡単に分けられないことも多い。

＊10　山崎・北岡「対談『日本政治史——外交と権力』を語る」3頁。

＊11　同上。

＊12　山崎・福嶋「戦後復興を世界文明史の中で捉える」42-43頁。なお，山岸俊男は，山崎正和とほぼ同趣旨のことを次のように述べている。

「江戸時代には武士道と商人道は共存していましたが，明治政府は武士道を日本全体に押しつけました。だが，今や終身雇用や年功序列などが崩れ，ビジネス誌も徳川家康を採りあげなくなりました。市場経済が広がり，損得は口にするなという武士道よりも『情けは人のためならず』という開放的な商人道の方が納得できるはずです。……社会に適合しない倫理は失敗します。ソ連や中国が好例です。自分の利益でなく全体のことを考えよという武士道は社会主義の倫理と同じ。これを一般の人が受け入れられるわけがありません」(『読売新聞』2008年4月28日)。

ただし，山崎正和の解釈に類似した，ある意味で，「信頼」のあるべき姿について，次のような意見もある。「ブルジョアの他人に対する信頼と法に対する服従は，儲けの期待に基づいている。すなわち，『正直は最良の策』というわけである。こうして，ブルジョアは道徳性を腐敗させる。道徳性の本質は，道徳性それ自身のために存在することだからだ」（ブルーム『アメリカン・マインドの終焉』199頁）。だが，こうした考えは，社会の推進的動機付けという点で，永続的・全体的な力を得ることはできないであろう。短期的に「無償の行為」や「無償の愛」が輝くときがありこそすれ，長期的に，かつそれが社会の大部分を包摂することにはならない。「無償の愛や信頼」が心地よい響きをもたらすとしても永続するものではなく，たとえばマリア・テレサの信条・行動がどれほど尊いものであるにせよ，社会の支配的規範になることはありえず，良い意味での打算，ウィンウィンの関係こそ，社会の長期的・支配的行動規範であると考えられる。

＊13　中根『タテ社会の人間関係』参照。

＊14　林語堂『中国＝文化と思想』188–189頁。

＊15　同上，199–200頁。

＊16　マックス・ウェーバーの『儒教と道教』『ヒンドゥー教と仏教』は，19世紀末の資料的限界を持ちながらも，含蓄に富んでいる。しかし，中国人研究者からは，次のような批判もある。「ウェーバーの『中国の宗教』の中の，儒家，道家に関する理解は，彼が比較文化史の観点から得たなんらかの観察が，なおその啓発性を失っていないにもかかわらず，やはり基本的に誤っており一面的だといえよう。……［たとえば］中国の思想にも上層の経典的著作と下層の民衆観念との別があることを知らなかった」（余英時『中国近世の宗教倫理と商人精神』239–240頁）。

また岡田英弘は，信頼について，ユニークな意見を開陳している。「中国大陸での合弁事業が順調に進まないのは……彼ら［中

国人］の辞書には『信頼関係』という単語は存在しない。人間関係の基本はつねに『戦い』であり，『緊張』であるというのが中国人の認識である」。さらに，儒教と道教の関係についても，興味深い意見を披歴している。中国人は「表面は儒教徒だが，本質は道教徒」であり，「儒教は知識人階級の宗教であって，［人口の大部分を占める］一般の人々には縁のないものである」。「孔子廟は礼拝の場ではなく，地元の紳士たちの集会所なのである。」道教については，その秘密結社的な性格（五斗米道，太平道など）を強調し，道教こそ中国社会の支配的思想であるとする（岡田『妻も敵なり』94，161-210 頁）。

＊17　フクヤマ『信頼』150 頁。

＊18　飯尾『中国史のなかの家族』71-79 頁。

＊19　村上・公文・佐藤『文明としてのイエ社会』参照。日本では「複数の氏族が共同して村社を祭祀する宮座のような地縁的組織が発達したのに対し，前者［中国］では血縁的組織と地縁的組織の融合的発展がなく，特に中国南部では宗祠と村廟が別々の存在となっている」ことから，「中国農村の社会組織があくまで血縁的同族を単位として凝集する性格をもっている」ことが分かる（瀬川「宗族研究史展望」19 頁）。

＊20　シュー『比較文明社会論』307 頁。

＊21　岸本『中国の歴史』185 頁。

＊22　林語堂『中国＝文化と思想』272-273 頁。

＊23　フクヤマ『信頼』134 頁。

＊24　三大財閥の 1 つである三菱は三井，住友とは異なって，岩崎弥太郎が初代ということもあり，陣頭指揮を執っていた。また第二次大戦後は財閥解体によって，所有と経営が完全に分離され，アメリカを凌ぐ，経営者企業が支配的な「経営者資本主義」が日本に誕生した。

＊25　フクヤマ『信頼』532 頁。

＊26　由井『歴史が語る「日本の経営」』40頁。

＊27　フクヤマ『信頼』153頁。

＊28　こうした養子縁組を考え付き，実行したのが，番頭の広瀬宰平であった。「番頭が主人を選ぶという事態」が起きたのである（森川『日本型経営の源流』66頁）。

＊29　加地『沈黙の宗教』80頁。また加地は次のように述べている。

「日本儒教と中国儒教との本質的な相違の一つは，姓名に対する考えかたにある。……中国では同姓不婚の原則があるが，日本では，明治以前，姓をもたない人の方が多く，同姓・異姓の感覚に乏しい。だから，子がいないと中国人はふつう同姓の（一族）の養子を取るが（異姓を取る例外もある），日本人は異姓の養子を取る（ただし娘は実子というのがふつう）ことが多い。すなわち，家を中国人は徹底的に〈血族の集団〉とするのに対して，日本人は〈一つの組織〉と考えて，時としては，家に異姓の養子を取り，その養子に異姓の妻を迎えもする。すなわち，その家と血縁関係のない（あるいは薄い）男女を，夫婦として後つぎとすることさえある。血が断絶しても平気なのである」（加地『儒教とは何か』250頁，傍点，引用者）。

＊30　岸本『中国の歴史』229頁。

＊31　フクヤマ『信頼』147頁。

＊32　加藤『貝と羊の中国人』93頁。

＊33　NHKテレビ番組のイギリス貴族社会を描いた「ダウントン・アビー」やスタンリー＝スミス『ベニシア，イギリス貴族の娘』も参照。

＊34　加藤『貝と羊の中国人』21-22頁。

＊35　中国も封建制と呼ばれることもあるが，ヨーロッパ的な意味での分権的・主従的封建制ではなかった。高島『本と中国と日本人と』387-391頁参照)。

＊36　林語堂『中国＝文化と思想』318頁。陳舜臣も，次のように指摘している。「高級官僚は自分の出身地では任官できないことになっていた。だから徳川期の日本のように，地縁と血縁が，がっちりと結びつくことはなかった。中央政府は，そのような結びつきを警戒することに腐心したのだ。むろん中国にも，地方の豪族とか名門といわれるものはあった。彼らはその地の官僚と結びつくことによって，いささかの政治勢力を得たかもしれない。だが，自らその地方を統治することはできなかった」（陳『日本人と中国人』125頁）。

＊37　私の演習に出ていた中国からの留学生（女性）の意見では，毛沢東が行った唯一の良いことは，女性の社会進出であった(2000年ごろの話)。彼女の母親は，50才（！）の退職後，仏教徒になったそうである。

＊38　フクヤマ『信頼』160頁。

＊39　これも私の演習に出ていた中国からの留学生の話であるが，日本に十年くらい働いていたが，中国に戻ることにした。就職口として，自動車工場にブルーカラーとして勤めるには，話をつないでくれる人に10万元の謝礼が必要とのことであった。彼女は，ホワイトカラーとして勤めるので，その場合は20万元の謝礼が必要とのことであった。日本円に換算すれば，約300万円の大金である。どのように準備するのかと聞いたら，親が払ってくれるとのことであった。ただし無事就職できれば，その300万円を3年くらいで回収できるとのことであった。同じころ，別の中国人から聞いた話では，北京大学に講師として勤める場合には，仲介者に30万元くらいの謝礼が必要とのことであった。こうした謝礼を，謝金と呼ぶか，賄賂と呼ぶかは微妙である。中国社会で，賄賂の横行が問題になっているが，賄賂か謝金かの線引きが難しく，また社会慣習をどのように理解するかにも掛かっている。

＊40　西口・辻田『中国・温州企業家ネットワーク』307頁。

＊41　フクヤマは，ボストンにおける中国人経営のハイテク企業（ワン・ラボラトリーズ）の事例を出して，その息子への後継がうまく行かなかった事例を説明している（フクヤマ『信頼』125–127 頁）。

＊42　中国を血縁主義と捉えることに対して，その正反対に，日本を血縁主義とし，中国を非血縁主義と捉える見方もある。岸本美緒は，「『中国人』の基準が血統よりも文化の受容にあるとするなら，その中国文化とはどのようなものだろうか。……大きく見て，礼儀風俗の面と言語文化の面との二つをあげることができる。……服装や髪型……さらに，尊卑長幼の序や男女の別を守った祖先祭祀を行なったりする家族道徳」がその基準であるとする（岸本『中国の歴史』31 頁）。また陳舜臣は，日本では「尊血主義」が極めて強く，これが中国と異なる点であるとし，例として，世襲制，家元制度をあげ，尊血主義の頂点が天皇家であるとする。たしかに，天皇家では尊血主義が明白であるが，血縁家族の重視はやはり中国で強いように思われる。養子制度，番頭制度に見られるように，日本では血縁，特に男系の血縁重視とは言えないのではなかろうか。岸本の言う血統というのは，漢民族だけではなく通婚などにより周辺の様々な民族を同化していく，その意味で血統にこだわらないということであろう。いわばマクロレベルの血統軽視である。しかし，ミクロの家族レベルでは男系血縁（氏族）が重要であり，養子，番頭制度，「イエ」の軽視につながったのではなかろうか。陳の「中華思想は，尊血主義ではない」という主張も，周辺「種族」との混合が強調されており，マクロレベルの話である（陳『日本人と中国人』125–131 頁）。実際，中国の王朝は，満洲民族など異民族が支配したことも度々であり，混交が起こり，その意味では「尊血主義」とは言えないであろう。だが中国でも，儒教思想に基づく家族というミクロレベルでは，血縁は一義的に重要である。ちなみに，日本の天皇家でも，桓武

天皇の母親は百済からの帰化人であり，天皇家において通婚もあったのである。また摂関政治の藤原家においても同様である（前田『桓武天皇の帝国構想』）。

第11章

＊1　フクヤマ『信頼』173頁。ピオーリ＆セイブル『第二の産業分水嶺』330–353頁。

＊2　Hannah, “A Failed Experiment,” p. 85.

＊3　松浦『オリーブの風と経済学』233頁。

＊4　井上ひさし『ボローニャ紀行』13頁。

＊5　フクヤマ『信頼』168頁。フクヤマが依拠しているパットナムは次のように述べている。「垂直型秩序の組織（例えば，マフィアあるいはカトリック教会制度）の成員率は，良い政府とは負の相関にあるはずだ。少なくともイタリアでは，最も敬虔なカトリック教徒において最も市民度が低い。……イタリアにおける良き政府は，合唱団やサッカー・クラブの派生物であって，祈りの副産物ではない」（パットナム『哲学する民主主義』218–219頁）。

＊6　パットナム『哲学する民主主義』第5章。小林元『人生を楽しみ懸命に働くイタリアーニ』59–60頁。この『イタリアーニ』で登場する著名な社会学者ロナルド・ドーアは，イギリス人であるが，イタリアに魅かれ，ボローニャ郊外に住んでいる。彼の見解によると，北イタリアでは自営農民が，中部イタリアでは分益小作制が，南イタリアでは大土地所有の農業労働者が支配的というように，農業形態が歴史的に異なり，それが3地域の違いを生み出す主要な要因となっていると整理している。だが，エマニュエル・トッドによると，イタリア中部では分益小作制だが，北部（ポー川平原）では，「農業賃金労働制が支配的」としている。一見，南イタリアの賃金農業労働者と類似するが，重要な違いがあるのであろう。例えば，近代的借地農業者と古典的大土地所領制

であったとか（トッド『家族システムの起源 I』448頁)。このイタリア北部（特に北西部）の家族構造を，4類型のどれに入れるかということについて，トッドは明確ではない。彼の旧著『新ヨーロッパ大全』では，北西部を南部と同様に「平等主義核家族」の中に入れたが，『家族システムの起源』では，それを修正すると述べている（446–447頁)。おそらく，共同体家族と平等核家族の中間に入るのであろう（表2–1参照)。

*7　パットナム『哲学する民主主義』178–178頁。マフィアについて，簡にして要を得た説明は，村上『ベルルスコーニの時代』82–102頁で与えられている。ちなみに，19世紀後半に，南イタリアを旅したイギリス人ギッシングの旅行記を読むと，鉄道が通っていず，馬車で旅行した当時の南イタリアの貧しい社会事情が垣間見える。ギッシング『南イタリア周遊記』参照。

*8　パットナム『哲学する民主主義』175頁。

*9　同上，158頁。

*10　フクヤマ『信頼』176頁。

*11　同上。

*12　小林『人生を楽しみ懸命に働くイタリアーニ』46頁。

*13　表2–1などのトッドの家族の在り方参照。なお，イタリアにおけるマンミズモは，ラテン地域におけるマリア信仰と関係があると思われる。例えば，「マンミズモ（マザー・コンプレックス）を極端に発揮したシルヴィア・ベルルスコーニ［経済界の大立者で，後に首相になる］は，母親を聖母マリアになぞらえることをはばからなかった（そして自らをイエス・キリスト［に］なぞらえることも)」（村上『ベルルスコーニの時代』6頁)。

*14　馬場・岡沢編『イタリアの経済』第3章「公共部門と民営化」参照。

*15　Colli, *The History of Family Business*, p. 27.

*16　ベネトン『ベネトン物語』参照。この本は，イタリアの経営

事情・経営文化を知るのに好適である。

＊17　ベネトンでは，柔軟な生産体制を維持するうえで，委託制度（下請制度）が発展の1つの原動力であった。ベネトンでは，ニット生産の約70％を地域の下請けに出している。ただし，構造衣服（ズボン，スカート，上着）に関しては，トレヴィーゾ近郊の自社の「完全自動化の巨大工場」で製造している（ヴィダル『イタリア式マネジメント』149–150頁）。

＊18　小林『人生を楽しみ懸命に働くイタリアーニ』119頁。

＊19　岡本『イタリアの中小企業戦略』118–119頁。

＊20　西口・辻田『温州企業家ネットワーク』181頁。

＊21　西口・辻田『コミュニティー・キャピタル論』192頁。

＊22　西口・辻田『温州企業家ネットワーク』102, 109頁。

＊23　同上，190頁。

＊24　「イタリア『ブランド』を『侵食』する中国」『選択』16–17頁。

＊25　丸山優「イタリア」153頁。なお丸山は，第3のイタリアはもともと国の財政投融資から除外された地域という意味で，「自嘲的に用いられ」ていたと指摘している（同上，165頁）。それが一転して，輝かしいイタリア・モデルに変貌したのである。

第12章

＊1　伊丹敬之によると，共同決定においては，経営と労働が対等になるのではなくて，正確には株主，すなわち資本と労働が対等になるのであって，労使ではなく労資という表現が妥当である。確かにその通りであるが，便宜的に労使，あるいは経営対労働という通常の使い方をする。労使協議も同様である（伊丹『日本型コーポレート・ガバナンス』278–283頁）。また株主代表の10名に対し，労働側は，賃金労働者代表5名，労働組合代表3名（企業外のIGメタルのような全国労働組織の専従職員），俸給従業

員代表1名，管理職代表1名のように構成される。管理職代表は経営側と考えられるので，経営側（株主＋管理職代表で）11名対労働9名という理解も可能である。

＊2　ドイツの経営発展に関しては，福應健の2論文，今久保幸生，田中洋子の著書が有益である。特に福應の論文は，ドイツの経営文化というほとんど未開拓の分野に踏みこんでおり貴重である。また上野国久は，ドイツ文化を考えるうえで，筆者と同様に，エマニュエル・トッドの家族形態と相続類型に注目して，ドイツと日本が共通に大家族・一子相続であることを指摘している。この類型の共通性が，ドイツと日本の経営文化の類似に繋がっていると主張しているが，筆者も同感である（上野『3つの国の企業で働いてわかったこと』164–167頁）。歴史的には，ユルゲン・コッカが相続の問題を検討している（コッカ『工業化・組織化・官僚制』198–199頁）。

＊3　ワトソン『ドイツとドイツ人』432頁。

＊4　チャンドラー『スケール・アンド・スコープ』参照。

＊5　かつてはイギリス家族企業の代表選手としてピルキントンなどがよく言及されたが（チャンドラー），そのピルキントンも日本企業に買収され，また*Financial Times*に登場するイギリス企業は圧倒的に経営者企業が多いように見える。

＊6　吉森『ドイツ同族大企業』17頁。

＊7　工藤『20世紀ドイツ資本主義』625–626頁。吉森『西ドイツ企業の発想と行動』97–98頁。福應「ドイツ——階層社会と身分的状況の中のビジネスの国」129頁。

＊8　Randlesome, *Business Culture in Germany*, p. 185.

＊9　池松「ボッシュ」，北爪ほか「世界最強の非上場企業ボッシュの超日本的経営」，幸田・井藤「ドイツにおける科学的管理法の展開」177頁。

＊10　吉森『西ドイツ企業の発想と行動』75頁。

＊11　ワトソン『ドイツとドイツ人』230–231頁。吉森『ドイツ同族大企業』17頁。

＊12　織田・金森『ドイツビジネスガイド』214–221頁。大西『ドイツの経済』124–131頁。高橋・大西編『ドイツの企業』42–44, 62–63頁。

＊13　同上，62頁。

＊14「グローバルな競争に直面しているドイツの経営者たちにとって，共同決定方式は目の上のこぶである。ドイツ産業連盟（BDI）の……ロゴフスキー会長は，2004年に……共同決定方式は，歴史の誤りだ」とし，改正を求めている（熊谷徹『ドイツ病に学べ』135頁)。

＊15　ウィリアムズ『キーワード辞典』の両項目参照。

＊16　田中洋子『ドイツ企業社会の形成と変容』219頁。フクヤマ『信頼』344頁。

＊17　福應ほか『エレメンタル経営史』157頁。

＊18　アーベルスハウザー『経済文化の闘争』32–34頁。

＊19　フクヤマ『信頼』351–353頁。ワトソン『ドイツとドイツ人』228–229頁。

＊20　西尾『日本の教育 ドイツの教育』124–125頁。

＊21　フクヤマ『信頼』356頁。

＊22　田中洋子「ドイツの技術開発における現場と理論」40頁。

＊23　永峯「ユンカースの世界戦略と日本」22，27頁。

＊24　上野『3つの国で働いてわかったこと』166–168頁。ホール『文化を超えて』（第6章「コンテクストと意味」，第7章「高コンテクストと低コンテクスト」）参照。

＊25　石塚『現代ドイツ企業の管理層職員の形成と変容』90頁。

＊26　ヒルシュマイヤー『工業化と企業家精神』259–260頁。ヒルシュマイヤーは，また次のように日独を比較し，国家官僚の影響，教育制度の影響，温情主義の3点にわたって，相違と類似を考察

している。ドイツ（プロイセン）における国家官僚の概念では明らかに日独は近似し，英米の公僕（シヴィル・サーヴァント）とは異なっていた。ただし，プロイセンの重商主義時代には，国家官僚は重要な役割を果たしたが，産業革命期には，私企業がすでに力を持っていたためにイニシアティヴは取らなかった。これに対して日本では，明治時代の産業革命期に国家官僚が重要な役割を果たした。もちろんドイツでも，自由競争を統制するために商工会議所に公の権威を与え，カルテルを奨励するなど，国家は大きな影響を及ぼした。第二に，教育制度は工科大学を設置することによって，ビジネスマンの社会的評価を上げることを可能とした。ドイツでは，「ビジネスマンに対して知的層が侮蔑の念を持って」いたので，社会的評価は日本と比べて低かった。他方，アメリカでは，「お金をたくさん得ること自体が社会的評価の基準となっていた」ので，アメリカ，日本，ドイツの順にビジネスで成功することへの抵抗感は少なかった。[イギリスも，ドイツと同じくらいビジネスに対する反感が強かった。] 第3に，日独では企業に対する忠誠心は近似しているし，温情主義的施策を取ることも類似していた。ただし，ドイツでは「職業訓練を個々の企業に任せず，国家や地方政府が責任を持った」。それも1つの理由で，ドイツ企業は終身雇用制度を採用しなかった。資格を持った熟練労働者は企業を移動することができたのである。（以上，ヒルシュマイヤー「日本ビジネスの近代化」1-4頁）。

＊27　島田『議会制の歴史社会学』253-260頁。

＊28　サイモン『グローバルビジネスの隠れたチャンピオン企業』20, 297頁。

＊29　日本の工作機械メーカーに勤務する宮田真也氏の見解。

＊30　サイモン『グローバルビジネスの隠れたチャンピオン企業』226頁。

＊31　同書，228-229頁。

＊32　福應ほか『エレメンタル経営史』101 頁。なお安部「QCD から QCFD へ」も参照。

＊33　熊谷徹『あっぱれ技術大国ドイツ』79–80 頁。

＊34　ヴェルナー・ジーメンスは，企業目的を「後には我々の息子の経営の下で，ロートシルト Rotschid などのような世界企業になることができ，そして，世界中に我々の名声を齎すような，永く続く企業を設立すること」としている（コッカ『工業化・組織化・官僚制』191 頁，傍点引用者）。

＊35　共同体資本主義については，アンチョルドギー『日本経済の再設計』参照。

＊36　丸山眞男は次のような指摘をしている。「福沢［諭吉］は西洋人と日本人あるいは東洋人を比較しているのですが，有名な諺ですけれども，ヨーロッパの中でも同じような比較が伝えられています。『一人のイギリス人は愚鈍である。二人のイギリス人はスポーツをする。三人のイギリス人は大英帝国を作る』と。……要するにイギリス人は一人一人は愚鈍だけれども，アソシエーションをつくると，組み合せがうまくて，大事業をするというわけです。それと対照的な例としてドイツが出される。『一人のドイツ人は詩人であり，思想家である。二人のドイツ人は俗物である。三人のドイツ人は戦争する』というのです」（丸山『「文明論之概略」を読む』中，122 頁）。

第 13 章

＊1　もちろん「規定」するというのは，100% 決定するという意味ではないし，成果が制度を，制度が文化を規定するということもあるだろう。通常，文化は長期間変化しないと考えられているが，文化も短期間にダイナミックに変わることもありうる。

＊2　1980 年代には，世界の日本への関心は，その経済・経営的側面に集中していたが，2000 年代頃から，日本への関心はいわゆ

るクール・ジャパン（アニメ・コミック，コスプレなどのファッション，和食，観光など）の4つの文化面に集まるようになった。

＊3　年功昇進の意味は，年齢・勤続にともなって自動的に昇進していくというのが普通だが，スピード昇進がないという意味に捉えれば，通常の企業ではスピード昇進（抜擢）は稀である。ただし，官庁では，かつて上級甲種のキャリアが幅を利かせていて，今でも名称こそ異なれ，キャリア組であれば，30歳前後で警察署長，税務署長になるという仕組みは現在も存在しており，スピード昇進が制度に組み込まれている。また賃金も，程度はまちまちだが，ほとんどの製造業やサービス業では，年功賃金制度となっている。ただし，証券会社や，自動車ディーラーなどで歩合給を採用している会社は別である。そこでは，元々，完全な成果給である。

＊4　かつては日本の社長の報酬は，3,000万円から5,000万円くらいであったが，近年は1億円を超える人も増え（2018年3月期は538人），最高はソニー会長の平井一夫氏の27億円であった。一番下の層と比べれば，1,000倍近い（『読売新聞』2018年7月14日）。

＊5　日本の定年制については，若林幸男『三井物産人事政策史』225-231頁，荻原『定年制の歴史』参照。定年制の嚆矢は，海軍武官の1875年，海軍火薬製造所（職工）では1887年，公務員の1890年，民間の松山紡績（職工）では1894年，八幡製鉄所（職工）では1907年であった。ホワイトカラーでは，三井物産の定年制は1936年に全構成員に対して施行され，兼松は早くも1916年，三井銀行は1926年であった。ブルーカラーの定年制とホワイトカラーの定年制のどちらが一般的に早いかは定かではない。

＊6　粕谷『ものづくり日本経営史』42-49頁。

＊7　同上，148-149頁。

＊8　同上，153，261頁。

＊9　同上，257-258頁。

＊10　岡崎「企業システム」，尾高「『日本的』労使関係」参照。

＊11　ヒルシュマイヤー・由井『日本の経営発展』52-60頁。シュー『比較文明社会論』も参照。

＊12　源『徳川思想小史』16-18頁。同『徳川合理思想の系譜』23-29頁。

＊13「正三の職業倫理は，その要旨において，プロテスタンティズムのそれとほぼ同一であり，世俗生活即信仰（宗教）生活と観るその近代的性格は，時代に先行するものとして評価されてよい」（多田「近江商人の経営理念」64頁）。

＊14　ヒルシュマイヤー・由井『日本の経営発展』64頁。

＊15　粕谷『ものづくりの日本経営史』38頁。

＊16　小島『儒教の歴史』，岡田『妻も敵なり』，加地『儒教とは何か』，同『沈黙の宗教』参照。

＊17　岡田『妻も敵なり』161-163頁。

＊18　小島『儒教の歴史』。

＊19　イスラム教には，ヒヤルがあり，一種の抜け道になっている。「人にお金を貸して，返済時に利子を取るという貸借のやり取りを，独立した2つの売買に分けて遂行」し，「買い戻しの時の価格を，最初の売買の時の価格よりも高くすれば，両者の差額が，実質的には『利子』になる」（大澤「資本主義で後れを取ったイスラム」44頁）。

＊20　予定説に関しては，すっきりと腑に落ちる説明を見たことがない。悪人正機説の方が，逆説的でわかりやすい。

＊21　キリスト教では利子は禁止されていたが，手形割引の形で実質的に行われ，イスラムでもヒヤルによって行われた。16世紀のカルヴァンの宗教改革によって，貧困者への利子は不可であったが，通常者への5%までの利子は可能となり，利子を禁止するアリストテレスとカトリックは偽善とされた。18世紀には，時

間には価格があるとの解釈によって，カトリックも利子を認めるようになった。利子は interest だが，もともとは「借金返済の遅延に対する罰金」を意味していた（グレーバー『負債論』489頁）。これに対して，usury は高利を意味していた。

＊22　「福澤は自由の敵として，儒教にたいし，ほとんど憎悪に近い感情をもっている」（丸山『「文明論之概略」を読む』上，156頁）。この儒教に対する態度において，福澤諭吉と渋沢栄一は決定的に違う。

またベラーは，日本資本主義の勃興に関して，筆者と同様の指摘をしている。「もし西洋の挑戦がなかったならば，日本における近代化はなかった，と思う。日本は自ら近代化の過程を始めるための文化的資力を持ってはいなかった……一度現実に生じた近代化を受容することと，最初に近代化を創始することとは根本的にちがうのである」（ベラー「近代日本における価値意識と社会変革」138頁）。ちなみにベラーは，キリスト教について今一つの深い考察をしている。政教分離に加えて，「第二の段階は，キリスト教教会であった。回教とユダヤ教においては，個人が神と直接の関係をもったとはいうものの，親族，氏族，部族という自然的構造が残存していた。すなわち，ユダヤ教と回教においては，構造的に教会と呼ばれ得るものはなにも存在しない。宗教的基盤にのみ基づく新しい性質の社会組織は一つもないのである」（同上，105頁，傍点引用者）。シナゴーグ，モスクは，教会とは異なるという見解である。

＊23　契約の観念をめぐって，ジーメンス社の日本での活動を描いた竹中亨による興味深い指摘がある。「こうした［日本人の］情緒性は，しばしばドイツ人を閉口させた。日本での取引では，厳密な手続きが往々にして無視されてしまうからである。……『中国人は締結された契約を守り，取引には客観的な判断でもって接するのが常であるが，日本人の間では，ある意味では次のような

考えが一般的である。つまり，いったん結んだ契約が荷厄介になったような場合，相手が相変わらず，その契約の遵守を自分に求めるのは不当であるとの考えである。』つまり，契約の文言にかかわらず，事態が変化した場合は，当事者双方が暗黙のうちに契約義務の免除を認め合うし，またそうするのが商道徳上の規範にさえなっている」（竹中『ジーメンスと明治日本』115–116頁）。なお，武田『日本人の経済観念』139頁も参照。

事情変化による契約の変更については，第二次大戦後の日本鉄鋼企業とオーストラリアの鉱山会社の間でも，同種のことがあった。長期5年契約にもかかわらず，鉄鉱石の国際市況が下がったので，価格を下げてくれと日本側が要求したのである。

竹中の指摘でさらに目を惹く記述は，中国人が日本人より契約を守るとしている点である。法治でなく，人治と言われる中国でも，たしかに書面での契約は口頭での契約に勝ることは事実で，書面にしたものは，日本人より中国人の方がよく守るということなのであろう。だが口頭での契約はどうなのであろうか。筆者の個人的経験では「要注意」という印象がある。

＊24　宮崎『戦後日本の企業集団』参照。

＊25　1980年代，日米貿易摩擦が激しかった頃，トヨタ系の小糸製作所をめぐって，アメリカの乗っ取り王ピッケンズの批判点は，ケイレツが小糸の政策決定をゆがめ，収益性を低め，株主の利益に反した行動を取っているということであった。

＊26　鈴木良隆「日本における現代企業の発達」249頁。

＊27　間宏は，「後進国は，一般に，ナショナリズムの傾向を強くもっている……それを2つの面からとらえれば，民族主義と国家主義になろう。民族主義の段階のナショナリズムは，他民族からの独立が，その中心スローガンになる。ところが，国家主義としてのナショナリズムになると，上の段階から進んで，自国の強大化がその中心スローガンになる（間『日本的経営』69–70頁）。

民族主義としてのナショナリズムと国家主義としてのナショナリズムの相違を的確に分析している。

＊28　中川「経営理念の国際比較」29 頁。

＊29　森川『日本的経営の源流』73-74 頁。

＊30　森川『技術者』36 頁。

＊31　第 12 章で指摘したように，ドイツも強いミドルを持ち，日本と共通している。

＊32　森川「日本技術者の『現場主義』について」。

＊33　奥田『人と経営』参照。

＊34　源『義理と人情』7 頁。

＊35　同上，10，17-18 頁。

＊36　陳『儒教三千年』194-198 頁。日本では，大きな公としての「忠」が大公，義理が「小公」，人情が「私」という関係にあり，大公が優先されるべきとの朱子学的考えがある。義理や私情は忠に劣るとされるのである。だが，中国で道教が心の奥底で大きな根を張っていたように，日本では，義理と人情が同様の働きをしていると思われる。

＊37　ベネディクト『菊と刀』258 頁。

＊38　同上，257-258 頁。

＊39　松浦『社風の研究』190-192 頁。

＊40　中川は，「近代企業とは，伝統的社会において職人層が手工業的に生産していた商品を，機械と賃労働者によって生産するための組織というだけのことであった」（中川「日本的経営」445 頁）としているが，言いすぎであろう。経営者と労働者の意識変革が，ウェーバーの言うように，不可欠であったからである。欧米でも資本主義形成の精神が必要であり，その結果，近代企業が発展してきたのである。

終　章

＊1　以上の過程については，安部「グローバリゼーションとは何か」参照。

＊2　安保編『日本的経営・生産システムとアメリカ』参照。

＊3　安部「生産システムの移転」24–40頁。

＊4　熊谷文枝「アメリカ人従業員の現地日本工場認識」322頁。

＊5　スウェーデンでは，法的措置を受けて，労働者の90%以上が組合に加入している。ドイツでは，70%くらいである。

＊6　高橋伸夫『虚妄の成果主義』参照。

＊7　『日本経済新聞』「日本的企業経営の劣化」2018年3月16日。

＊8　『読売新聞』「日立 年功序列を廃止」2014年9月27日。

＊9　マックス・ウェーバーについては，多くの研究者が論じており，厖大な研究蓄積がある。参考になった文献も多い。森嶋通夫のウェーバー論は論評しがたいほどユニークである（森嶋『なぜ日本は行き詰ったか』第2章)。また，山之内靖の著作は，いわば論理から感性，身体へとウェーバーの究極のターゲットが移ったことを示している。

　「人間の歴史を突き動かしてきた力には，マルクスが言うところの生産力とは質を異にし，さらにまた，ヴェーバーが生涯を通じて解明に取り組んできた宗教的救済に向かう観念の力とも異なるところの，いま一つの力が働いている。それは身体に源をもつ力である。このディオニュソス［＝バッカス］的な力は，しかし，あらゆる文化的意味の枠組みから外れた力であり，ニーチェの言葉を用いれば『生成の無垢』と呼ばれるほかない力である。ヴェーバーは歴史において働く力の中に，この混沌たる無規定的なエネルギーの働きがあることを，最終段階において，はっきりと確認した」（山之内『マックス・ヴェーバー入門』222–223頁)。

この引用は，ウェーバーがいわば知性的，論理的，合理的な力を根源的には否定し，神秘主義，感性主義に至ったと解することもできる。この結論を筆者は理解はするが，必ずしも同意するものではない。しかし，人生の終局的な到達すべき地平はどこか（感性の充実か，知性の充実か）ということを考えるうえで，刺激的な，考えさせられる結論である。

＊10　進化・共進化に関しては，安部「進化の概念と経営史」29–34 頁参照。メスーディ『文化進化論』第 2 章参照。

＊11　脇村・中川「日本的経営の源流を探る」83 頁。ただし，引用した脇村義太郎は国家主義者ではなく，第二次人民戦線事件において治安維持法容疑で逮捕された体験の持ち主であり，リベラリストであった。安部「日本における経営史学の思想史的性格」137 頁参照。なおリベラリストについて，フリードリッヒ・ハイエクは傾聴すべき見解を述べている。「ヒトラーは自分たちナチこそが本当の民主主義だ……自分たちこそ本当のナショナリストだ……自分たちこそ本当のキリスト者だ，……ただ一つ彼らがいわなかったのは，『自分たちこそ本当のリベラルだ』ということ――これだけは言わなかった」（丸山『「文明論之概略」を読む』上，144 頁より）。リベラリストの重要性がよく認識できる（ハイエク『隷従への道』39–40 頁も参照）。

＊12　森嶋『なぜ日本は没落するか』151 頁。

補論 2

＊1　エマニュエル・トッドは，イギリスの政治変革，民主制の確立について，興味深い指摘をしている。通常は，イギリスは民主社会の経済的先進国，すなわち産業革命の発祥の国だが，政治的近代化は，1789 年のフランス革命がその先駆であったとする。しかし，フランス人のトッドは，政治的民主化もイギリスが先駆けであったと述べる。

「いま特に必要なのは，ブローデル的な『長期持続』の観点に立って，イギリス人をわれわれの近代のリーダーとして捉えることです。産業革命は，イングランドとスコットランドから始まりました。それがヨーロッパ全体を経済的に一変させました。フランス，ドイツ，ロシア，その他の国々の産業革命は，その帰結でしかありません。

しかも，経済的変革に先立って，イギリス人はリベラルでデモクラティックな近代を発明したのです。その真の出発点は，1688年でした。彼らが「名誉革命」と呼ぶ革命によって，議会の君主政体が確立しました。……1789年，フランス革命家たちの夢と目的は，政治における近代化のモデルであったイギリスに追いつくことだったのです。……代表制による統治を発明したのはフランスではなく，イギリスです。」（トッド『問題は英国ではない，EUなのだ』26–27頁。

＊2　民主主義の抱える問題点については，フィンリー『民主主義』参照。とりわけ，メリトクラシーと民主主義との関係については，簡にして要を得た解説をした，訳者柴田平三郎による「訳者あとがき 民主主義とエリート理論の間」参照。また，資本主義の誕生と発展に関しては，Neal and Williamson (eds.), *The Cambridge History of Capitalism*, 参照。

＊3　東京大学経済学部のある教員の発言。

＊4　ユダヤ人の歴史に関しては様々な本があるが，詳細なものとして，ヨセフス『ユダヤ古代史』。ジョンソン『ユダヤ人の歴史』参照。ベラーは，ユダヤ教について，ウェーバーを引きつつ，次のような鋭い指摘をしている。西洋の本質的特徴の1つは，「神についての預言者的観念」(the prophetic idea of God) であり，「この観念はモーゼへの啓示 (Mosaic revelation) の時代にはじまった……モーゼにまでさかのぼるイスラエルの預言の伝統は，ただ神のみが聖なるもので，いかなる人間も神ではない」（ベラ

ー「近代日本における価値意識と社会変革」104-105頁)。つまり国王も神ではないということになり，西欧における政教分離の考え方が出てくる。ただし同じセム一神教であるイスラム教では政教一致であるが，神（アラー）がすべてを統括する（支配する）ので，王といえどもアラーの絶対的支配の下にあり，逆に政教一致になったのであろう。アラーとカリフ，スルタンとの関係である。

＊5　ウェーバーの合理性論について，様々語られてきているが，合理性にも種々の合理性がある。形式合理性と実質合理性，全体合理性と部分合理性，目的合理性と価値合理性などがある。しかし，最後の価値合理性というのは，なかなか理解しがたい。「そのもの自体の当否は非合理的だが，ある価値への信仰（例えば宗教）の結果，そのように行動せざるをえない」（森嶋通夫）などと説明されるが，明快でない。むしろ価値合理性などという用語自体を無くした方がよいのではないか。単純に価値判断で良いように思う。関連して，目的合理性という表現も，ある目的を設定した場合，それにふさわしい手段ということが目的合理性とされるが，むしろ手段合理性と呼ぶ方が適切なのではなかろうか。目的の設定は非合理的かもしれない。また「目的と手段との多層的連鎖関係」もある（丸山『「文明論之概略」を読む』下，291頁)。

＊6　それぞれ，聖典，ムハンマドの言行録，イスラム法と訳される。日本イスラム協会『新イスラム事典』参照

＊7　川北『世界システム論講義』参照。

＊8　サンデル『これからの「正義」の話をしよう』参照。

＊9　中国の現状については，余『本当の中国の話をしよう』，李『中国民主改革派の主張』参照。

＊10　ハンチントン『文明の衝突』参照。

＊11　「フランスが不朽の規範的諸価値を掲げる自己賛美に凝り固まろうとしているように見える……ますます自己陶酔的になっ

ている。」「政治記者たちは，イスラム教の指導者や一般のフランス人イスラム教徒が皆と同じように，暴力は受け容れがたい，テロリストたちは卑劣だ，自分たちの宗教を裏切っている，と言うのを聞くだけでは満足しなかった。彼らはイスラム教の人びとがわれわれ皆と同じように，『私はシャルリ』という決まり文句を口にするように要求した。イスラム教徒も，申し分なく国民共同体の一部分となるために，風刺によるムハンマドの冒瀆がフランス的アイデンティティの一部分であると認めなければならなかった。冒瀆することが義務となっていた。」（トッド『シャルリとは誰か』7，25頁。傍点は引用者）。

また，鹿島ほか『シャルリ・エブド事件を考える』には，30人近い論者が小論を載せているが，概ねどの論考もいずれも傾聴に値する鋭い指摘をしており，問題の深さ，重層性，多様性の点で学ぶべき点が多い。

＊12　ラシュディ事件に関しては，浜井『イギリスにおけるマイノリティの表象』参照。

＊13　ダンテ『神曲』。日本でも衝撃的な事件だったが，筑波大学の五十嵐一氏が，『悪魔の詩』の翻訳が原因で何者かによって暗殺された。20年以上も前の私的な記憶だが，見知らぬ若い人が明治大学の本館前の門のそばで，通行人に『悪魔の詩』の翻訳本を売っていたのが忘れられない。

＊14　ピケティ『21世紀の資本』参照。20世紀前半の格差の縮小は，第一次大戦と第二次大戦の影響によるものであり，本質的に資本主義は格差を拡大する傾向がある（$r>g$，つまり利益率＞経済成長率）だというピケティの議論は説得力がある。したがって，20世紀前半における平等化傾向を強調したクズネッツに対する批判も妥当であろう。しかし，19世紀アメリカ・ニューイングランドの資本主義発展を研究した筆者の感触から言うと，19世紀のニューイングランドでは，格差が縮小する傾向があったよう

に思う。ただし，アメリカ中西部，南部などは別の動きを示した可能性も大きい。

＊15 「この二つの思想〔デモクラシーとリベラリズム〕はからみ合っていて，ある種の論者――たとえばカール・シュミット――のように両者を完全に切りはなすのは思想史的にいっても間ちがいだ，と私は思っています」（丸山『「文明論之概略」を読む』下，73 頁）。

＊16 トッド『家族システムの起源』参照。

＊17 近代普遍主義を高唱したフランス革命の理念は，liberté, égalité, fraternité であった。自由，平等はその通りだが，フラタニテは本来は「友愛」であるにもかかわらず，時に「博愛」と訳される。これを誤訳とする見解があり，もっともである。たしかに友愛と博愛（humanité）には，どの範囲まで相互扶助を行なうべきかで，大きな相違がある。家族は血縁であるので，助け合うのは当然だが，隣人（地縁），友人・知人（人縁），見知らぬ人，同邦人，異邦人などに対して，どこまで支援するかは，現実には難しい問題である。しかし，友愛が博愛にできるかぎり接近できる社会が望ましいことは確かであろう。

＊18 自由主義（言論の自由，機会の平等）と民主主義（結果の平等）――自由すなわち機会の平等がその後の格差，結果の不平等をもたらし，結局，機会の平等を損なうというパラドクス（それを緩和するために友愛が存在する）――という本稿の視角とはやや異なるが，実質的に重なるところの多い論考に，石井寛治「社会主義と近代主義」がある。「血縁という個別的価値観」と「血縁によらない人間同士の繋がりという普遍的価値」という視角からの分析である。「ギリシャ・ローマの西洋古典古代社会，秦漢帝国に代表される東洋古典古代社会は，［普遍的価値に基づく］そうした新しい社会関係と国家権力を目指すものであった」（31 頁）。西洋古典古代社会は「法治」の社会であり，東洋古典古代

は「徳治」の社会であった。しかし鄙見では，徳治は，言い換えれば「人治」であり，それがよいものであれば「徳治」となるであろうが，人民に敵対する存在であれば，不徳治社会になるであろう。丁度，中華人民共和国が中華反人民共和国的要素を持っているが如きである。

また，石井は，社会主義が持っていた負の側面も的確にとらえている。「20世紀に入って，国家権力を掌握した社会主義体制は『法』による形式合理的な支配を軽んじた結果，少数の権力者による独裁へと陥った。例えば近代市民国家の根幹をなす議会制度についてのレーニンの見解は，『庶民をあざむくという特別の目的でおしゃべりがおこなわれているにすぎない』という否定的なものであり，レーニンはマルクスのコンミューン理解に倣って立法府は同時に執行府でなければならないと考えていた」(33頁)。(この「補論2」の「1 ヴォルテール原則」参照。)

さらに石井は，日本に関しても注目すべき指摘をしている。

「聖徳太子による十七条憲法（604年）のような仏教と儒教の深い理解に基づく訓示によって，普遍的価値に立つ古典古代へと向かう方向も一時あったものの，その後の鎌倉幕府→室町幕府→江戸幕府の歴史は，武士による支配の発展とされながらも，彼らは天皇から征夷大将軍として任命されたことによって初めて支配の正当性を獲得し，しかも天皇については『天命』による仁政［易姓革命論］という儒教思想の中心概念というべき普遍的価値の適用を拒否したのであった。近代天皇制国家も大日本帝国憲法が究極的には基本的人権という普遍的価値を否認したことが示すように，天皇制という個別的価値に立脚するものであった」(36頁)。

♣著者紹介

安部 悦生（あべ・えつお）

1949 年　東京生まれ。東京都立大学経済学部，東京大学経済学部，一橋大学大学院修士課程・博士課程を経て，

1978 年　明治大学経営学部助手

1989 年　明治大学経営学部教授（現在に至る）

1981 年〜1983 年　フルブライト研究員としてボストン大学経営学部客員研究員

1992 年〜1993 年　ケンブリッジ大学歴史学部客員研究員

1997 年　ロンドン大学ロイアルホロウェイ校客員教授

2017 年　IPAG ビジネススクール（パリ）客員講師

主な著作

The Development of Corporate Governance in Japan and Britain（coeditor, Ashgate, 2004）

Japanese Success? British Failure?（coeditor, Oxford University Press, 1997）

"The Development of Modern Business in Japan", *Business History Review,* vol. 71（Summer, 1997）

"The Technological Strategy of a Leading Iron and Steel Firm, Bolckow Vaughan & Co. Ltd.", *Business History*, vol. 38（1996）

『経営史』日経文庫（2002 年），第 2 版（2010 年）

『ケンブリッジのカレッジライフ』中公新書（1997 年）

『大英帝国の産業覇権』有斐閣（1993 年）

文化と営利　比較経営文化論

Culture and Profit: Comparative Business Culture

2019 年 2 月 20 日　初版第 1 刷発行

著　者　安　部　悦　生

発行者　江　草　貞　治

発行所　株式会社　有　斐　閣

郵便番号 101-0051

東京都千代田区神田神保町 2-17

電話　(03) 3264-1315〔編集〕

(03) 3265-6811〔営業〕

http://www.yuhikaku.co.jp/

印刷　株式会社理想社／製本　牧製本印刷株式会社

ISBN 978-4-641-16539-7